职业生涯规划

高职高专公共基础课教材

张立新 张宝泉 徐永慧 主编

清华大学出版社

北京

内容简介

本书旨在指导高职学生进行职业生涯规划，主要内容包括：职业生涯规划与人生，自我认知，职业环境探索，职业生涯决策，规划成功人生，大学生活与学习，情商、人际关系与职场发展，自信、潜能与素质拓展训练。本书系统地讲解理论知识，同时结合一些实用的练习，可为学生提供以下帮助：帮助学生认识自我，做好自我定位，明确自身的优势与劣势；帮助学生学会进行行业、企业、职业方面的探索，树立正确的人生目标；帮助学生学会规划和管理自己的职业生涯；帮助学生进一步加深对通用技能的认识。

本书可作为广大高职院校学生的必修课教材及选修课教材，也可作为社会人士的职业生涯规划参考用书。

图书在版编目(CIP)数据

职业生涯规划 / 张立新，张宝泉，徐永慧主编 . —北京：清华大学出版社，2021.8（2025.8重印）

高职高专公共基础课教材

ISBN 978-7-302-58840-5

Ⅰ . ①职… 　Ⅱ . ①张… ②张… ③徐… 　Ⅲ . ①职业选择—高等职业教育—教材　Ⅳ . ① G717.38

中国版本图书馆 CIP 数据核字 (2021) 第 153556 号

责任编辑：施　猛
封面设计：常雪影
版式设计：方加青
责任校对：马遥遥
责任印制：杨　艳

出版发行：清华大学出版社
　　　　网　　　址：https://www.tup.com.cn，https://www.wqxuetang.com
　　　　地　　　址：北京清华大学学研大厦 A 座　　　　邮　　编：100084
　　　　社 总 机：010-83470000　　　　　　　　　　　邮　　购：010-62786544
　　　　投稿与读者服务：010-62776969，c-service@tup.tsinghua.edu.cn
　　　　质 量 反 馈：010-62772015，zhiliang@tup.tsinghua.edu.cn
印 装 者：三河市天利华印刷装订有限公司
经　　销：全国新华书店
开　　本：185mm×260mm　　　印　　张：17　　　字　　数：389 千字
版　　次：2021 年 9 月第 1 版　　　印　　次：2025 年 8 月第 4 次印刷
定　　价：49.00 元

产品编号：092208-01

前 言

党的二十大报告指出："教育、科技、人才是全面建设社会主义现代化国家的基础性、战略性支撑。必须坚持科技是第一生产力、人才是第一资源、创新是第一动力，深入实施科教兴国战略、人才强国战略、创新驱动发展战略，开辟发展新领域新赛道，不断塑造发展新动能新优势。"做好职业生涯规划，对于教育和培养人才具有至关重要的意义。

职业生涯规划是对职业的获得与发展所做的安排与管理。如今，随着职场竞争的加剧，职业生涯规划越来越重要。根据自身情况，制定科学有效的职业生涯规划，有助于我们充分发挥自己的优势，在众多竞争者中脱颖而出，迈出通往成功之路的第一步。

本书是在《大学生职业生涯规划与自我修炼》的基础上进行改版与修订的，保持了原书"学用结合"的特点，读者可按照章节顺序完成相关的练习与思考，一步一步地规划与设计自己的职业生涯。

本书具有如下几个特点。

一、融入课程思政的"思政"元素

1. 切实思考人生意义

在明确职业方向、树立职业目标时，我们首先需要明确人生意义。如果缺少了"人生意义"这一参考坐标，人生的航船最终能驶向哪里则会存在太多的不确定性。因此可以说，在职业生涯规划中有关"安身立命"的思考，既是思考自己的职业方向，也是思考自己的人生意义。实际上，个体在"安身"的过程中，伴随着自我角色的认同、人生意义的明确，不断修正生活目标，最终将会实现"安身"的目标。

2. 认知职业能力的提升是责任与担当的硬核

个体想要更好地实现"安身立命"，应学好本领，拥有"一技"或"多技"是存身立世之本。因此，我们应提升学习能力、认知能力、实践能力，制订能力提升计划并有效执行，这是大学生自我修炼的主要任务。

从专业学习与职场工作的联系来看，每一个专业对应着多个职业岗位，每一个职业岗位都有相应的任职要求和职责任务。这就要求我们有针对性地提升自己各方面的能力。与此同时，我们应认识到，做好一项工作，不仅需要掌握专业知识，也需要敬业、责任心、团队合作精神和担当意识。我们追求职业发展，不仅是为了自己，也是为了家庭，更是为了国家。只有不断提升自我，才能达到岗位要求，才能实现自我价值，为社会的发展和国家的繁荣贡献力量，这也体现了当代大学生的责任与担当。

3. 认知外部职业环境，唤醒家国情怀

个体并非独立存在于这个世界上，个体的发展与外部环境是息息相关的。个体的成长离不开家庭的养育与支持，离不开恩师的教诲与学校的培养。同时，我们要认识到，外界环境虽然能给我们成长的支持，但也制约了我们的发展。

基于此，在职业生涯规划中，我们不仅要明确自己喜欢做什么、适合做什么、能做什么，还要了解外界环境支持我们做什么、不支持我们做什么。因此，我们需要清晰认知外部职业环境，认知家庭、学校、目标职业、目标企业、社会政策和国家要求等。认知这些因素对职业发展的影响，认知职业与企业需要什么样的人，认知国家与社会需要什么样的人。在做这些调研的过程中，唤醒自己的家国情怀，有助于我们找到施展理想抱负的天地，从而实现人生意义。

二、清晰的章节描述与明确的学习目标

本书每一章节都有清晰的章节描述与明确的学习目标，便于读者了解每一章节的内容与学习要求，从而可以有目的地选择学习内容与学习顺序，并能通过目标要求检查自己的学习效果。

三、目标明确的思考练习

本书提供与学习目标相对应的知识内容和思考练习。知识内容的编撰以够用、实用为原则，读者如想进一步探索，可按照目标要求自己拓展阅读。思考练习是为促进学习目标的达成而设立的，因此针对性很强。

本书编写分工：张立新负责编写第1章、第2章、第3章3.1节、3.2节；张宝泉负责编写第4章、第5章、第6章；徐永慧负责编写第3章3.3~3.6节、第7章、第8章、第9章。

编者在编写本书过程中，经过多番讨论，确定融入思政元素的路径与内容，旨在帮助读者做好职业生涯规划。但限于时间和水平，书中难免存在不妥之处，敬请广大读者多提宝贵意见。反馈邮箱：wkservice@vip.163.com。

编　者

2023年9月

目 录

第1章　职业生涯规划与人生

章节描述

　　本章内容旨在引领读者清晰了解如何做好职业生涯规划；掌握职业生涯规划的概念与外延、安身立命的释义和职业生涯规划对人生的作用与意义；明确大学期间的生涯任务，进一步思考自己的职业理想和人生使命，建立全面思考、规划人生的职业发展意识。

学习目标

知识目标
1. 了解职业生涯规划的概念与外延；
2. 了解职业生涯规划的目的与作用；
3. 了解大学期间职业生涯规划的主要发展任务。

能力目标
1. 能够辨析生涯规划与职业生涯规划的相关概念；
2. 能通过思考与练习体验职业生涯规划对人生发展的重要作用；
3. 能运用发展的眼光评价生涯规划案例的优劣。

素养目标
1. 通过思考人生方向自觉唤醒安身立命的个体使命意识；
2. 通过探讨人生目标蕴含的理想信念和家国情怀，增强责任和担当意识。

　　迈入大学，标志着你进入了人生新阶段，你要慢慢学会独立面对人生。前路漫漫，一切都是未知的，你的心中是否充满了对诗和远方的憧憬？你是否思考过，在大学时期，你将要面临哪些问题呢？

　　(1) 如何平衡学习与生活，才能顺利毕业？

　　(2) 如何规划学习和个人发展，才能拿到含金量高的资格证书？

　　(3) 毕业后，你的打算是什么——工作？创业？考研？参军？考公务员？出国？

你将如何选择？假如你已有初步的想法，为了你下一步的人生之路，你要做好哪些准备？

(4) 作为成年人，你将为自己的原生家庭、即将建立的家庭、国家尽到哪些责任和义务？

静下心来，跟随本书和课堂教学，认真思考，你将得到答案和意想不到的收获！

1.1 职业生涯规划概述

雨果说："人生下来不是为了拖着锁链，而是为了展开双翼。"人生的意义在于朝着自己希望的方向成长，人一旦确定了人生目标，就会长出希望的双翼！所有的行为将会凝聚在这个希望的周围，活出自己的意义来。生涯规划，就是将自己托付于这个目标的一种安身立命[①]。

1.1.1 认识生涯

"生涯"一词可追溯到《庄子·养生主》中的"吾生也有涯，而知也无涯"。"生涯"最初被用来说明生命是有边际、有限度的，说明了人生的范畴。"生涯"可以说是综合化的人生意象，代表的是一种与生命或生活有关的过程以及与这个过程有关的一切事物。

生涯的英文是career，来源于希腊文，意指战车，驾车的人、乘车的人，后来逐渐演变为"生涯"。

舒伯(Super)在1976年给出了迄今为止比较科学的"生涯"学术定义："生涯是生活中各种事件的演进方向与历程，统合了个人一生中各种职业与生活的角色，由此表现出个人独特的自我发展形态。"这一定义既强调了生活才是"生涯"的核心，又表明了工作在生活中的位置以及对生活的影响，并正确地指出这种抽象过程的终极特色在于个人发展形态的独特展现[②]。

生涯不是一个静止的点，它是一个动态的过程，不只发生在人生的某个阶段，而是如影随形，相伴人的一生。同时，因为遗传、家庭、经历、所处环境等的不同，每个人的生涯也会不同。所以，生涯的发展是一个个性化的发展。

通过下面的案例体会一下生涯发展过程，同时也请你模仿案例回顾和展望一下自己的人生。

---

① 金树人. 生涯咨询与辅导[M]. 北京：高等教育出版社，2007：序言.
② 沈之菲. 生涯心理辅导[M]. 上海：上海教育出版社，2000：3.

【案例】小李的生命线(见图1-1)

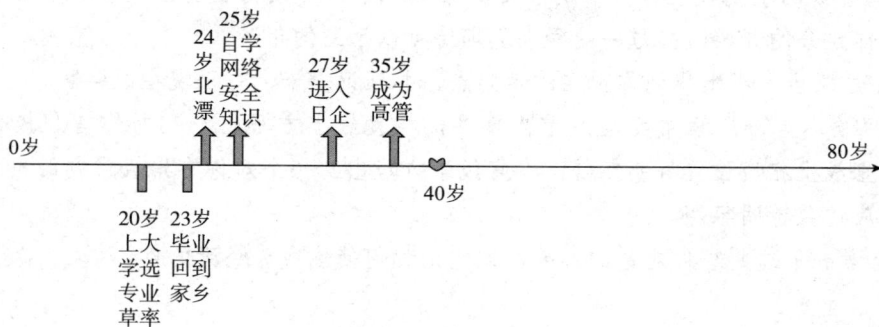

图1-1　小李的生命线

1. 积极事件

A：24岁的小李，大学毕业后，回到家乡托亲戚朋友找工作，由于专业限制没有找到满意的工作，消沉了一年的小李决定北漂，寻找大平台、更多的机会。

B：25岁的小李，在陌生的城市里自己寻找机会，由于专业水平有限，实践经验不足，找工作处处碰壁。在租住的地下室里，他做出一个决定，放弃自己本来就不喜欢的专业，自学感兴趣的网络安全知识。他买书自学，又报了培训班。两年时间里，他刻苦学习，后来找到一份网络安全助理的工作。虽然工资很低、工作很累，但是他积累了经验。

C：27岁的小李，积累了一定的网络安全技术经验，得到了一次跨国企业的面试机会。他的努力得到了回报，虽然学历不高、专业不对口，但是小李凭借过硬的网络安全技术、丰富的经验、良好的口才，给面试官留下了深刻的印象，最终，他面试成功了。

D：35岁的小李，迎来了他事业的新起点，由于工作中的突出表现，他被提拔为公司行政高管，开始了新的征程。

2. 消极事件

A：20岁的小李，由于高考成绩不理想，灰心的他在填报志愿的时候草率地听从他人的意见，选择了一个自己比较陌生的俄语专业。经过大学专业课学习，小李愈发觉得自己对俄语不感兴趣，专业课水平并不理想。

B：23岁的小李，大学毕业了，面对严峻的就业形势，他觉得自己的专业水平不高，找工作更加没有信心，便听从家人的安排回到家乡找工作。

【思考与练习】生命线

生命线掌握在自己手里，它只有一个主人，就是你自己。无论你的生命线是长还是短，每一笔都由你来涂画。

生命线就像公路、铁路一样，它是一个人走过的路线。每个人实际上只有一条生命线，它囊括了人一生的奋斗轨迹。今天，我们就要画出你的生命线。

如图1-2所示，请在线上完成你的人生路线图。

(1) 这条线的长度代表你生命的长度。思考一下，你期待自己活到多少岁？将直线的一端视为你生命的开始，在另一端写上你期待可以活到的年龄。

(2) 在这条生命线上找到你现在的年龄点，并标记出来，写下现在的年龄。

(3) 回顾你生命历程中发生的重大事件，在直线上方写出2～3对你有积极影响的事件，并在直线上相应位置标明年龄；在直线下方写出2～3个对你有消极影响的事件，并在直线上相应位置标明年龄。

(4) 思考一下这些事件对你的影响，即它们如何使你成为今天的你。

岁 ————————————————————————————→ 岁

岁

图1-2　生命线练习

积极事件

A＿＿＿＿＿＿＿＿＿＿＿＿＿＿＿＿＿＿＿＿＿＿＿＿＿＿＿＿＿＿＿＿＿＿＿
＿＿＿＿＿＿＿＿＿＿＿＿＿＿＿＿＿＿＿＿＿＿＿＿＿＿＿＿＿＿＿＿＿＿＿

B＿＿＿＿＿＿＿＿＿＿＿＿＿＿＿＿＿＿＿＿＿＿＿＿＿＿＿＿＿＿＿＿＿＿＿
＿＿＿＿＿＿＿＿＿＿＿＿＿＿＿＿＿＿＿＿＿＿＿＿＿＿＿＿＿＿＿＿＿＿＿

C＿＿＿＿＿＿＿＿＿＿＿＿＿＿＿＿＿＿＿＿＿＿＿＿＿＿＿＿＿＿＿＿＿＿＿
＿＿＿＿＿＿＿＿＿＿＿＿＿＿＿＿＿＿＿＿＿＿＿＿＿＿＿＿＿＿＿＿＿＿＿

D＿＿＿＿＿＿＿＿＿＿＿＿＿＿＿＿＿＿＿＿＿＿＿＿＿＿＿＿＿＿＿＿＿＿＿
＿＿＿＿＿＿＿＿＿＿＿＿＿＿＿＿＿＿＿＿＿＿＿＿＿＿＿＿＿＿＿＿＿＿＿

消极事件

A＿＿＿＿＿＿＿＿＿＿＿＿＿＿＿＿＿＿＿＿＿＿＿＿＿＿＿＿＿＿＿＿＿＿＿
＿＿＿＿＿＿＿＿＿＿＿＿＿＿＿＿＿＿＿＿＿＿＿＿＿＿＿＿＿＿＿＿＿＿＿

B＿＿＿＿＿＿＿＿＿＿＿＿＿＿＿＿＿＿＿＿＿＿＿＿＿＿＿＿＿＿＿＿＿＿＿
＿＿＿＿＿＿＿＿＿＿＿＿＿＿＿＿＿＿＿＿＿＿＿＿＿＿＿＿＿＿＿＿＿＿＿

C＿＿＿＿＿＿＿＿＿＿＿＿＿＿＿＿＿＿＿＿＿＿＿＿＿＿＿＿＿＿＿＿＿＿＿
＿＿＿＿＿＿＿＿＿＿＿＿＿＿＿＿＿＿＿＿＿＿＿＿＿＿＿＿＿＿＿＿＿＿＿

D＿＿＿＿＿＿＿＿＿＿＿＿＿＿＿＿＿＿＿＿＿＿＿＿＿＿＿＿＿＿＿＿＿

＿＿＿＿＿＿＿＿＿＿＿＿＿＿＿＿＿＿＿＿＿＿＿＿＿＿＿＿＿＿＿＿＿＿

＿＿＿＿＿＿＿＿＿＿＿＿＿＿＿＿＿＿＿＿＿＿＿＿＿＿＿＿＿＿＿＿＿＿

1.1.2 认识规划

1. 规划

规划是个人或组织制订的比较全面、长远的发展计划，是对未来整体性、长期性、基本性问题的考量，是针对未来设计的整套行动方案。规划也是融合多要素、多人士看法的某一特定领域的发展愿景。

2. 规划与计划

规划与计划相似，不同之处在于规划具有长远性、全局性、战略性、方向性、概括性和鼓动性。

(1) 规划的基本意义由"规(法则、章程、标准、谋划，即战略层面)"和"划(合算、刻画，即战术层面)"两部分组成，"规"是起，"划"是落。从时间尺度来说，规划侧重于长远；从内容角度来说，规划侧重于战略层面，重指导性或原则性。

(2) 计划一般指办事前所拟定的具体内容、步骤和方法。从时间尺度来说，计划侧重于短期；从内容角度来说，计划侧重于战术层面，重执行性和操作性。

(3) 计划是规划的延伸与展开，计划是规划的子集，即"规划"里面包含若干个"计划"。

1.1.3 生涯规划和职业生涯规划辨析

统合生涯的内涵、外延和规划的概念，生涯规划是指个人把个人发展和生活愿景与影响个人发展的外界因素相结合，对决定个人生涯发展的个人因素、组织因素、家庭因素和社会因素等进行分析，针对个人的事业发展和生活角色等综合方面所做出的战略设想与计划安排。

那么，什么是职业生涯规划呢？

职业生涯规划，是指组织或者个人把个人发展与组织发展相结合，对决定个人职业生涯的个人因素、组织因素和社会因素等进行分析，针对个人的事业发展所做出的战略设想与计划安排。一般来说，职业生涯规划可以从个人角度和企业角度划分成两个方面，而个人职业生涯规划是在组织中的发展计划，是指一个人一生的工作经历，包括职业、职位的变动及工作理想实现的整个过程。职业生涯是一个动态的过程，它与职业成功与否无关，每个工作着的人都有自己的职业生涯。

可见，生涯规划包含职业生涯规划。要做好职业生涯规划，必须全面谋划整个人生的发展，不能单纯地考虑职业发展，因为职业发展与个人愿景(涵盖家庭愿景)是密不可分的，没有个人发展愿景的指引，职业发展规划只能是空谈。

如何辨析生涯规划和职业生涯规划的概念呢？

1. 职业生涯规划以职业实现和职业维持为中心

对于大多数人而言，职业是物质生活来源的基础，也是影响心理塑造的重要因素，正因如此，职业生涯规划才会成为一个独立的研究主题，甚至在某种意义上，职业生涯规划可以等同于生涯规划。职业生涯规划的核心是找到适合自己的理想职业，并努力坚持下去。但是职业的实现和职业的维持不是孤立的，它们需要生涯的其他方面作为支撑。生涯规划包含对性情培养、家庭角色扮演、生活方式和状态等非职业因素的规划。比如，家庭的建立往往有助于职业因素更大限度地发挥作用，并且家庭的建立形态等也会影响职业的选择。另外，家庭也影响着职业结束后个体的归属。所以，职业生涯规划应考虑个体的人生变化，从而做出较全面的规划。

2. 职业生涯规划分为认知、设计、行动三大部分

职业生涯规划是一种复合化的行为过程，具体包括认知、设计、行动三大部分。其中，认知既包括对人生理想、职业价值观、兴趣爱好、个性特征、能力状况等主体方面的认知，也包括对家庭条件、社会环境、职业分类、工作性质的认知，还包括对职业生涯规划理论和方法的认知。设计是指个体根据认知的结果，有针对性地树立职业目标、制定实施方案、确定阶段任务。行动则是将设计的内容付诸实施。三者环环相扣，浑然一体。

职业生涯规划可分为6个阶段。

第1阶段，探索阶段：学生。在这个阶段的主要目标是发现兴趣，学习知识，培养工作所需的技能，同时发展价值观、动机和抱负。

第2阶段，进入阶段：应聘者。在这个阶段的主要目标是进入职业市场，找到工作，成为单位的新雇员。

第3阶段，新手阶段：实习生、资浅人员。在这个阶段，要学会自己做事，与同事相处，学会面对失败和竞争，处理工作与家庭的冲突，培养自主能力。

第4阶段，持续阶段：任职者、主管。在这个阶段，个人绩效可能提高，也可能不变或降低，主要目标是选定一个专业或进入管理部门，保持竞争力，继续学习，力争成为专家或职业经理；或是提升技术、培训和指导的能力，转入需要新技能的新工作，开发工作潜力，拓展工作视野。

第5阶段，瓶颈阶段：高层经理。在这个阶段，个体发展已经达到或接近顶端，此时的主要目标是再度评量自己的才干、动机和价值观，进一步明确职业抱负和个人前途，接受现状或争取更高发展，建立人际关系，成为一名良师益友，学会发挥影响、指导等作用，对他人承担更大责任，扩大、发展、深化技能，选拔和培养接班人。

第6阶段，急流勇退阶段。继续发展者可以安然处之，生涯开发停滞或衰退者将面临困境。在这个阶段的主要目标是学会接受权力丧失、地位下降，并接受因此而转变的新角

色，培养工作外的兴趣，寻找新的满足源，评估自己的职业生涯，着手计划退休，转向咨询角色，在公司外部的活动中寻求自我的统一。

3. 职业生涯规划深受客观条件的影响，具有框架性

首先，职业生涯规划属于一门社会科学，本身无法做到像自然科学那样严谨精确。其次，职业生涯规划调整的是主体与客观因素的适应关系，但客观因素是无法完全预料的。职业生涯规划所能做的，一是根据既有的因素去安排路线和行动；二是在客观因素变化时，运用合理的方法去应对。但是，如果没有这些准备，我们将漫无目的，在面对新问题时，也难以找到合理的方法解决。所以，职业生涯规划为个体的发展提供的并非如建筑图纸那样细致无缺的指导，它提供的是框架，是帮助我们合理有序发展的框架。

【案例】4个大学生的故事

4个好朋友一起长大，高考后，他们分别考上不同的大学，开始了各自的大学生活。

第1个大学生来到大学后，像其他同学一样开始了大学生涯。他没有自己的规划，稀里糊涂地跟着同学一起学习、一起玩。他不知道自己为什么上大学，也不知道自己在大学里要做什么，更没想过如何去获取优异的成绩，最后找一份什么样的工作。那么，他的结局如何呢？也许他能够顺顺利利地毕业，找到一份不错的工作；也许会出现什么意外，经受一些挫折。不过可以确定的是，大部分学生都是这样的，没想过什么是生命的意义、为什么而学习、为什么要努力。

第2个大学生来到大学后，明确了上大学的目的，确定了近期目标就是完成学业，找到一份足以安身立命的工作。问题是他不知道什么样的工作才是足以安身立命的好工作，他猜想好工作一定是挣钱多的工作！于是他努力学习，培养各种工作需要的技能，在毕业时就按照挣钱多的标准找工作，最后终于找到了满意的工作。直到办完入职手续，签订了劳动合同，他才发现这份工作的上升空间有限，入门岗位薪酬的确比其他公司高，但转正后和晋升更高级别时，工资并未高出多少！更令他泄气的是，以前自己曾经放弃的工作(有其他同学在那里入职)，晋升更高级别时，工资高出很多！他放弃的工作才是真正挣钱多的工作。

第3个大学生来到大学后，非常清楚上大学的目的，他知道毕业时要找一份足以安身立命的工作，他不想辜负自己，知道自己存在的意义。入学时，他不仅研究了攻读哪一个专业，还客观地分析了自己的兴趣，在专业的基础上研究了就业方向，对几个可能的工作方向都进行了细致的分析，找到了适合自己的发展路径。比如，如果自己擅长研究，他可以走考研、考博，进入科研院所或在大学里教书的路；如果自己喜欢自由，不愿受约束，且个性坚毅有闯劲，可以走"创业"当老板的路。他根据以往来学校招聘的单位情况逐一分析了目标单位的入门岗位、中端岗位和高级岗位，对比权衡，他锁定了一家企业，制订大学学业计划。几年后，这个同学应该会有一个很好的结局，因为他有自己的计划。但真实情况往往是：从入学到毕业需要三年或四年，外界的变化太快了，当他毕业时，他锁定的单位空缺职位很少，且竞争非常激烈，对学历要求从专科生提高到本科生，而且要求有一到两年的工作经验。

第4个大学生来到大学后，确立了更加清晰的人生目标，确定了自己的人生使命和职业抱负！他知道要找到一份足以安身立命的工作，不仅要清醒地认知自己现在的状态，还要不断关注外界的政治、经济、社会发展等一系列变化。他不仅根据自己的兴趣、性格、能力、特点和职业抱负分析职业环境变化的客观问题，确定了自己的发展路径，而且为应对外界的发展变化，还制订了A、B、C三套学业计划。然后，他按照计划培养自己各方面的能力，不仅参加校内实习实训、各种业余活动，还利用假期到企业实习，积累工作经验，利用一切可能的机会补足自己与目标单位的差距，使自己不断成为一个复合型人才。结果，他如愿以偿，找到了能够实现自己职业抱负的理想职业，确定了自己的人生发展路径。

【思考与练习】

1. 上面4位同学中，你欣赏哪一位？为什么？

_____

_____

_____

2. 你进入大学后，打算怎么做呢？

_____

_____

_____

总结：

对于个体来说，职业生涯规划将影响整个生命历程。我们常常提到的成功与失败，通常指所设定目标的实现与否。个体的人生目标是多样的，包括生活质量目标、职业发展目标、对外界影响力目标、人际关系目标……整个目标体系中的各因子之间相互影响，而职业发展目标在整个目标体系中居于中心位置，这个目标实现与否，将直接引起成就与挫败、愉快与不愉快的不同感受，从而影响生命的质量。

1.2 安身立命的内涵

著名的生涯辅导专家和心理治疗专家金树人教授，在他的专著《生涯咨询与辅导》一书中指出："生涯规划，是将自己托付于这个目标的一种安身立命。在职业(生涯)咨询的个案里，我时常看到许多缺乏目标的漂泊灵魂，他们无以安身，更遑论立命。从与他们空洞眼神的四目交接中，我总能感受到他们内心深邃的孤独与不安。随着年岁渐长，这种惶恐惊怖以一种绵密而强大的力道，一点点粉碎了他们当下的生活秩序，使他们比任何人都渴望过上一种充实而安稳的生活。"[①]

什么是安身立命呢？

汉语词典的基本解释为"安身：在某处安下身来；立命：精神有所寄托。安身立命指生活有着落，精神有所寄托"。

1. 安身：源于自我的本体性安全需要

安身的内涵十分丰富，既有保全自身之意，又有容身立足之意。人们总是在自我无法安身或无处安身之时思索安身的意义，具有对本体性安全的反思和重建之意。

本体性安全是指个体可靠地感觉到自我的统一性和连贯性，以及自己所生活的社会物质环境的稳定性。自我的本体性安全就是个人在生命存在和生活境遇中拥有保持自我一致性和连续性的自信，有稳定安全的生活环境和可靠的行为模式。

自我的本体性安全包括3个层面的具体需要：

(1) 保持自然机体存在和健康成长的物质保障，且没有外在的侵犯和威胁，保持身体和心理的健康，如有充足安全的食品，稳定安全的居住环境；

(2) 维持社会行为可靠的社会环境，确保个体能平等地参与社会生活，建构和谐的社会关系；

(3) 保持理性的精神追求和终极关怀，这就需要弘扬和倡导科学的理想信念，积极的情感体验和角色期待，关注个体的终极信仰和精神世界，为个体提供实现自我的可能性，确保个体内心的精神寄托。

总的来说，安身立命的安身功能旨在为个体提供生存和发展所需的物质条件和心理准备，使个体习得和养成追求幸福人生和美好生活的自然规律、社会规范和精神觉悟。对于"安身"的反思是帮助个体觉知自我、评价自我，认清自我所处的环境，妥善处理自我与周围世界的关系，保持自我的一致性和连贯性，以保证个体生活的安定和谐。

2. 立命：社会互动中确证自我归属

立命是指保持生命存在，并使其在社会上得以生存和安定。"立命"，语出《孟子·尽心上》，"夭寿不贰，修身以俟之，所以立命也"，意指寿命长短，都是上天注定，如何在有限的生命里实现更大的价值就在于培养身心，遵循天命即实现人"善"的本性。

个体的立命需要，源于人的社会性需要。个体的生活始终要以人的社会性为根本，始终保持自我与他人和社会的交往互动，因为这是人的根本需要。人的社会性需要包括个体对共同体身份和归属的需要，与人互动交往的需要，被他人或群体认同和尊重的需要，通过社会互动实现自我的需要。每个人都在建立和维持着自己的社会关系网络。作为社会

---

① 金树人. 生涯咨询与辅导[M]. 北京：高等教育出版社，2007.

关系网络中的核心枢纽，自我的存在与发展关乎他人的感受和幸福。所以，个体会按照社会期待来规划自己的人生，塑造自己的人格，保持与他人和社会的互动。社会互动让个体学会生活，确立理想信念，习得与人相处的规则，并按照社会期待的角色身份呈现和成就自我的个性与人格。在现实社会中，给人"贴标签"是一种常见的现象，男人、女人、教师、学生、律师、公务员都被社会设定了期待的形象，也潜移默化地规定了这些身份应承担的职责、角色要求和行为准则，已经成为一种刻板印象或心理定式，社会期待他们在特定的情境中表现出恰当的态度和行为，这种表现将成为自我和他人评价的依据。

"立命"的社会性意义在于获取社会角色和承担使命。个体在生存和发展中，与生俱来地要承担一定的使命，这与个体角色密不可分。为人父母者需要抚育子女，为人子女者应赡养父母；师者，传道授业解惑；医者，救死扶伤。个体的社会行为不仅为自己的利益和需要而发生，更是为了通过满足他人的需要来实现自我价值，以社会所期待的形象践行自己的承诺，有助于个体获得他人和社会的认可和赞同。

总之，"立命"的意义具有浓厚的社会性，主要体现在个体在社会教化中获得生活目标和生活规划，在社会交往中获得认同和归属，在社会群体中获得地位，承担角色使命和责任，从而实现人生价值。

综上，安身立命表面上看是先找到"安身之处"而后实现"立命"，实际上个体在寻找和获得"安身"的过程中伴随自我角色、人生使命的自我认同与社会教化，在不断地反思自我存在的社会意义和生活目标中实现着"安身"的归属。因此，在生涯规划中思考从事什么职业的过程，既是寻找和获得安身立命之所的过程，也是思考如何实现人生价值的过程。

【思考与练习】

一、请看图1-3，思考并回答以下问题。

1. 想象一下，当你在某处安定下来，相对于四处漂泊，你会有什么感觉？这种感觉是否包含强烈的对下一步生活的憧憬、希望？或者是否包含对未来的一种寄托呢？

_____

_____

2. 为了实现你的职业抱负、人生理想，理性思考一下，你需要找一个什么样的安身之所呢？请描述这个安身之所的特征，越详细越好。

_____

_____

_____

_____

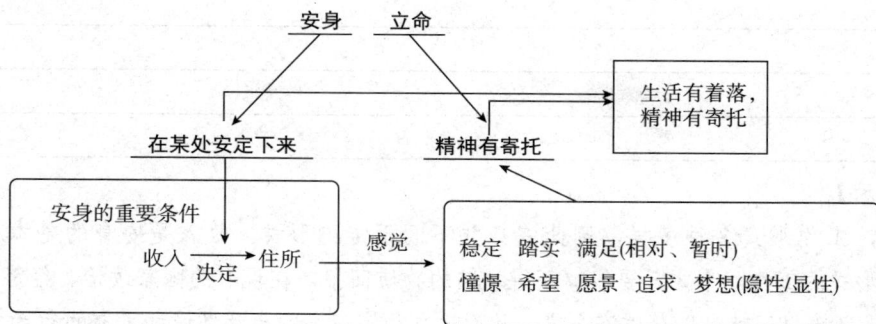

图1-3　安身立命释义图解

二、分析案例，案例中的主人公是否达到了安身立命的状态？你还能发现什么问题？

【案例】自由撰稿人的故事

我有一个朋友，女性，35岁，至今未婚。她大学毕业后和很多人一样来到一线城市，为了将来打拼。她租着房子，朝九晚五地工作，闲暇时酷爱旅游，每次游完之后都会写一些游记或旅游攻略。她写的东西点击量很高，有很多人联系她，请教一些游玩的具体注意事项等。后来，一些旅游网站的编辑开始向她约稿。这大大地激发了她的热情，她开始"不务正业"地疯狂旅游……她写的游记、攻略等质量非常高，不仅文辞优美，还配有精美的照片，最重要的是言简意赅，便于阅读，引人入胜！于是，她很快拥有了大量粉丝，引起了知名旅游网站、杂志、风景区、酒店等的普遍关注，有酬约稿纷至沓来，她在工作之余，开始了为网站、杂志、风景区、酒店等写专稿的职业生涯。不久后，因为忙不过来和对这份撰稿工作的痴心热爱，她干脆辞掉了原来的工作。现在她的业务遍布国内外，约稿不断！

我曾这样问她："你现在看着挺好，到处旅游，穿着时尚，拥有众多粉丝和广泛的社会交际，但终究不是一份'正常'工作，你焦虑吗？"

她问我："何为'正常'工作？朝九晚五吗？坐在办公室里办公吗？当公务员吗？"

我一时语塞。

她接着说："作家亦大多数没有固定的工作！我虽不是作家，但也写书呀，且已经出版了两本，销量很不错！你知道我的稿约酬金是多少吗？最低2万元，最高20万元！虽然最高不常有，但我现在挣的钱已经远超'朝九晚五'一辈子挣的钱！更重要的是，这份工作让我非常快乐，让我找到了生命的意义！你知道我的一篇文稿能为企业创造多少利润吗？你知道我的游记吸引了多少人去旅游吗？你知道我的攻略帮助过多少人吗？我真不知道，除了这份工作，还有什么工作能让我获得如此多的满足和快乐！"

读完这位撰稿人的故事，你认为她是否达到了安身立命的状态？你还获得了什么启示？

_____

_____

_____

_____

【启示】

当今，工作形式多种多样，因此安身并不囿于传统形式。收入是安身的基本条件，无论是什么形式的工作，个体只要能够获得足够的物质回报，在现有的国家政治、经济与社会和谐发展的大环境里，就足以获得安全感，从而建立稳定安全的生活环境和可靠的行为模式。在此基础上，如果工作能够体现个体存在的价值，使个体感到快乐和满足，那么就可以说达到了安身立命的状态。

1.3 职业生涯规划的目的和作用

1.3.1 职业生涯规划的目的

1. 找到适合自己的工作

找工作最重要的就是要人岗匹配、适合自己，具体表现在两个层面。

第一个层面，进行准确的自我定位。先要弄清自己想做什么、能做什么，自己的兴趣、才能、学识适合做什么。可以通过一些专业量表工具来测量，评估职业倾向、能力倾向和职业价值观，这是职业生涯规划的基础。

第二个层面，与职业世界进行人职匹配。每份工作都有不同的任职要求，每个人都有优势和劣势。在做职业规划之前，首先，要对自身的学历、经历、能力进行综合性评估，了解自己的内在、外在优势，把这些优势整合在一起，作为职场上打拼的核心竞争力。其次，对不同市场、行业、职位进行分析，找到人岗匹配点，即职位切入点。

2. 分析发展平台，制定计划和措施

在这一环节，具体操作分两个步骤。

第一步，对市场状况、行业前景、职位要求、入行条件、培训方向、工作内容、薪酬提升等方面进行详细分析。例如，要进入某个平台，需要补充哪些知识、增加哪些人脉等。

第二步，根据资料分析，确定发展路径和各个阶段的目标平台，制定具体的实施方案。按照计划沿着"主干道"去充电，以期提升薪酬水平和职位。

【思考与练习】

图1-4为某企业各岗位晋升通道示意图。该企业岗位晋升分为三个主通道：技能通道、专业/技术通道和管理通道。分析此图，回答以下问题。

1. 技能通道。入门岗位是工人，晋升到最高级别是高级技师。在这个通道中，下级岗位晋升到上级岗位，需要什么？(单选)

A. 托人找关系
B. 精修苦练，提高技能
C. 提高技能，通过晋升考核
D. 混时间、靠资历

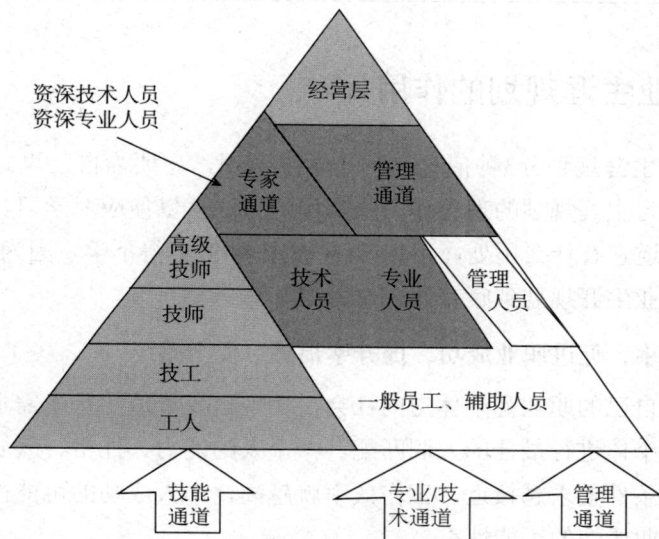

图1-4 晋升通道

2. 专业/技术通道。入门岗位是一般员工或助理，晋升到最高级别是资深技术人员、资深专业人员，也就是专家。在这个通道中，下级岗位晋升到上级岗位，需要什么？(多选)

A. 进修，提升学历水平
B. 精研业务，做到"人不能我能"
C. 与上级处好关系，伺机而动
D. 提升业绩，获得上级赏识

3. 管理通道。入门岗位是一般员工、辅助人员，可以一直晋升到企业最高级别——经营层。在这个通道中，下级岗位晋升到上级岗位，需要什么？(多选)

A. 不断进修学习，提升学历水平
B. 拓宽视野，培养优势，形成核心竞争力
C. 培养企业经营者思维，提高分析问题、解决问题的能力
D. 获得上下级普遍认可，积累人脉，提高声望

答案见页脚①。

---

① 图1-4答案：1. C 2. ABCD 3. ABCD

【思考】

通过上面3道题的练习，你会发现，在每一个通道中，个体要晋级需提高知识和技能水平，有的还需要经营复杂的人际关系。那么，技能通道和专业/技术通道能否达到最高层呢？如果你认为"能"，需要提升自己哪些方面的能力呢？如何操作呢？

_____

_____

_____

1.3.2　职业生涯规划的作用

学生学习职业生涯规划分3种情况：一是学以致用，想要为自己谋划未来的发展；二是不做规划，只学习生涯规划的理念和一些实用的方法，以便应对学习、工作和生活中的问题；三是不想知道它有什么用处，不想学(原因很多)但不得不学，因为是必修课。

那么，学习职业生涯规划到底有什么作用呢？

1. 提高工作效率，促进职业成功，提升幸福感、安全感

找到一份适合自己的职业是个体走向社会，实现自我价值的基本需求。职业生涯规划的根本任务是指导个体进行最佳的人职匹配。一个人的能力、性格、气质、兴趣同所从事职业的工作性质和条件要求越接近，工作效率就越高，个人成功的可能性也越大；反之，则工作效率低，职业成功的可能性小。

【案例】两个同班同学在同一单位的发展轨迹

A和B是同班同学，两人毕业后同时进入一家规模较大的私营企业，都分配到了技术部门。

两人在校时，学习成绩都比较一般。A同学有亲和力，实际不善言辞，但表现得擅长社会交际，尤其擅长与成年人打交道，办事给人一种踏实稳妥的感觉，在学生会担任体育部部长。B同学表现得比较外向，在校没有做过任何干部，自我效能比较高。

工作后，A同学发挥以往的优势，与单位领导、同事相处得不错，但在技术业务方面并没有突出表现。B同学工作非常认真，埋头钻研业务，最终考取了本专业哈工大的研究生，技术业务能力较强。

7年后，两人竞选技术部副部长一职，B同学升任了副部长。

落选的A同学，一时间心里落差极大，没法安心工作，于是单位领导把他安排到了销售部。一心寻求稳定的他，从来没有考虑过做销售，"不善言辞，却要到处游说推销"，被动工作让他感觉人生跌到了低点！然而，峰回路转，他上任第一年就创下了7000万元销售额的业绩，单位内部因此掀起了技术销售经验学习风潮。在不到3年的时间里，他创造了3亿元销售业绩，按3%的销售提成计算，个人近3年的收入接近900万元！

与此同时，B同学在技术部副部长的位置忙着一个又一个技术项目，事业也是蒸蒸日上。这时，猎头找到了他，挖他去本行业的一家研究所工作。此时的邀请，触动了他的痛点和初心。痛点是：现在的工作单位是民营企业，虽然自己被认可、被重用，但自己的内心没有完全认同！初心是：想要去国营单位工作，曾经的梦想是成为一名真正的科研工作者！最终，尽管现单位百般挽留，在工资、股份、住房等方面都开出了优厚的条件，但他还是选择了科研单位，进入体制内。

此后，A同学升任大区经理，组建了自己的销售团队，事业稳步前进！

B同学在科研单位感到各种不适应。虽然做好了从头再来的心理准备，但无法忍受被闲置、没有项目可做的日子。好在，原单位没有放弃他，经过多方劝导，他又回到了原先的岗位，但他错过了最佳的谈判时机！

A同学开始并不认同销售是适合自己的工作，他认为这份工作不稳定，常年在外，保底工资很低，自己又不擅长语言表达，因此他内心是拒绝这份工作的。然而，谁能想到销售却是最适合他的工作。成功不是偶然的，A同学具有天然亲和力，为人稳重、踏实，在学校锻炼了和各类人打交道的本领，同时从事了7年技术设计工作，这一切都是促使他成功的关键因素。

B同学不忘初心，坚持认为国营科研院所是自己的好归宿，并一直为之努力，然而获得这份工作后才发现：坚持了十几年的梦想并不适合自己！

所以说，好工作是相对的，对别人来说是好工作，对自己来说未必适合，要多方考证，必要时结合测评，还要亲身尝试与体验，才能找到适合自己的路。

人职匹配理论指出：不同类型的人要匹配相应的工作内容和工作环境，人的内在本质必须在相对应的职业领域中才能得以充分扩展。也就是说，一个人只有在适合自己的职业环境中才能充分地展现自我、实现自我，实现安身立命的目的。

【思考】

你认为自己适合做什么工作？和你的职业理想一致吗？

_____

_____

_____

_____

2. 促进自身能力的培养，提高应对外界变化的意识

职业规划要求我们瞄准未来的发展，因此应客观地分析自己现在与未来的差距，据此制订自我提升的计划与措施。在计划实施的过程中，个体应自觉地、有意识地进行相应的能力培养与锻炼。同时，职业规划主张个体面对不断变化的现代社会，应及时更新观念，学习新技能，以提升个人的能力。计划执行后，要及时进行反馈和检查，反思这一段时间内，执行计划需要坚持哪些成功之处，需要改进或调整哪些失败之处，并根据外界变化做出下一步的调整计划。做生涯规划时，应将时间因素列入分析，注意未来社会发展趋势，以未来的视角决定现在的方向。

【思考与练习】

一个大学生想要提高自己的语言表达能力，制订了练习计划，见表1-1。

表1-1　练习计划

日程安排	星期一	星期二	星期三	星期四	星期五	星期六	星期日
早操/早饭	10分钟绕口令	10分钟朗诵诗歌	10分钟绕口令	10分钟朗诵诗歌	10分钟绕口令	睡觉	睡觉
8:10—9:50	上课	上课	上课	上课	上课	学生会活动	自由活动
10:10—11:50	朗诵诗歌	上课	上课	上课	上课	学生会活动	自由活动
午休	吃饭/学生会活动	吃饭/社团活动	吃饭/打乒乓球	吃饭/社团活动	吃饭/学生会活动	吃饭	吃饭
13:20—15:00	上课	上课	学生会活动	上课	上课	打乒乓球	健身
15:20—17:00	上课	背诵演讲稿	阅读	上课	背诵演讲稿	找好朋友当听众	阅读
晚饭	吃饭/食堂聊天互动	吃饭/食堂聊天互动	吃饭/食堂聊天互动	吃饭/食堂聊天互动	吃饭/食堂聊天互动	吃饭	吃饭
18:00—19:40	晚自习	晚自习	晚自习	晚自习	健身	看演讲视频	晚自习
20:00—21:00	学生会活动	找好朋友当听众	看演讲视频	写新的演讲稿	洗澡/休息	找好朋友当听众	做作业
21:00—22:00	写演讲稿	做作业	做作业	做作业	休息/看电影	休息/看电影	做作业

【思考】

1. 这份计划能否提高他的语言表达能力？

2. 你认为他的语言训练计划还需要完善哪些方面？

_____

_____

_____

3. 你认为这个计划表从整体上还需要做哪些修改，才能应对外界的变化？

_____

_____

_____

_____

_____

3. 勾画发展蓝图，激发前进的动力

没有目标的生活，犹如没有罗盘的航行；没有梦想的生命，犹如没有色彩的春天。梦想是人们对美好未来的向往、憧憬和追求，具有强大的目标指引和精神激励作用，是引领前行的灯塔、激活动力的源泉。

职业生涯规划的重要使命就是帮助人们设定职业和生活的目标，以此目标为主线勾画个体发展的规划蓝图。"蓝图"在工业上指"蓝图纸"，尤指完成图像复制后的晒图纸；在文学上经引申，指希望和前景。也就是说，职业生涯规划能帮助人们描绘未来的发展前景，描绘得越清晰，梦想越可能实现。

【案例】比尔·拉福的职业规划

有一个美国小伙子，立志做一名优秀的商人。中学毕业后，他考入麻省理工学院，但他并没有去读贸易专业，而是选择了工科中最普通、最基础的专业——机械专业。大学毕业后，这个小伙子没有马上投入商海，而是考入芝加哥大学，攻读为期3年的经济学硕士学位。出人意料的是，他获得硕士学位后，还是没有从事商业活动，而是考了公务员。在政府部门工作了5年后，他辞职下海经商。又过了两年，他开办了自己的商贸公司。20年后，他的公司资产从最初的20万美元增长到2亿美元。这个小伙子就是美国知名企业家比尔·拉福。

1994年10月，比尔·拉福率团来中国进行商业考察，在北京长城饭店接受《中国青年报》记者采访时，他谈到他的成功应归功于他父亲的指导。父亲帮他制定了重要的生涯规划，最终这个生涯规划方案促使他功成名就。

比尔·拉福的生涯规划可概括为：工科学习→工学学士→经济学学习→经济学硕士→政府部门工作→锻炼处世能力，建立广泛的人际关系→大公司工作→熟悉商务环境→开公司→事业成功。

第1阶段：工科学习。

选择：在中学时代，比尔·拉福就立志经商。他的父亲是洛克菲勒集团的一名高级职

员，他发现儿子有商业天赋，机敏果断，敢于创新，但经历的磨难太少，没有经验，更缺乏必要的知识。于是，父子俩进行了一次长谈，并描绘出职业生涯蓝图。因此，升学时，比尔·拉福没有像其他人一样直接去读贸易专业，而是选择了工科中最基础、最普通的机械制造专业。

评析：做商贸必须具备一定的专业知识。在商品贸易中，工业品占大多数，如果不了解产品的性能、生产制造情况，就很难保证在贸易中得到收益。工科学习不仅是为了培养知识技能，而且能帮助个人建立一套严谨求实的思维体系。条理清晰的推理分析能力，脚踏实地的工作态度，正是经商所需要的素质。

收获：比尔·拉福在麻省理工学院的4年，除了学习本专业知识，还广泛接触了其他专业课程，如化工、建筑、电子等，这些知识在他后来的商业活动中发挥了举足轻重的作用。

第2阶段：经济学学习。

选择：大学毕业后，比尔·拉福没有立即投身商海，而是考进芝加哥大学，开始了为期3年的经济学硕士课程。

评析：在市场经济中，一切经济活动都是通过商业活动来实现的，不了解经济规律，不学习经济学知识，很难在商界立足。

收获：比尔·拉福掌握了经济学的基本知识，明确了影响商业活动的众多因素，还认真学习了有关法律和微观经济活动的管理知识。几年下来，他对会计、财务管理也较为精通，在知识上已完全具备了经商的素质。

第3阶段：政府部门工作。

选择：比尔·拉福拿到经济学硕士学位后考取了公务员，在政府部门工作了5年。

评析：经商必须有很强的人际交往能力，要想在商业上获得成功，应深知处世规则，善于与人交往并建立诚信合作关系。这种开拓人际关系的能力只有在社会工作中才能得到提高。

收获：在环境的压迫下，比尔·拉福形成了强烈的自我保护意识，由稚嫩的热血青年成长为一名老成、处世不惊的公务员，并结识了各界人士，建立关系网络，为后来的发展积累了大量的信息和便利条件。

第4阶段：通用公司锻炼。

选择：5年的政府工作结束之后，比尔·拉福完全具备了成功商人所需的各种素质，于是他辞职去了通用公司。

评价：通过各种学习获得足够的知识，但知识要通过实践锻炼才能转化为技能。

收获：在国际著名的通用公司中锻炼，比尔·拉福不仅为实践所学的理论找到了一个强大平台，而且学习到了丰富的管理经验，完成了原始资本积累。这也是大学生创业应该借鉴的地方，创业需要激情，更应该考虑到现实因素。

第5阶段：自创公司，大展拳脚。

两年后，比尔·拉福已熟练掌握商情与商务技巧，婉言谢绝了通用公司的高薪挽留，开办了拉福商贸公司，开始了梦寐以求的商人生涯，实现多年前的计划。

评析：时机成熟后，应果断决策，切忌浪费时间，应抓住契机实现计划。

收获：比尔·拉福的准备工作，几乎考虑到了每个细节。拉福公司的成长速度非常快。20年后，拉福公司的资产从最初的20万美元增长到2亿美元，而比尔·拉福本人也成为一个奇迹。

结论：比尔·拉福的生涯设计脉络清晰，步骤合理，充分考虑了个人兴趣、个人素质，并着重职业技能的培养，在他坚持不懈的努力下，梦想终于变为现实。亲爱的同学们，也许他的这套生涯方案并不完全适合你，但是能带给你一个重要的信息——人生是可以设计的！只要你有信心、恒心，再加上科学的规划和设计，案例的主角也许就是明天的你。

【思考】

这个案例给你的启发是什么？

_____

_____

_____

_____

_____

4. 挖掘人生意义，明晰职业理想

制定生涯规划，是将自己托付于人生目标的一种安身立命。因此，必须明晰自己的人生目标，人生目标与职业理想相统一，才能获得幸福感和满足感。

安身立命的过程包含两层含义：一是安居乐业；二是命运之归宿，亦是人生使命、理想抱负。

安居乐业即"安其居，乐其业"，也就是有稳定满意的房子和喜欢做的职业。但进一步讲，有房有业并不一定会让人感到幸福，"安"于居和"乐"其业才是实现这一目标的关键。人人都有业，但并不是人人都可以乐业，梁启超先生说过："我生平最受用的有两句话：一是'责任心'，二是'趣味'……敬业即责任心，乐业即趣味。我深信人类合理的生活应该如此。"梁启超先生启发学生对"业"要忠实、心无旁骛，要从"业"中领略趣味，这样生活才有价值。

人从事职业的目的为何？职业的目的，一是获得经济报酬，满足生存和发展的物质需求，亦即"谋生"。这是低层次的基本需求。二是不仅求谋生，还要求发展，说的是一个人有抱负、有追求，并且事业有成，即"谋业"。这是从事职业的高层次需求。虽然物质的满足很重要，但这些满足并不能让很多现代人感到幸福。在一些物质需求之外，人们还强调自己在职业中的价值感、意义感、自我表达以及对社会的贡献等因素的重要性，因此，不能把职业仅仅当作一份赚取薪酬的工作，它应该包含更多的内容。著名作家严歌苓在演讲《职业写作》中说过："我是有一种使命感，觉得我想写，我这辈子好像不写会死，就激情到这种程度……"她也说过："写作对我来说是一种使命。那些故事我非写不可，我不写，这辈子我就白活了，就是这种感觉。"可见，从事一份职业，需要敬业、爱业，寻得工作的乐趣，在工作中获得存在感，发现工作的意义及自我价值，进而达到一种职业境界——获得安身立命之感。

职业理想是人们依据社会要求和个人条件，通过想象确立的职业奋斗目标，即个人渴望达到的职业境界。它是人们实现个人生活理想、道德理想和社会理想的手段，并受社会理想的制约。职业理想是人们对职业活动和职业成就的超前反映，与人的价值观、职业期待、职业目标密切相关，也与人的世界观、人生观密切相关。

理想是前进的方向，是心中的目标。人生发展的目标通过职业理想来确立，并最终通过职业理想来实现。托尔斯泰曾说过："理想是指路的明灯，没有理想，就没有坚定的方向；而没有方向，就没有生活。"想必同学们在现阶段的学习生活中也已经深切地感受到，一旦学习目标不明确，学习热情就会低落，学习效果就不明显。因此，我们应明确一个切合实际的职业理想，并为之努力奋斗，才能实现人生发展目标。

职业理想在现实生活中具有参照系的作用，它指导并调整我们的职业活动。当一个人在工作中偏离了理想目标时，职业理想就会发挥纠偏作用，尤其是在实践中遇到困难和阻力时，如果没有职业理想的支撑，人就会心灰意冷、丧失斗志。此外，如果一个人只把自己的追求定位在找到"好工作"上，即便是将来有实现的可能，也不能算是崇高的职业理想，因为这样的理想一旦实现，他可能会不思进取，甚至虚度年华。总之，一个人树立了正确的职业理想，无论身处顺境还是逆境，都会奋发进取、勇往直前。

"眼界决定境界，思路决定出路，定位决定地位，理念决定思路，性格决定命运，细节决定成败。"大学生要实现职业梦想，就要根据自身特点，认清自我，开阔眼界，培养良好的综合素质。行动决定成败，计划已定，方向明晰，接下来就是一步步去努力、去拼搏，职业理想与现实往往有很大差距，但我们要有自信，"不怕千人万人阻挡，只怕自己投降"。为自己的职业梦想去努力，才能不给人生留遗憾。

【思考与练习】石匠的故事

有个人经过一个建筑工地，问那里的三个石匠在干什么。三个石匠给出三个不同的回答。

第一个石匠回答："我在做养家糊口的事，混口饭吃。"

第二个石匠回答："我在做整个国家最出色的石匠工作。"

第三个石匠回答："我正在建造一座大教堂。

格局决定境界，这三个人的职业境界决定了他们的职业发展成就。

三个石匠的回答给出了三种不同的职业目标：第一个石匠说自己做石匠是为了养家糊

口，这是短期目标导向的人，只考虑自己的生理需求，没有远大的抱负；第二个石匠说自己做石匠是为了成为全国最出色的匠人，这是职能思维导向的人，做工作时只考虑本职工作，只考虑自己要成为什么样的人，很少考虑全局的要求；而第三个石匠的回答说出了职业目标的真谛，这是经营思维导向的人，这样的人思考职业目标的时候会把自己的工作目标、组织目标和社会需要相关联，从全局的角度看待自己的发展，这样的员工才会获得更大的发展。

【思考】

1. 自己的人生使命是什么？对国家、家庭你将肩负哪些责任呢？

_____
_____
_____
_____
_____

2. 你如何看待"敬业""乐业"和幸福感的关系呢？"敬业""乐业"对你的人生发展会起到什么作用呢？

_____
_____
_____
_____
_____
_____
_____

【练习】

以"初涉职场"为题设计剧情，探讨职业规划对人生的作用。

按照规定情境(三选一)设计剧情，具体包括剧情简介、故事展开、故事发展(人物冲突)和故事结局。人物角色分别为我、朋友/同学、家长、老师、单位领导。

情境一：毕业求职期。即将毕业或是已经毕业，处于求职阶段。求职者可以有明确的求职目标，也可以没有明确的求职目标。要求根据求职者在求职过程中可能遇到的真实情境设计构思，以求职者有目标或没目标的状态表演出与单位领导、家长、朋友/同学、老师之间的对话内容。

情境二：工作初期。分满意和不满意这份工作两种情况，任选其一，满意者要表现出幸福和自豪感，踌躇满志间要表现出自己下一步的打算；不满意者要表达出不满的原因，寻求帮助及制订下一步调整计划。

情景三：跳槽。分跳槽前和跳槽后两种情况，任选其一。在跳槽前，设定急切地想要跳槽、不得不跳槽、跳槽前的思想斗争、征求意见或寻求跳槽的帮助等情境，各种角色站在自己的立场进行表演；在跳槽后，设定如何从零开始、如何克服遇到的各种困难(人事、业务等)、跳槽后非常后悔、补救和调整等情境。

剧情简介

_____

_____

故事展开

_____

_____

_____

故事发展(人物冲突)

_____

_____

_____

_____

故事结局

_____

_____

_____

有职业生涯规划的人和没有职业生涯规划的人，在生活中有明显的区别。有职业生涯规划的人的明显标志就是有明确清晰的目标。当人有了目标之后，就会忽略与目标无关的信息，将注意力集中在达成目标这件事上。所以有目标的人，行动力更强，能调动自己所能调动的资源，积极努力奋斗，成功的可能性就会逐渐增大。没有职业生涯规划的人，从事不适合自己的职业的概率很大，极易导致个性被压抑，能力被限制，生活中郁郁寡欢，事业上步履维艰。"三百六十行，行行出状元。"对于有抱负、有规划、有行动力的人而言，大多数职业都有广阔的施展空间，都能给人生带来成功的荣耀。

1.4 如何做好职业生涯规划

职业目标与生活目标相一致的人更容易获得幸福感，职业生涯规划实质上是追求最佳职业生涯的过程。人生需要正确的规划，你今天站在哪里并不重要，但是你下一步迈向哪里很重要。因此，我们应做好职业生涯规划，具体分为以下几步。

第1步：了解你自己

有效的职业生涯规划，一定是在充分且正确地认识自身条件与相关环境的基础上进行的。对自我及环境的了解越透彻，越能做好职业生涯规划。职业生涯规划的目的不只是协助你实现个人目标，更重要的是帮助你真正了解自己。

在做职业生涯规划之前，你需要审视自己、认识自己、了解自己，并做好自我评估。自我评估包括兴趣、特长、性格、学识、技能、智商、情商、思维方式、思维方法、道德水准以及社会中的角色定位等内容。

此外，还应详细估量内外环境的优势与限制，明确适合自己且合理可行的职业生涯发展方向，通过分析经历及经验，找出自己的专业特长与兴趣点，这是职业规划的第一步。

值得注意的是，很多人往往认为选择热门职业更有前途。但专家认为，选择职业时重要的是能正确地分析自己，找到自己适合做的职业，然后努力成为本行业的佼佼者。

第2步：树立目标，明确梦想

如果你不知道你要到哪里去，那通常你哪里也去不了。每个人都应树立一个目标，这个目标至少在你本人看来是伟大的。如果没有切实可行的目标做驱动力，人是很容易对现状妥协的。

树立目标是制定职业生涯规划的关键，有效的生涯规划需要切实可行的目标，以便排除不必要的质疑和干扰，全身心致力于目标的实现。

树立职业目标并没有想象的那么难，只要考虑一下你希望在多少年之内达到什么目标，然后一步一步向前走就可以了。目标的设定要以自己的最佳才能、最优性格、最大兴趣、最有利的环境等信息为依据。通常目标分短期目标、中期目标、长期目标和人生目标。

第3步：制定行动方案

你的职业正在帮助你实现人生最终目标吗？是否有途径可以让你当下所从事的职业与你的人生基本目标相一致？

正如一场战役、一场足球比赛都需要确定作战方案一样，有效的生涯规划也需要有切实可行的生涯策略方案，这些具体且可行性较强的行动方案会帮助你一步一步走向成功，从而实现目标。通常情况下，选择职业生涯方向需要考虑以下3个问题。

● 我想往哪个方向发展？
● 我能往哪个方向发展？
● 我可以往哪个方向发展？

如果你现在是一名高职学生，你的3年、5年或10年职业生涯规划是希望成为某行业的佼佼者。那么，你应该问自己下列几个问题。

● 我所学的专业能教会我做什么？

- 我还需要哪些辅助性的专业知识和技能？
- 我的第一份工作应选择什么行业？
- 进入这个行业需要具备哪些基本知识和能力？
- 在大学里我要做哪些方面的修炼才能使我在毕业时获得一份自己想要的工作？
- 在大学里我要积累什么样的人脉才能获得最大的帮助？
- 在大学里我应采取哪些方法关注我喜欢的行业和职业？

第4步：停止梦想，开始行动

这是生涯规划中最艰难的一个步骤，因为到了这一步，就意味着你要停止梦想并切实地开始行动。如果动机不转化成行动，动机始终是动机，职业目标只能停留在梦想的阶段。

要想取得职业规划的成功，首先应明确职业目标，然后在求职过程中尽可能地靠近这个目标。当然，并不是每一个人都具有远见，能及时确定自己的目标，并有计划地不断朝这个方向努力，但确定目标对职业发展起着至关重要的作用。无论你是大学毕业刚刚开始职业生涯的年轻人，还是40岁左右正陷在一份你不喜欢的工作之中的中年人，现在都是你进行职业规划的好时机。只要你还没有到安享晚年的时候，任何时候开始你的职业规划都不算晚。

影响职业生涯规划的因素有很多，有的变化因素是可以预测的，而有的变化因素则难以预测。要使职业生涯规划行之有效，就要不断地对职业生涯规划进行评估，修正生涯目标、生涯策略及方案，使其切实可行，以适应环境的改变，同时可以作为下一轮生涯规划的参考依据。

成功的职业生涯规划需要时时审视内外环境的变化，依此调整自己的前进步伐。目标存在的意义是为你的行动指示一个方向。你是它的创造者，你可以在不同时间、不同环境下更改它，让它更符合你的理想。

在今天，我们的工作方式不断推陈出新，除了学习新的技能和知识外，还需审视自己的生涯资本，找出不足之处，不断修正自己的目标，这样才能靠近梦想，实现人生目标。

【案例】蚯蚓的目标阶梯

(蚯蚓是我从小到大的朋友。蚯蚓不是原名，他长得矮小、瘦弱，因而得名)

18岁分开后，我在外地为生活四处漂泊、奔波；蚯蚓上了大学，一切都很顺利。在这分开的10年里，我们几乎每隔两三年见一面。每一次我都喜欢问他同一个问题：你将来的目标是什么？得到的答案总是不相同，下面记录的是蚯蚓每次谈及目标的原话。

18岁，在高中毕业典礼上，蚯蚓说："我发誓要当李嘉诚第二！我要当中国首富！"(好大的口气)

20岁，在春节老同学团聚会上，蚯蚓说："我想创立自己的公司，30岁时拥有资产2000万。"

23岁，蚯蚓在某工厂当技术员，第二职业是炒股，他说："我正在为离开这家工厂而奋斗，因为在这里工作太没前途了。我将全力炒股，3年内用5万元炒到300万元。"(似乎有实现的可能)

25岁，蚯蚓炒股失意、情场得意，开始准备结婚，他说："我希望一年后能有10万元，让我风风光光地结婚。"(挺现实的想法)

26岁，在不太风光的结婚典礼上，蚯蚓说："我想有一个孩子，不久的将来我能当个车间主任就行，别的不想了。"(结婚会使人成熟)

28岁，蚯蚓所在的工厂效益下滑，偏偏正是妻子怀孕的时候，他说："我希望这次下岗名单里不要有我的名字。"(这时候我还能说什么)

【思考】

1. 蚯蚓为什么会有这样的心路历程呢？

_____

_____

_____

2. 蚯蚓在大学时期应该怎样做才能避免毕业后陷入困境呢？

_____

_____

_____

_____

1.5　大学期间职业生涯规划的主要任务

对多数人来说，大学时期都是一段值得永远怀念的宝贵时光。那如画的校园，那飞扬的青春，那深厚的同学情谊，都是人们记忆深处最美好的画面。但是，很多人忽略了一个事实，大学时期在一个人的职业生涯中极为重要。根据美国学者施恩的职业生涯发展理论，大学时期是一个人职业生涯的探索阶段，这个阶段的主要任务有：

● 发现和发展自己的需求和兴趣，发现和发展自己的能力和才干，为选择职业打好基础；

● 学习职业方面的知识，寻找现实中的角色模式，获取丰富信息，发现和发展自己的价值观、动机和抱负，做出合理的受教育决策，将幼年的梦想变为可操作的现实；

● 接受教育和培训，积累工作中所需要的知识，开发相关的技能。

换句话说，你这辈子将成为什么样的人，很高程度上是由大学时期的努力所决定的。

在毕业的时候，无论你是直接工作、专升本，还是出国，你的选择空间和结果，都与你对大学生活的规划息息相关。

1. 大一期间

大一上半学期，学生应发展自己的兴趣与能力，可通过参加学生会组织，参与体育活动、通时教育和课外活动，逐步熟悉学校就业中心的资料，阅读一些关于不同职业的介绍材料，和家人、朋友、教授等有工作经历的人谈谈自己的职业兴趣，到学校就业中心做一些职业倾向测试，更多地了解自己，确认自己喜欢的职业和优势，刻苦学习，尽自己所能取得好成绩。

下半学期应扩展自己的生涯平台，继续探索和收集有关生涯发展领域的信息。其中，很重要的资源是那些在生涯发展领域工作又令自己感兴趣的人。另外，通过暑假工作、实习、实践和志愿者活动等，也可以获得第一手资料。

在这一阶段需要思考如下问题。

我是谁？

_____

_____

_____

适合我的位置在哪？

_____

_____

_____

我擅长做什么？

_____

_____

_____

我应该选择什么职业？

_____

_____

_____

我是否了解我的专业？我知道我学这个专业以后能做什么吗？

_____

_____

我的专业前景如何？

我做了什么样的职业选择？

2. 大二期间

大二期间，学生应在实践和暑期工作中培养新的能力，熟悉更多与职业发展相关的资源；汇总自己的选择，并且和职业咨询老师讨论，是否满意自己早期的选择；如果自己选择的职业要求更高一级的学位，就开始准备考研；研究工作单位和工作环境，寻找自己与这些职业和相关企业组织要求相匹配的能力；开始建立专门的联系渠道，以便辅助自己的整体求职战略计划；继续参加工作实践，积累更多的经验。

在这一阶段需要思考如下问题。

我是谁？

我到底要什么？

我尝试接触了几个职业，哪一个最适合我？我需要为此做哪些准备？

从大一开始我的兴趣是怎样转变的？对我现在的行为有什么影响？

_____

_____

_____

_____

3. 大三期间

大三期间，学生应确定生涯目标，制订计划，面对从学校到职业人的转变，提前准备好求职申请信、简历和成绩单。通过校园招聘会、人才市场和网络招聘等寻找适合自己的职业岗位，去学校的就业中心参加就业求职练习，与就业指导老师沟通咨询，与校友联系并了解他在工作第一年面对的挑战，争取拿到推荐材料，积极参加招聘会和用人单位的介绍活动，查阅提供就业岗位的企业目录，参加各种校园招聘活动，最后还要确认你能否获得学位。

在这一阶段，需要思考如下问题。

哪些职业岗位可能适合我？

_____

_____

_____

我怎样才能找到适合自己的岗位？

_____

_____

_____

_____

1.6 学习职业生涯规划的心态

学习这门课，需要认识到这门课与其他课的不同。这门课不需要采用传统的教学方式——老师讲、学生听，老师应和学生交流、共同思考，像朋友一样畅谈人生。每一个人都是独立的个体，都有属于自己的精彩人生，老师在这里与你谈的是方法、理念，作为你们规划人生的参考，同时希望你们有这样的心态——我的人生我做主，我的人生我规划，我的生涯我决定。从某种程度来说，心态会对人生的成败产生很大的影响。

什么是心态呢？心态是我们对待人、事、问题的看法和观点。具体来说，心态是我们对工作、对事业、对家庭、对朋友、对同事等所持的观点和态度。

一位哲人说："你的心态就是你真正的主人。"一位伟人说："要么你去驾驭生命，要么是生命驾驭你。你的心态决定谁是坐骑，谁是骑师。"

学习职业生涯规划需要具备4种心态：空杯清零心态；积极的心态；共赢的心态；成长的心态。

1. 空杯清零心态

当我们谈到心态时，有的同学会说："谈谈心态吗？我知道……"这时就犯了一个自满的错误，因此我们首先探讨的就是空杯清零心态。

空杯清零心态源于这样一个故事：古时候有一个佛学造诣很深的人，听说某座寺庙里有位德高望重的老禅师，便去拜访。老禅师十分恭敬地接待了他，并为他沏茶。可在倒水时，明明杯子已经满了，老禅师还不停地倒。老禅师的意思是，既然你已经很有学问了，干嘛还要到我这里求教？既然是求教，就应该放下身份，放下以往的骄傲，主动、谦虚，才是虚心求教！

空杯清零心态，要从三个方面去做：一是开放；二是放下；三是重生。

(1) 开放，指的是不能故步自封，应该主动接纳一切事物，主动将自己积累的知识清零。自满会阻碍我们获得知识，往往我们自以为学会了、听懂了，但最终并不能将知识应用到实际生活中来解决问题。只有做到"空杯清零"，才能用心学习，不落下每一个细节，认真揣摩，从而举一反三；只有做到"空杯清零"，才能对一切事物"开放"，产生好奇心，渴望重新以知识来充实自己。

(2) 放下，指的是放下以往的成功与失败，不要沉湎其中。过去就过去了，不可以重来。过于纠结过去会妨碍你的发展！一味回头看，只能增加你的负能量！

(3) 重生，指的是要勇敢地告别过去，站在新生的起点，充满好奇，渴望一切，在崭新的画布上勾画美丽的蓝图！新生是不可阻挡的正能量！

2. 积极的心态

积极的心态要求我们凡事都往好处想、往好处做，以期好的结果。有这样的心态，在变化发生的时候，我们才能看到机会，采取有效的解决方法随时应对问题。

积极的心态对应的是消极的心态。消极的人经常说"不可能"。比如，无法与人友好相处时，会说"那个人太讨厌了，和他好好相处，不可能"；老师布置了一项任务，自认无法完成时，会说"我们都没做过，太难了，不可能完成"。

"可能"的英文单词是"possible"，"不可能"是"impossible"。你们看，在不可能"impossible"的"i"的后面加上一撇，就变成"I'm possible"，我能！

在面对困难时，如果把关注点放在优点、积极的一面，"不可能"更容易变成"可能"。比如这样的心态：正因为我们没做过，我们才要尝试去做，这是一个学习和锻炼的过程；正因为很难学，我们才要抛弃畏难的情绪，努力克服困难，这是一个增长能力、积累知识的过程。将"不可能"变为"可能"，我们才能取得进步，获得发展。

经常听学生说不喜欢自己的专业，如果问他们"为什么选择这个专业"，他们往往会说是父母选的！在这种情况下，他们要么痛苦地学下去，要么消极地混日子。其实，在飞速发展的今天，个人具备单一的专业技能很难获得好的发展，尤其是步入社会后，需要不断拓展自己的专业知识，不断增强自己的工作能力，这是一个做加法的过程。因此，在学生时代，不妨换一种思路，把令人痛苦的学习过程转化为融会"专业+互联网+其他专业+社会活动+自然知识+商务礼仪"等相关知识的过程，这样不仅能改变现有的困境，还能增强自己的综合竞争力。总之，要积极地应对困境，而不是抱怨，抱怨和消极的态度会毁掉你的大好前程。随着认知的增长、阅历的丰富，你会发现：有很多今后必需的知识和技能，并不能在课堂上学到，而是需要到专业以外的培训中学习！因此，我们更应做好心理准备，积累更丰富的知识。

3. 共赢的心态

所谓共赢，一个典型的特征就是双方或多方都受益。共赢的心态与普通的积极心态不同，积极的心态更倾向于单方面受益。比如，"这个老师虽然讲课没趣味，但每一个知识点都很有用，我要认真听，按照要求练习，不要被他枯燥的讲解影响了我的学习兴趣，也许兴趣就在练习中"。这就是积极的心态。又如，"老师经常采用分组学习的方法，并且按照整组的学习效果评价成绩，组内有几个同学参与度不高，严重影响了我们。经过沟通决定，组员各自按照自身特点来完成分解的学习任务，责任到人，分工合作"。这就是共赢的心态。

在现今社会，没人能够单打独斗闯天下，我们都需要合作，都需要团队的支持。共赢的心态的核心特征是合作、互助、信任和目标一致。在互联网时代，我们可以忽略空间和时间的距离建立联系，从而带来更多合作的可能。具备共赢的心态，是与外界交流、合作并取得成功的基本前提。因此，我们要养成追求共赢的思维习惯，学会如何与人合作，达成共同的目标，开创共赢的局面。

4. 成长的心态

职业生涯规划的终极目的是关注个体的成长，这里的"成长"不仅包括从出生到大学的成长，也包括从中年到老年一直到生命结束的成长。成长的心态要求我们关注每一个阶段的成长任务，关注每一个阶段的成长结果。我们要学会反思，以调整下一个阶段的成长任务。成功是一个较难掌握的概念，与其关注这个难以量化的概念，不如关注自己每天的进步，一路走来，慢慢地就会接近成功。

以前的你，可能不会调整自己，学了这门课以后，试着放下成功或者失败的经历吧！清空那些负能量，让过去的过去，为自己的人生清零，然后站在一个新的起点上。

以前的你，遇事总往消极的方面想，学了这门课以后，试着转变观念吧！养成积极的思维习惯，勇敢挑战以前认为不可能完成的事，面临困境时，要试着暗示自己"一切都是可能的，我行"。

以前的你，可能只愿意从自己的角度看问题，学了这门课以后，试着运用"共赢的心态"看问题吧！去发现别人的优点，去寻求更多合作的可能。

学了这门课以后，你会发现：你开始关注成长，关注未来，关注脚下的路，踏踏实实走好每一步。

1.7　一个大学生的职业生涯规划

大三寒假就要结束了，大四就要来临，这意味着我们即将站到考研、留学及工作的三岔路口，我们究竟该何去何从？又该做好哪些准备？

这个假期我闭关思考了很多，这的确是一个痛苦的过程，我也真正体会到"一个人很难认清自己"这句话的正确性，下面就将我的所思所悟简单总结一下。

1.7.1　我的职业目标是什么

在做职业生涯规划时，首先应弄清楚自己真正想要什么，树立目标，再围绕这个目标去努力。

如果把考研、读博、留学当作职业目标，就犯了把手段当目标的短视错误，职业目标应是我们人生理想的具体化。大家小时候都有过"科学家""医生""律师"这样的理想吧？此为职业目标。如果你想通过成为一位大诗人积累足够的社会财富，这可能就不太现实。在我们成长的过程中，我们会逐渐调整职业目标。我在小学时读了不少文学名著，曾立志做一位像鲁迅那样伟大的作家，"铁肩担道义，妙手著文章"，可我到后来才发现，自己根本没有那个文笔。中学时代，我看多了许多伟人传记，又想从政，美其名曰"为人民服务""鞠躬尽瘁，死而后已"，后来发现自己并没有那样的魄力和胸怀。进入大学阶段，在价值观逐渐形成的时候，我读了许多关于马云、史玉柱、柳传志这些企业家的传记，也被《赢在中国》这类励志节目所感染，职业目标似乎越来越清晰，那就是通过积累资源创建自己的企业，为社会创造价值，进而实现自己的价值，美其名曰"商道兴邦，创业报国"。

1.7.2　我的职业目标如何确立

我是这样思考的：

首先，性格决定命运，强烈的成就欲和自我控制欲决定了我不可能久居人下，我向往自己做主的职业，那就自主创业吧！

其次，考虑这种职业目标能否实现我的人生终极追求，物质财富、社会地位和美好的家庭生活都可以通过创业来实现。

最后，审视一下自己的知识、能力、资源能否支持自己的职业目标，我积累的专业知识和能力还是可以实现这个目标的。

综上，我的职业目标就这样确定了。

至于为什么要创业，还有很多原因。如果在古代，我可能会坚守"修身、齐家、治国、平天下"这样的士大夫信条，但现代社会不同于古代，做一个创造经济效益和社会效益的企业家更能体现我的个人价值。因为通过创建企业可以为国家纳税，可以为社会提供更多的就业岗位，可以为家庭生活提供物质保障，可以为自己赢得一定的社会地位，于国、于家、于己而言，焉有其他选择？

确立了职业目标，那么接下来的活动都要围绕其开展。

1.7.3 如何实现职业目标

1. 不断积累、整合实现目标所需的资源

这一步的关键就是明确如何成功创业、创业需要哪些资源、我掌握的资源现状如何、通过哪些途径可积累尚不具备的资源。我通过画鱼骨图，明确创业需要项目、资本、技术、人才等资源，可以说我暂时还一无所有，那么如何积累这些资源呢？靠自己给别人打工积累的原始资本可以说是杯水车薪，自己也非技术领域出身，企业家所应具备的才能更需要慢慢磨炼，貌似很难。企业家最重要的能力是整合资源的能力，但前提是要明确哪些是资源，才能谈到整合。

2. 明确创业核心资源

深入总结一下，创业的核心资源就是"人"，资本、技术、管理才能的载体都是"人"。说得更清楚一些，就是"人脉"。"人脉"不同于"关系"和"走后门"。从经济学角度讲，市场经济讲究利益交换，每个人身上都掌握着可以为他人所利用的资源，你乐于与别人分享这样的资源，别人也会愿意与你共享自己的资源。这就是人脉的作用。

3. 审视自己，如何最大限度地积累资源

我们可以为自己设计一条职业路线。如果你想做一名职业经理人，那么首先就要找到一个大的企业平台，发展路线为"助理→经理→总监→副总→CEO"。于我而言，也需要先就业，给别人打工，积累各种资源，量变引起质变，才可能一展宏图。

人不能同时走两条路，打工还是创业必须选择其一。但无论打工还是创业，其实都是一种职业状态，都需要一步一步地积累，当前的任务就是明确工作目标！

4. 确定当前的工作目标，即确定就业目标

有人认为大学毕业后第一份工作不重要，此言差矣！如果实在找不到理想工作，为了生存暂时妥协倒也情有可原，否则一定要慎重选择第一份工作。人生的每一步都是唯一

的，都不应是权宜之计，每一步都应该为以后要走的路打下基础，每一步都应该是有计划、有意义的积累，一定要考虑经济学中的机会成本，我的观点是"步步为营，才能步步为赢"。

我的分析思路按照"行业、企业、职位、区域、工作目标、求职准备"相继展开。

1) 如何选择行业

我好像谈到了很多关于选择的问题，选择是有成本的，经济学中只谈到了交易成本却忽视了选择成本，所以有了品牌经济学。我并不是要讲经济学，只不过借鉴一下关于选择的智慧。

"三百六十行，行行出状元"，此话的确不假，但古话也说过"男怕入错行"，不论男女，都怕入错行，特别是在专业化要求越来越高的知识经济时代，选择好你要进入的行业尤为重要。新东方俞敏洪老师说过，你要在你的专业领域内做到全国前十，这样你才有竞争力。什么意思？你是相信"长尾理论"还是推崇"二八法则"？俞老师劝我们做到专业化，但你一定要清楚，在哪个行业我们能做到全国前十？在哪个领域我们能做到龙头老大？这就涉及行业选择问题。但是，如果不清楚行业的具体情况，又如何做出正确的选择呢？

第一步，知彼，即了解相关的行业状况。

图书馆、互联网及相关行业人士都是我们了解行业状况的渠道。

第二步，知己，即了解自己的兴趣爱好、特长优势。

我们可通过职业测评等方法了解自己，"知己知彼，百战不殆"。

下面简单谈一下我选择行业的过程。

在不了解行业具体情况的条件下，我们是没办法做出正确选择的。充足的信息是制定正确决策的依据，Google、百度搜索及相关应届生就业网站可为我们提供帮助。相关的行业报告我浏览了几遍，也算做到心里有数。具体的行业报告可以在网上下载，也可以向作者本人索要。下面结合行业发展趋势、个人兴趣爱好以及个人条件与职业目标契合度几个因素，谈谈我对几个热门行业的看法。

(1) IT行业。从技术角度讲，IT分为传感、通信和计算机技术3个方面；从产业角度讲，IT可分为计算机硬件和软件、网络、通信3个领域，每个领域都有庞大的企业帝国。以计算机硬件和软件为主的企业有微软、惠普、甲骨文、INTEL等，以IT服务及互联网应用为主的企业有思科、IBM、Google、阿里巴巴等，通信领域有中国移动、华为等。总之，IT产业方兴未艾，5G时代又给通信领域带来许多新的机遇。虽然我的专业知识储备不足，接触IT也比较晚，但还是有很大兴趣在这方面，所以，这个行业要优先考虑。

(2) 快速消费品，主要是日常用品。这个行业依靠消费者高频次和重复使用产品，通过规模市场量来获得利润和价值实现，包括个人护理、家庭护理、食品饮料、烟酒等。宝洁、联合利华、欧莱雅、雀巢、可口可乐等都是我们比较熟悉的快消类企业，这类企业重视市场营销和品牌建设。宝洁、联合利华等企业又被称为企业大学，很多人都是在这里锻炼之后自主创业的。这类企业与我们的生活密不可分，虽然产品创新空间有限，但非常锻炼营销本领，所以也是我的备选行业之一。

(3) 金融行业。我虽然是学经济的，但是对数字不敏感，对金融不感兴趣，所以金融行业对我自然也没什么吸引力。我国的商业银行以农行、工行、中行、建行为主，外资银行有渣打、汇丰、恒生等，现在的日子也不是很好过。至于投资银行，可能表面光鲜，但对从业人员的要求很高，普通人很难取得成功。保险行业在中国有很大的市场，但国内真正的精算师没有几个。我的兴趣不在这里，所以不会考虑这个行业。

(4) 管理咨询。主要企业有麦肯锡、埃森哲、BCG、科尔尼等，国内有新华信、北大纵横等。咨询是最重视人的行业之一，也是最锻炼人的职业之一，但顶尖咨询公司招聘的人数很有限，本科生的发挥空间也比较小，所以我不打算直接选择管理咨询，以后倒是可以考虑。广义来讲，会计师事务所也属于管理咨询领域。我们通常所说的"四大"(毕马威、普华永道、德勤、安永)是许多学子梦寐以求的地方，薪水诱人，也比较锻炼人，可以做审计、税务等方面，我兴趣不大，也不打算做相关准备。

(5) 文化产业。其实到现在我也不清楚文化产业到底包括什么，广义来讲，可能包括旅游、传媒、影视等，姑且再把会展、培训都算在内吧。由于本人是学文科的，少年时代又曾立志振兴中华文化，所以想在这个领域做点事情，只是现在还不知应如何操作。这个行业的发展空间也是相当大的，深耕其中应该会有一番作为，需要慢慢了解。

另外，汽车、能源、医药、物流等行业都有不错的前景，只是本人兴趣不大，这里就不做讨论了。还有融合多个行业于一体的多元化企业，如GE、3M等，也不做分析。

我的行业分析相当笼统和粗糙，还需要多加研究，才能形成清晰、科学的认识。

2) 如何选择企业

选择行业是选择企业的前提，既然已经确定目标行业，接下来就要确定目标企业。

薪水、培训机会、发展空间、所在城市等都是我们要考虑的因素，以下是具体分析。

(1) 选择国企、外企、民企还是私企

提到国企，大家可能会有机构臃肿、人浮于事的感觉，但许多新型国企有着很大的吸引力，比如中国移动、一汽集团等。

外企，尤其是全球500强企业，薪资较高，培训较完善，已经成为广大学子就业的首选，如微软、宝洁等。我是一个民族主义的人，但也承认外企给予我们的成长机遇，学成之后，可以报效祖国！

民企，中国的民营企业成长速度相当快，也是我们就业的备选目标之一，如阿里巴巴、用友等。

私企，影响力比较小，我不考虑。

如此，大部分人(包括我自己)会将目标锁定在外企和民企两类。

(2) 选择大企业还是小企业

关于这个问题，仁者见仁，智者见智。参考多方观点之后，我的看法是，选大或选小，都要根据自己确立的职业目标而定。如果你想往职业经理人的方向发展，最好是去大企业；如果你打算将来自主创业，那要具体分析。去大企业和小企业积累的资源是不同的，我的想法是尽可能进入符合自己要求的大企业，理由如下：大企业的平台可以让你积累高层次的人脉资源；大企业的培训和学习机会比小企业多；在大企业你可以与高手过招，积累大型市场运作经验，将来进入中小企业也很有优势，更有利于在中小企业施展拳脚。不过对于那些特别需要"话语权"的人来说，进入小企业打磨一番也未尝不可。

如此分析，我选择符合自己要求的大企业。

最后将企业和行业相结合，就能确定自己要去哪些甚至哪个企业。IT、快消、文化产业，外企或民企，大型企业，符合以上条件的其实也就那么几个，对吧？具体名字我就不说了。

这样，工作目标就确定了(以后会逐渐调整)。

3) 如何选择职位

各行各业的职位有很多，如Sales、CEO、CFO等。对于我们这些刚走出校园的大学生来说，目前只能做一些基础性工作，可选的职位并不多。

在选择之前，我们应了解目标职位，可以通过上网查询、咨询相关人士来完成。我所学专业是国际经贸，但是我并不想从事外贸类工作，我想从事市场或者销售类工作，那么我就要了解市场或销售职位的工作内容。我通过许多求职社区了解这类职位的工作内容，又通过阅读相关书籍了解职位工作的具体操作过程。如果你想了解人力资源类或技术类工作，也可以阅读相应书籍。

选择职位我认为应坚持三项原则：本人积累的专业知识与职位的契合度，职位的发展空间，职位的个人满意度和社会认可度。

首先是专业知识与职位的契合度，即专业是否对口。这里的"专业"并非狭义的概念，是指你真正掌握的专业知识和具备的专业能力。比如，做销售要求涉猎广泛，有很强的人际交往能力，可审视一下自己是否具备。

其次是职位的发展空间。除了薪水，你还要关注你在这个职位上能做到什么程度。比如在销售部门，你可以依据"销售代表→销售经理→销售总监→CEO"这个路线发展，你如果从采购做起，不转行就很难做到CEO。

最后是职位的个人满意度和社会认可度，即这个职位能否带来满足感，能否获得家人的理解和社会的承认。

职位不分高低，只有适不适合。

4) 如何选择发展区域

网上有不少帖子介绍了中国各城市、各区域的发展概况，我去过的地方不是很多，了解得也比较肤浅，没有调查就没有发言权，在此主要引用一些我比较赞同的观点。

许多人倾向于选择在自己家乡附近发展，这无可厚非。但我的建议是不要太恋家，要走出去，莫做井底之蛙。海阔凭鱼跃，天高任鸟飞。具体可以参考几个指标：个人兴趣爱好、区域的发展潜力、区域环境政策等。其实中国很多城市都有很大的发展潜力，不一定非要去北京、上海这类大城市。我首先考虑个人偏好，其次考虑城市发展潜力，下面是我的分析过程。

(1) 东北地区。东北是我老家，我深爱这片热土，但我前期并不打算在这里发展。这里的创业政策与环境不如南方沿海城市好，人们的思想意识偏于保守。

(2) 环渤海经济圈。随着首都文化中心和国际交流中心的定位及天津滨海新区的开发，这个区域发展前景较好，只可惜由于个人偏好，暂时还不想在这里发展。

(3) 珠三角经济圈。改革开放后，深圳发生了翻天覆地的变化，只是珠三角地区腹地发展一般，两极分化严重，暂时也不打算在这里发展。

(4) 长三角地区。这个区域已经形成世界第六大城市群，小时候看电视剧《上海滩》的时候，就想到上海闯荡一番，毕业后肯定要到这里发展，而且苏州、杭州、宁波都是我比较喜欢的城市。

(5) 中西部地区。由于个人偏好，不会选择这里。

其实不同的城市有不同的文化，不同的区域有不同的特色，我们根据偏好和城市发展潜力选择就好，无所谓优劣。

5) 如何实现工作目标

确定了行业、企业、职位与区域，基本可以确定自己的工作目标。接下来要考虑的就是为了实现这个工作目标，我们需要具备哪些资源，以及如何积累这些资源。

(1) 就业市场分析。下面借鉴营销学理论——波特的"五力模型"来分析就业市场情况，具体分现有竞争者、潜在竞争者、替代品、供应商、购买者5个方面。

现有竞争者是指除了本人之外的其他各高校应届毕业生，很多顶尖名校的毕业生、留学生都是这个市场上强有力的竞争对手。

潜在竞争者即在校大学生，这个群体暂时没有威胁，毕竟属于不同时期推出的"产品"。

替代品应该指那些社会人士，大量企业裁员导致社会上优质人才丰富，且他们在工作经验方面具有优势，是有力的竞争者。

供应商的议价能力在这里指我们所在大学的社会名声。

购买者的议价能力在这里指企业的招聘要求，这方面相当不乐观，人才市场一直是买方市场，又赶上企业大量裁员，对新人的需求明显下降。

总体来看，就业形势十分严峻！

(2) 自我营销策略的选择。

策略一：套用波特的解决方案

① 总成本领先战略。我们受教育这么多年，投入了大量的固定成本，在现在的经济形势下，企业普遍降薪，总成本领先难以实现。

② 差异化战略。找出自己的特殊之处，应届毕业生之间的差距对于企业来说并不是很重要，貌似这个战略也行不通。

③ 专一化战略。比较现实，但需要时间，具体方法还没想好。

分析之后，没有找到具体的解决方案，那就换一种策略。

策略二：套用精准营销理念

精准营销就是把自己精确营销给目标企业，给目标企业一个选择你的理由。这就涉及品牌问题，即个人品牌，我认为个人品牌是由知识结构、能力水平和性格特质3个方面构成的，以下为具体分析。

① 知识结构。记得化学课上老师讲过结构决定性质，知识结构也决定着一个人的水平。怎样的知识结构能称之为合理呢？我的观点是专业知识、行业知识、工具知识和文化知识相结合。

a. 专业知识。每个大学生都有自己的专业，有很多人会因为志愿被调剂或者报考时对专业不了解等学习了不喜欢的专业，也有很多人在就业时抱怨专业不对口，难道这真的是专业的问题吗？非也！我认为专业应该指的是你真正感兴趣并擅长的领域。我因高考失误被调剂了学校和专业，学的是国际经济与贸易，学这个专业并不一定要做外贸，根据市场前景及自身兴趣，我将自己的专业定位为以经济学和管理学为背景的精通市场营销与资本运作的管理实践型人才，市场、销售、品牌加起来就是营销，是为企业赚钱的，资本运作是为企业找钱的，掌握如此本领，还愁混不到饭吃？所以，每个人都应该为自己找到一个真正的专业，没有必要抱怨专业不对口，又不是国家分配工作，找什么工作都是你自己说了算！

b. 行业知识。应了解目标行业的历史、现状、发展趋势、市场竞争状况等。以IT行业为例，无论是做Sales还是做市场，都要以特定的IT行业知识为基础，特别是对于像我这类打算在该行业中创建企业的人来说，没有对行业知识的了解和洞察是万万不行的！

c. 工具知识。英语很重要，但很多人学了10多年的英语，却连和美国人正常对话都困难！我们大部分人学英语是为了交流，那么就一定要练好口语。计算机操作能力也很重要，对于非计算机类专业的人来说，操作办公软件是我们一定要掌握的技能，尤其是PPT和Excel。还有一种重要工具就是语言表达能力，会说话不代表能说好，谈话、演讲、辩论等语言交流能力很重要，有机会还得多练习。

d. 文化知识。心理学、哲学、文学、历史、地理等各学科知识都很重要。俞敏洪老师说过，大学四年里要读500本书，现实中有几个人做到了呢？文化的积淀和思想的净化都可通过阅读来实现。本人自认为读了很多书，但按照俞老师的标准，俨然还不够，再接再厉吧。

其实经济学和管理学理论普遍存在于我们的生活之中。管理就是调动各种资源实现目标的过程，是以最小成本达到最大收益，实现资源合理配置的过程。我觉得学管理不把个人管理做好，学经济不衡量自身行为的成本与收益，就真是白学了。

② 能力水平。不同的工作目标要求我们具备不同的能力水平，这其实指的是专业能力，还有一些成为优秀人才所要具备的通用能力，包括学习能力、创新能力、组织领导

能力、人际交往能力等。例如，学习好的含义并不仅仅指学习成绩好，更重要的是学习能力强。什么是学习能力？我的理解是首先要明白自己应该学哪些东西，而不是被动地接受学校或老师的安排，其次要掌握正确的学习方法，然后是对所学内容的掌握程度较高。其他能力就不一一解释了。

那么，如何积累这些能力呢？

学生社团、社会实践、企业实习都是很好的途径。可以参加或创建感兴趣的学生社团，也不局限于在校内，SIFE、AIESEC也可以考虑，目的绝不是加学分，而是要多做一些事情，即使是没有名分的贡献也可以。

社会实践活动可以是参加一些国家级或校级的各类比赛，如"挑战杯"系列，或者利用寒暑假做些志愿活动。

企业实习也不要贪大求洋，毕竟IBM"蓝色计划"或者宝洁暑期实习要的人很少，能找到相关企业就不错了，重要的是主动，是创造机会。我曾认为自己各方面能力都很强，但实际上差远了，还要多加磨炼。我在学生社团中做得还可以，社会实践经验也较为丰富，只是企业实习还不够，接下来的努力方向就在这里，我会多争取一些去大型企业实习的机会。

③ 性格特质。像GE、宝洁这样的大型外企都要给求职的毕业生做一些职业测评，看看你的性格特征是否符合工作要求。我在前文中也提到，选择工作目标要考虑自己的性格。每一种性格都有其优劣势，关键在于你是否根据自己的性格选择了适合的职业。这个世界上，只有自己最了解自己，我就不多说这个问题了。

6) 如何做好求职准备

求职类参考书一定要看，但要批判地看，作者的背景、写作角度会影响书的内容，我们要结合自己的实际情况加以分析，不能盲目照做。在求职准备阶段，主要应做好以下3个方面。

(1) 简历。成功的简历绝不是一蹴而就的。我们最好在大一时就制作一份目标简历，如果你没有做到，现在制作一份目标简历也不迟，目标简历就是你通过努力能达到的理想状态的简历。

然后制作一份现状简历，根据目标简历不断完善自己。我在大一时就制作了一份目标简历和一份现状简历，直到现在已经改过8次，仍在不断修改中。

关于简历应该包括哪些内容，众说纷纭，博观而约取之，无非个人信息、教育背景、校园活动和实习经历。但不要总是强调你做过什么，而是要明确你能给企业带来什么。简历最重要的是内容，但也要注意包装和写法，守正出奇，正是此理。

(2) 面试。其实本人到现在没经历过多少次面试，对这个问题也没有深入研究过，因此对于怎样准备面试没有特别的建议。这里分享一下我的做法：制作面试题目资料库，将面试题目按照压力面试、情景面试、小组面试等进行分类，当然每个人都有自己的分类标准，然后整理各个类别下的面试问题，参考网上的面试答案，制作自己的面试答案，时时刻刻想着这些问题，经常完善这些答案，相信等到真正面试的时候，你已经准备得很充分了。最重要的是，现在就开始做！

(3) 实习。学习之后必须要实习，然而如何寻找实习机会呢？相关网站上的方法有很多，招聘网站的实习机会好像也不少，我们可以尝试投递简历。在我看来，寻找实习机会的途径有以下几种。

① 人脉，也就是通过关系人介绍进入相关企业。如果你有这样的关系人，实习的成功率是很大的。

② 直接面试，即在锁定目标企业之后，直接上门要求面试，只要你足够优秀，企业一般是不会拒绝的。

③ 通过相关企业在各大高校的社团获得实习机会，如明基Q-young、华硕硕市生、Google Camp、微软俱乐部等。

④ 常规做法，如浏览实习网站的信息或者校内宣传栏的实习信息，投递简历、参加面试等，但是效果一般。

(4) 我们现在应该做些什么？在企业大幅裁员、就业形势异常严峻的情况下，我们该做些什么？君子藏器于身，待时而动。我们要做的就是积累成功所需的各种资源，做好准备，具体可从以下3个方面展开。

① 积累知识资源，专业知识、行业知识、工具知识和文化知识要面面俱到。

② 提高能力水平，学生社团、社会实践和企业实习一个都不能少。

③ 完善性格特质，扬长补短而非扬长避短。

善战者，求之于势，不责于人。如此布局，战略上已经赢了。

一个人的思维方式决定着行为模式，我认为我通篇的思考，已经将战略与战术融合在一起。凡事预则立，不预则废，做好准备是最重要的，趁这个机会练好内功，风云际会，一展宏图！时势造英雄，所谓危机，有"危"自然有"机"！不要辜负了这个伟大的时代，下一个30年是属于我们的！

在企业大量裁员的情况下，可能不会有太多人选择直接工作，但是就业问题和人生规划却是我们每位大学生都应关注的问题，希望我们能一起探讨。

课后作业

阅读《一个大学生的职业生涯规划》，思考并回答下列问题。

1. 我具体的职业目标是什么？

2. 我的职业目标如何确立？

3. 我如何实现职业目标？

4. 我所学的专业能教会我做什么？

5. 我还需要掌握哪些辅助性的专业技能？

6. 我的第一份工作应选择什么行业？

7. 进入这个行业需要具备哪些基本知识和能力？

8. 在大学里我要做哪些方面的修炼才能使我在毕业时获得一份理想的工作？

9. 在大学里我要积累什么样的人脉才能获得帮助？

10. 在大学里我应采取哪些途径关注我喜欢的行业和职业？

第2章 自我认知(上篇)

章节描述

本章介绍了自我认知及其4个方面的相互作用关系，兴趣与职业兴趣、性格与职业性格的概念和理论。在此基础上，介绍了霍兰德职业兴趣倾向和MBTI职业性格测评理论。本章内容旨在引领读者了解在职业生涯规划中，自我认知如何影响职业选择，同时学习职业兴趣和职业性格的分析方法，以帮助读者初步了解自己的职业兴趣和职业性格与相应职业的匹配性，从而初步确定适合自己的职业方向。

学习目标

知识目标

1. 了解兴趣、职业兴趣的概念和理论，了解霍兰德职业兴趣倾向测评方法；
2. 了解性格、职业性格的概念和理论，了解MBTI职业性格测评理论。

能力目标

1. 能够运用霍兰德职业兴趣倾向测评分析自己的职业兴趣特征；
2. 能够运用MBTI职业性格测评理论分析自己的职业性格特征；
3. 能够综合分析适合自己的职业方向。

素养目标

1. 能够通过兴趣形成价值观的初级形态，树立适岗、爱岗意识；
2. 能够通过个人与职业环境的匹配性思考，树立"天生我才必有用"的自我意识。

2.1 规划从自我认知开始

2.1.1 自我认知的目标和必要性

职业生涯规划从自我认知开始。这是为什么呢？举个例子，你买火车票或机票，要先知道起点和终点，正如人们开启一段旅程时要知道从哪里来、到哪里去。自我认知的过程就是清楚描述自己的原点——原始位置的过程。

"三百六十行，行行出状元。"无论你想进入哪一行，都需要清楚自己在哪一行能够干好，起码能够愉快地安身。现在的人往往想要太多，容易被欲望左右。在选择行业时，我们考虑更多的应是哪一行能够最大化地满足自己。

有句话说，这世上只有一种成功，那就是按照自己喜欢的方式度过一生。然而有多少人能如愿以偿地过一生？一项关于人生最后悔的事的统计结果显示，约92%的人后悔年轻时不够努力导致一事无成；73%的人后悔年轻时选错了职业；62%的人后悔对子女教育不当；57%的人后悔没有好好珍惜自己的伴侣；45%的人后悔没有善待自己的身体。这个调查至少反映了一个普遍存在的问题：很多人会因为没有做好当初想做的事，追悔莫及，抱憾终身。

导致这种"后悔"的原因之一在于我们缺乏一种智慧：自我认知。只有清楚自己的特点、兴趣爱好、能力、需求、价值追求、做人做事的底线和原则，才能找到自己所在的位置，才能规划好下一步的人生之路。

一位哲人说过，一个人最坏的状态是失去了对自己的认知和支配。因为不能认清自己的兴趣、能力、性格和价值追求，我们往往选错职业；因为不能认清自己最想要的是什么、不了解自己情绪变化的特点和根源，我们往往表现得短视、无知、自私、冲动和自相矛盾；因为不能认清个人与群体的关系，放纵自己的个性，我们往往陷入紧张的人际关系中；因为不能认清自己的价值追求、原则和做人做事的底线，我们往往坚持了不该坚持的、放弃了不该放弃的，努力了大半辈子，最终还是一事无成。

许多现代人都有一种通病，那就是忽视了解自己。我们往往在不了解自己的能力、兴趣、经验的情况下，便执着于一个过高的目标——这些目标往往是为了与他人攀比而制定的，而不是根据自己的客观情况制定的。这导致我们受尽辛苦和疲惫的折磨，却难以获得成功。

人与人是有差异的。有的人优秀，有的人平庸；有的人强壮，有的人羸弱。每个人的性格、能力、经验也各不相同，我们只有真正地认识自己，才能开发自己的潜能，才能取得更大的进步。

2.1.2　自我认知的内容

自我认知包括以下内容。

(1) 对自身外貌和体质的观察，包括外形、气质和健康等方面。

(2) 对自己行为的观察，主要包括自己在所处环境中的言谈举止以及适应社会的能力等方面。

(3) 对自己精神世界的观察，包括自己的性格特点、兴趣爱好、政治态度、道德、智力水平、学习风格、学习能力和工作能力与风格等方面。

(4) 认识自己的生理和心理。生理主要指身体健康；心理则包括更多内容，如心理健康、心理品质、意志、毅力、心胸、情绪等。

2.1.3 自我认知的方法

自我认知能帮助你知道自己想成为什么样的人，要达成什么样的使命。自我认知需要从以下4个方面做起。

1. 认识自己，肯定自己的价值

在这个世界上，没有一个人是卑微的，任何人都有存在的意义。不要认为自己是无用的，不要认为自己没有价值，每个人都是独一无二的。

2. 认识自己，发现与塑造自己的价值

认识自己，明确自己的天赋是什么、喜欢什么，以及社会需要什么。当你能准确地自我评估的时候，你就会慢慢地知道自己是谁、自己能做什么。

生活中，我们经常会遇到怨天尤人的人、自认为怀才不遇的人、妄自菲薄的人。这都是自我认知不足的表现。他们没有把自己放到一个大环境、大格局下去审视自己。我们需要深刻地明白，真正的自我认知是一个观察与探索的过程，要把自己放到一个大系统中去观察、体验、领会，明确我来自哪里、到哪里去、目标是什么。当我们把小我深深嵌入社会与环境这个大系统中，就会慢慢看清环境对自己的影响与塑造，也会看到自己的选择将如何带领自己走向更远。

所以，要认识自己，首先要客观地评价自己，去发现自己的天性，同时关注自己被他人影响的过程。

3. 认识自己，需要客观和经常反省

我们应学会在审视自己的时候，客观地分析自己，最好不要带有太多的个人情感，不要过分高估自己的能力。如果身边的人对你的评价与你自己的期待相差甚远，那你就需要认真地思考原因，找到问题的根源，才能顺其自然地做出改变。

要想全面地认识自己，我们在生活中要做一个有心人，经常反省自己的言行，不断总结自己是一个什么样的人，找出自己的优缺点。古人说："吾日三省吾身。"现代人能做到每日三省吾身的，只怕是极少，但至少在心态上、思想上，我们应该融入这一理念，并时时提醒自己，至少每日给自己一点时间，面对自己，与自己的内心做最坦诚、真实的对话。

4. 认识自己，要正视自己的欲望与局限性

人的时间和精力都很有限，要学的知识很多，想要满足的物质和精神需求也很多。但个人的能力是有限的，我们无法做到十全十美，往往要在了解自己的基础上放弃相对不重要的方面。

最初，我们很可能扮演不同的角色，可是要成为其中任何一个人物，其余的角色可能就要受到限制，所以追求真实自我的人，应正视自己的欲望，做出取舍。

在传统社会，欲望始终受到道德的约束。进入现代社会后，人们追求个性和思想解放，追求理想、过自己想过的生活已被视为理所当然，但由此也带来了欲望空前膨胀的社会和个人问题。我们感到痛苦、焦虑、压抑、孤独、烦躁，皆与我们的欲望未得到满足有关。就算某个欲望得到满足，我们的满足感也很快会被实现新欲望的焦虑所替代。追求欲望满足没有错，但如果沉迷于此，我们就会被自己的欲望所蒙蔽，更无法拥有自己想要的生活。

2.1.4　自我认知的途径

上面列举的自我认知方法，在宏观上给予了指导，下面介绍自我认知的具体实施途径。

1. 在与别人的对比中认识自己

有意识地将自己与别人对比，从中发现自己的一些特点，是开始自我认知的一个途径。

2. 从别人的评价中认识自己

积极主动地与不同的人打交道，从他们的评价中认识自己。

3. 从实践中认识自己

设定一个目标，努力做好一些事情，在不断尝试中认识自己的特点与能力。

4. 与具有亲密关系的人相处并从中认识自己

外人的评价可能是片面的，而具有亲密关系的人的评价则可能更加中肯。

5. 在反思中认识自己

外在的评价会对个体产生影响，通过不断收集别人对自己的评价，你会对自己有一个大致的了解。

6. 借助心理测试认识自己

在运用前面介绍的几种途径时，需要你自己不断地反思、尝试和总结。本章会介绍几种心理测试量表和理论，有助于你更客观地认识自己。

事实上，客观评价自己是一件很困难的事情，我们往往不是高看自己，就是低看自己。譬如照镜子，有时我们觉得镜中的自己很耐看，有时又觉得镜中的自己很难看；有时我们会爱上镜中的自己，有时又讨厌镜中那张熟悉的脸。我们对镜自照的心情总是在变化，我们总是不能客观地认识自己。

自我认知是一个持续的过程，不是说你今天认识了自己，明天就没有自我认知的必要。只要我们活着，就要不断地认识自己。这是一辈子的修行，不可能穷尽。即便自我认知之路崎岖坎坷，也不要忘了那句话——走自己的路虽死犹生，走别人的路危险重重。

我们不要急于求成，而应抱着"怕什么真理无穷，进一寸有一寸的欢喜"(胡适)的信念往前走。如此，我们就不会在临终时哀叹自己一生用错功、走错路，没有活成自己想要的样子。

其实，你可以把"自我认知"当成自我实现的工具，也可以像哲人一样，把"自我认知"当成一种不假外求、其本身就值得追求的生活方式。

【思考与练习】

1. 你认为现在的自己是一个什么样的人？

_____

_____

_____

2. 为了成就未来的自己，你会选择哪些方法认识自己？为什么？

_____

_____

_____

2.2　自我认知的4个方面

职业生涯规划课程的主要目的是帮助你学会规划职业路径，还可延伸到你的人生计划。在规划设计人生时，你应知道自己的起点，也就是你现在处于什么情境、在哪个位置，从原点出发设计你未来的路径。因此，客观地认识并分析自己是做好职业生涯规划的第一步！

在职业生涯规划中，自我认知包括4方面内容：职业兴趣、职业性格、职业能力和职业价值观。

1. 职业兴趣，主要分析自己喜欢做什么

一个人喜欢做某事，才能愿意去做，喜欢是做好的前提。如果人们从事一份不喜欢的工作，不仅做不好，还可能非常不快乐。因此，可以说兴趣决定了工作的方向。

乍一听，很有道理。然而，也有许多从不喜欢到喜欢直至热爱工作的实例，这些人有一些相似之处：一开始非常不喜欢自己的工作，甚至想尽各种办法调换工作，折腾亲朋好友、单位同事和领导……到头来自己也没有想到，经过一番波折后，居然开始热爱这份工作，甚至发展成为事业。也有反面的例子，某人经过再三思考，非常确定这份工作就是自己喜欢的，可是工作一段时间后，发现自己当初的"喜欢"是错的。出现这种情况的原因

很多，需要结合实际具体分析。可见，兴趣虽然能指明工作方向，却不能决定工作方向。

分析职业兴趣有助于明确自己的职业方向，可是有的人兴趣分散，似乎对很多事物都感兴趣，但每个兴趣都缺少与做某项工作的联结点；有的人各项兴趣都很弱，似乎对任何事物都缺乏兴趣，一时间很难说清楚自己最喜欢做什么；还有的人兴趣广泛，且各项都很突出，做什么事情都可以，不确定发自内心最想做的是什么。因此，我们要分析下一项——职业性格。

2. 职业性格，也是个人特质，主要分析自己的特质适合做什么

兴趣影响性格，性格反过来也影响兴趣。比如，性格内向的人善于自省、敏感、细腻，有韧劲，一般喜欢做一些少与人打交道、不经常出差的事务性工作；而外向性格鲜明的人，感情外露，活泼开朗，善于交际，待人热情、诚恳，不拘小节，适应环境的能力较强，一般喜欢从事具有挑战性、不受约束、与人打交道的工作。

但是性格对职业选择的影响不是绝对的，一是人对工作本身具有适应性，经过一段时间的职业训练，能逐渐培养特定的职业性格；二是性格本身具有复杂性，如有的人在不同环境、不同时间，有时会表现出内向的特征，而有时又表现出外向的特征等。因此性格不能决定职业方向，应偏重分析性格的优劣势，从而明确适合从事什么样的工作。

3. 职业能力，主要分析自己能够做什么

职业能力大多是通过后天培养的，它跟兴趣有很大关系。兴趣能促使一个人愿意用心做某项工作，用心做这项工作一段时间以后，与之相应的能力也会得到提升，而能力提升又会进一步增强做这项工作的兴趣，从而形成一个良性循环，增强自信，进而改变或增强某种工作能力。

然而，能力不能决定职业方向，因为能力的高低是可以通过努力和学习来培养的，只要你认为这份工作你喜欢干且性格也适合，那么，即便能力低或没有这方面的工作能力，运用有效的学习途径、参加相关培训后，也可能胜任这份工作。但这不是绝对的，由于个体的认知风格、学习能力及天赋的差异，同样的工作，有的人驾轻就熟、轻松应对，有的人怎么努力也难以完成。在这种情况下，即使再喜欢，再适合自己的性格，也只能选择放弃。

分析自己的能力特征，可以基于自己的优势能力寻找可能胜任的工作，从而避免在弱势能力方面付出更高的成本而收益微薄。因此，分析能力特征的目的就是扬长避短，充分认识哪些能力是自己无论怎么努力都无法具备的，便于找工作的时候剔除一些自己喜欢又适合，但怎么努力都无法做好的备选工作。此外，做规划方案时，也应该扬长补短，弥补自己的不足或缺陷，但弥补的原则是不用花费太多成本，不会造成顾此失彼，需要弥补的一定是实现自己职业目标不可或缺的能力。

4. 职业价值观，主要认清职业所承载的自身需求是什么

这个需求，不仅包含基本物质需求，还包含职业使命、人生价值需求。

　　职业价值观是对具体工作的个人价值判断，指的是你在找工作时最看重的东西，也就是你想通过工作获得的物质成果和精神满足。职业价值观来源于工作观和人生观，是在个体的成长中逐渐形成的，是你对工作能够带给你的直接或潜在成果的观点、看法和需求，是你衡量这项工作值不值得做及值不值得终身做下去的基本判断标准。

　　在生涯规划的课堂上经常会遇到这种情况，一个同学的兴趣、性格、能力都指向某一类工作，可是他却一再否认，并不认同，原因是他不愿意做那样的工作。可职业兴趣分析显示，他很喜欢做这类工作，怎么又说不愿意呢？原来，他认为这类工作是大多数人不愿意做的，是大家普遍认为"又脏又累没前途"的工作。他对这类工作"又脏又累没前途"的看法就是对这类工作的价值判断。当然，最终他没有选择这类工作。这是一种个体的兴趣特点、性格特征、能力倾向都指向某类工作，可是个体却没有选择那类工作的现象。另一种极端现象是个体的兴趣特点、性格特征、能力倾向都不匹配某类工作，价值判断却偏偏使个体选择那类看上去不适合又不喜欢的工作的现象。这种现象就是由前文中我们谈到的自我认知不足导致的，个体有一些任性，陷入自己的欲望而看不到自己的局限性。

　　可见，个体的价值观会直接影响兴趣、性格和能力的形成与发展，同时也能决定个体的人生方向。

　　那么，职业生涯规划中的价值观如何界定呢？我们的定义是：人们对工作、人生的观点与价值判断。进一步说，工作观、人生观交叉重叠的那部分，就是你做职业与人生规划的指南针！

　　这4个方面相互独立又相互影响，每一方面的形成都离不开其他3个方面的影响。因此，在自我认知的过程中不能割裂这4个方面，要结合起来分析。这种结合是一种科学全面的综合分析，只有这样才能理智地筛选自己的职业方向。

　　这是为什么呢？下面我们来看看兴趣是怎样形成的。个体在幼儿期因为好奇而对某事物产生兴趣，随着成长，个体不再单纯因为好奇而对某事物产生兴趣，对事物的意义和价值的认识也会激发兴趣。这时的兴趣还非常不稳固，个体进行体验、尝试，并获得乐趣和成就感后，才有可能继续发展对这个事物的兴趣。

　　比如，学习游泳，初始的学习动机可能是好奇，觉得游泳是一门技能，是一种很好的健身方式，学会游泳能防止溺水等。开始尝试学习游泳后，无论是否有老师教导，一般会有两种情况：一种情况是很顺利地掌握了要领；另一种情况是紧张恐惧，下水后呛了两口水，头脑近乎空白，身体僵硬直往下沉。接下来，前者越游越好，后者依然不会游泳，前者会和别人说我喜欢游泳，而后者以后可能会很少下水。

　　你看，兴趣的形成过程就是：好奇心、意义价值驱使—尝试体验—产生乐趣、成就感—发展技能—强化乐趣，获得成就感—发展成稳固的兴趣。

　　职业兴趣的形成也一样，个体经过体验、尝试，才能发展出稳固的职业兴趣。没有体验、尝试，无法形成对某种职业的价值判断和正确理解。分析职业兴趣应全面，否则难以得出真正的结论。

【思考与练习】

1. 学习这部分内容后，请思考，如果你毕业后不得已选择了自己认为不喜欢的工作，你将怎么办？

请联系"兴趣可以后天培养""适应""爱岗"和"无心插柳柳成荫"来回答这个问题。

_____

_____

_____

_____

2. 经过学习我们知道，做职业生涯规划时，需要从兴趣、特质、能力和价值观入手来分析自己的职业方向。如图2-1所示，兴趣、特质、能力三圈交叉的部分是"应该做的"，也就是最适合自己做的工作。这个分析过程虽然缩小了选择范围，清晰了职业选择方向，但这个"应该做的"部分可能包含多种职业，这个时候就需要你介入价值观来分析，做出最后的选择。下面请思考并回答3个问题：

(1) 兴趣和能力交叉的部分，分"不该做的"和"应该做的"，应如何区分？能否举一个生活中的例子来说明？

_____

_____

_____

_____

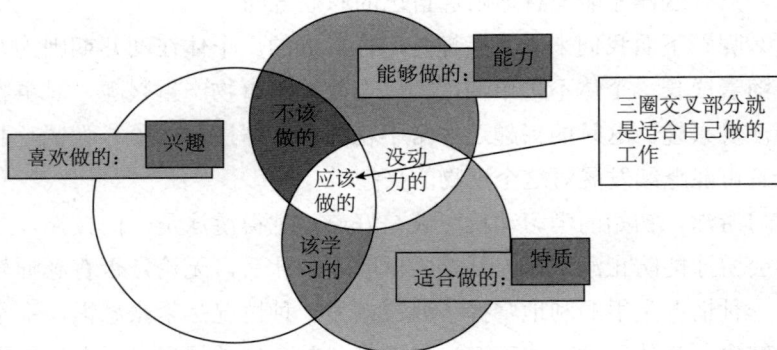

图2-1 职业方向分析

(2) 能力和特质交叉的部分，分"没动力的"和"应该做的"，应如何区分？能否举一个生活中的例子来说明？

_____

_____

(3) 特质和兴趣交叉的部分，分"该学习的"和"应该做的"，应如何区分？能否举一个生活中的例子来说明？

2.3 兴趣与职业兴趣认知

2.3.1 兴趣

1. 兴趣的定义

兴趣(interest)是人认识某种事物或从事某种活动的心理倾向，它以认识和探索外界事物的需要为基础，它使人对某些事物优先给予注意，并带有积极的倾向性和选择性情绪色彩。

兴趣是价值观的初级形式(价值观的表现方式有兴趣、信念和理想)，也是人用来评价事物好坏的一个内心尺度，但是稳定性较差。

兴趣是人们行动的动力、快乐的来源，兴趣常表现为一种自觉自愿、乐此不疲的精神状态。兴趣是一种无形的动力，当我们对某件事情或某项活动感兴趣时，就会很投入，而且印象深刻。

2. 兴趣的特点

每个人都会对他感兴趣的事物给予优先注意和积极探索，并表现出心驰神往。例如，对艺术感兴趣的人，会认真观赏、评点各种美术、工艺、摄影作品，看到好的作品会想要收藏、模仿；对钱币感兴趣的人，会想办法收集、珍藏、研究古今中外的各种钱币。

兴趣不只是对事物表面的关心，任何一种兴趣都是由于获得某方面的知识或参与某种活动而使人体验到情绪上的满足而产生的。例如，一个人对跳舞感兴趣，他就会主动、积极地寻找机会去跳舞，而且在跳舞时感到愉悦、放松和乐趣，表现出自觉和自愿。

兴趣不只和个人的认识和情感密切联系。如果一个人对某个事物没有认识，就不会产生情感，也不会对它发生兴趣；相反，认识越深刻，情感越丰富，兴趣就越深厚。例如，有的人对集邮很入迷，认为集邮既有收藏价值，又有观赏价值，既能丰富知识，又能陶冶情操，而且收藏得越多、越丰富，就会越投入、越专注，于是就会发展成为一种爱好。兴趣是爱好的前提，爱好是兴趣的发展和行动，爱好不仅是对事物优先注意和向往的心情，而且会表现出某种实际行动。例如，对绘画感兴趣，由喜欢观赏发展到自己动手学绘画，那么就对绘画有了爱好。

兴趣和爱好是受社会性因素制约的，不同环境、不同阶级、不同职业、不同文化层次的人，兴趣和爱好都不一样。

3. 兴趣的发展

兴趣的发展一般经历有趣、乐趣、志趣3个阶段。对于职业活动，往往从有趣的选择开始，逐渐产生工作乐趣，进而与奋斗目标和工作志向相结合，发展成为志趣。志趣表现出方向性和意志性的特点，能使人坚定地追求某种职业，并为之尽心尽力。

第1个阶段：感官兴趣，我们称之为有趣。感观兴趣就是通过直观的感觉刺激产生的兴趣。例如，你在吃完麻辣烫往家走的路上，可能突然对冰淇淋感兴趣。这种兴趣是受感官刺激产生的，是外控的，是不稳定的，外界的刺激决定着感官兴趣的长度和强度。感官兴趣让我们当时沉迷其中，却无法让我们集中注意力并形成能力。正如你刷完一天微博，或者大吃一顿自助餐后，感觉到的那样，没有留下什么印象。

第2个阶段：自觉兴趣，我们称之为乐趣。自觉兴趣是认知行为参与的兴趣，是在主动认知的参与下，把兴趣从感官推向了思维，由此产生了更加持久的兴趣，是相对稳定的。

第3个阶段：潜在兴趣，我们称之为志趣。潜在兴趣是感官、认知、价值激励共同作用下产生的兴趣，是内控的，非常稳定。

下面我们举例来说明兴趣的3个阶段。比如，你的兴趣是吃。但吃不只是为了填饱肚子，往更高级发展，可以发展成为你安身立命的职业。美食好吃是通过直观的感官刺激产生的，是兴趣的第一层，是最原始的兴趣。如果觉得美食好吃，就回家琢磨怎么做，这就是自觉兴趣。自觉兴趣比感观兴趣更高级，是因为思维的加入，个体开始思考兴趣背后的东西。这个阶段已经不再是简单的感官刺激，而是主动去思考如何制作这个感兴趣的事物或培养这方面的技能，兴趣推动学习，学习促成行动，在行动中发展出能力，能力又发展出更大的兴趣，从能力到兴趣再到提高能力的循环，让我们慢慢具备某种能力，而且学得越多，能感受到的乐趣就越多，这也是兴趣持久的原因之一。如果人们能把感兴趣的事情做好，而且下意识地做了几十年，甚至一辈子，兴趣就会变成志趣。志趣不仅仅是兴趣，那是我们把感官兴趣通过学习变成能力，通过能力寻找平台从而获得价值，并在众多价值中找到人生方向的一种生涯管理能力。这种兴趣反映在职业中就是职业兴趣。有的人兴趣爱好十分广泛，对什么都感兴趣，但精力是有限的，能力也是有限的，所以在判断自己最适合从事的职业时，应把兴趣与能力、价值结合起来，找到自己的志趣所在，才能最大限度地实现人职匹配。

2.3.2　职业兴趣

1. 职业兴趣的定义

职业兴趣是指人们对某种职业活动具有的比较稳定且持久的心理倾向。它是一个人探究某种职业或从事某种职业活动所表现出来的特殊个性倾向,它使个人对某种职业给予优先注意,并具有向往的情感。由于兴趣爱好不同,人的职业兴趣也有很大的差异。有人喜欢具体的工作,例如,室内装饰、园林、美容、机械维修等;有人喜欢抽象和创造性的工作,例如,经济分析、新产品开发、社会调查和科学研究等。职业兴趣对职业选择和职业发展都有一定的影响。

2. 影响职业兴趣的因素

职业兴趣是以一定的素质为前提,在生涯实践过程中逐渐发生和发展起来的。它的形成与个人的个性、能力、实践活动、客观环境和所处的历史条件有着密切的关系。因此,职业规划对兴趣的探讨不能孤立进行,应当结合个人、家庭、社会因素来考虑。了解这些因素,有利于深入认识自己,做出科学的职业规划。

1) 个人需要和个性因素

不管个人兴趣是什么,都是以需要为前提和基础的,人们需要什么就会对什么产生兴趣。由于人们的需要包括生理需要和社会需要(或物质需要和精神需要),人的兴趣也同样表现在这两个方面。人的生理需要或物质需要一般来说是暂时的,容易满足。例如,人对某一种食物、衣服感兴趣,吃饱了、穿上了也就满足了;而人的社会需要或精神需要却是持久的、稳定的、不断增长的,例如人际交往、对文学和艺术的兴趣、对社会生活的参与都是长期的、持续的。兴趣是在需要的基础上产生的,也是在需要的基础上发展的。

2) 个人认识和情感因素

兴趣和个人的认识和情感密切联系。如果一个人对某个事物没有认识,也就不会产生情感,因而不会对它发生兴趣。同样,如果一个人缺乏某种职业知识,或者根本不了解这种职业,那么他就不可能对这种职业感兴趣,在职业规划时也不会考虑;相反,认识越深刻,情感越丰富,兴趣也就越浓厚。

3) 家庭环境因素

家庭作为基本的社会单元,对个人的心理发展会产生重要的影响,因此个人职业心理发展具有很强的社会化特征,家庭环境的熏陶对个人职业兴趣的形成具有十分明显的导向作用。大多数人从幼年起就在家庭环境中感受其父母的职业活动,随着年龄的增长,逐步形成自己对职业价值的认识,使其在选择职业时,不可避免地带有家庭教育的印迹。家庭因素对职业取向的影响,主要体现在择业趋同性与协商性等方面。

一般情况下,个人对家庭成员特别是长辈的职业比较熟悉,在职业规划和职业选择上会产生一定的趋同性影响,同时受家庭群体职业活动的影响,个人的生涯决策或多或少产生于家庭成员共同协商的基础上。兴趣有时也受遗传的影响，父母的兴趣会对孩子产生直接的影响。

4) 受教育程度因素

个人的受教育程度是影响其职业兴趣的重要因素。任何一种职业从客观上来说，对从业人员都有知识与技能等方面的要求，而个人的知识与技能水平的高低在很大程度上取决于其受教育的程度。一般意义上，个人学历层次越高，接受职业培训范围越广，其职业取向领域就越宽。

5) 社会因素因素

一方面，社会舆论对个人职业兴趣的影响主要体现在政府政策导向、传统文化、社会前沿等方面。政府就业政策的宣传是主导的影响因素，传统的就业观念和就业模式往往会制约个人的职业选择，而社会前沿职业则通常会成为青年人的追求目标。例如，当前计算机技术和旅游业都得到较大发展，对这两个行业有兴趣的人也越来越多。

另一方面，兴趣和爱好是受社会性因素制约的，不同环境、不同职业、不同文化层次的人，兴趣和爱好都不一样。

6) 职业需求因素

职业需求是一定时期内用人单位可提供的不同职业岗位对从业人员的总需求量，它是影响个人职业兴趣的客观因素。职业需求越多、类别越多，个人选择职业的余地就越大。职业需求对个人的职业兴趣具有一定的导向性，在一定条件下，它可强化个人的职业选择，或抑制个人不切实际的职业取向，也可引导个人产生新的职业取向。

最后，年龄的变化和时代的变化也会对人的兴趣产生直接影响。就年龄方面来说，少儿往往对画画、歌舞感兴趣，青年对文学、艺术感兴趣，成年人往往对某种职业、某种工作感兴趣。它反映了一个人的兴趣中心随着年龄的增长、知识的积累在转移。就时代来讲，不同的时代，不同的物质和文化条件，也会对人的兴趣变化产生很大的影响。

以上因素对每个人的影响都不同，需要在职业规划中予以考虑。

3. 职业兴趣与职业生活的关系

良好而稳定的兴趣使人从事各种实践活动时，具有高度的自觉性和积极性。个人根据稳定的兴趣选择某种职业，兴趣就会激发个人积极性，促使个人在职业生涯中做出成就；反之，如果你对所从事的职业不感兴趣，就会影响你积极性的发挥，难以从职业生活中得到心理上的满足，不利于取得工作成就。

值得一提的是，需要是影响职业选择的重要且不易觉察的内在因素，动机是在需要支配下，受到外在刺激影响而形成的综合性动力因素，两者共同影响职业选择。兴趣是在需要基础上受到动机的影响，从而对职业选择产生具有一定影响的、变化的、较为外在的因素。

当然，其中也会有相对持久的兴趣同时作为外延因素对动机的变化发展产生一定作用。比如，一个人缺乏物质生活保障，便会有生理、安全需要，从而产生去工作、劳动的动机,以获取报酬,换取物质条件,满足需要,因而会对所有能挣钱"糊口"、维持生存的工作感兴趣。当一个人认为某项工作能挣大钱时,会强化自己克服种种困难从事该项工作的动机;但若觉察或发现该项工作有生命危险时,便会减低或放弃这种兴趣,减弱想从事该项工作的动机。

【思考与练习】职业兴趣探索

请回答下列问题,并记录所有的答案和想法。

1. 我的梦想:请列举三种你曾经非常感兴趣的职业(摒除所有现实的考虑),试分析这些工作中的哪些特征吸引着你。

职业1:＿＿＿＿＿＿＿＿＿＿＿＿＿＿＿＿＿＿＿＿＿

职业2:＿＿＿＿＿＿＿＿＿＿＿＿＿＿＿＿＿＿＿＿＿

职业3:＿＿＿＿＿＿＿＿＿＿＿＿＿＿＿＿＿＿＿＿＿

吸引你的工作特征:＿＿＿＿＿＿＿＿＿＿＿＿＿＿＿＿＿

＿＿＿＿＿＿＿＿＿＿＿＿＿＿＿＿＿＿＿＿＿＿＿＿＿＿＿

2. 你喜欢谈论什么话题?如果孤立无援的你被放逐到一个荒无人烟的岛上,与你同行的是一个只了解某个专业的人士,那么你希望该专业是什么?

＿＿＿＿＿＿＿＿＿＿＿＿＿＿＿＿＿＿＿＿＿＿＿＿＿＿＿

＿＿＿＿＿＿＿＿＿＿＿＿＿＿＿＿＿＿＿＿＿＿＿＿＿＿＿

＿＿＿＿＿＿＿＿＿＿＿＿＿＿＿＿＿＿＿＿＿＿＿＿＿＿＿

3. 你喜欢阅读什么类型的杂志?如果你正在书店里浏览,你倾向于停留在哪个区域的书架前?

＿＿＿＿＿＿＿＿＿＿＿＿＿＿＿＿＿＿＿＿＿＿＿＿＿＿＿

＿＿＿＿＿＿＿＿＿＿＿＿＿＿＿＿＿＿＿＿＿＿＿＿＿＿＿

＿＿＿＿＿＿＿＿＿＿＿＿＿＿＿＿＿＿＿＿＿＿＿＿＿＿＿

4. 你喜欢浏览什么网站或网站的哪些板块?这些网站实际上属于哪个专业?

＿＿＿＿＿＿＿＿＿＿＿＿＿＿＿＿＿＿＿＿＿＿＿＿＿＿＿

＿＿＿＿＿＿＿＿＿＿＿＿＿＿＿＿＿＿＿＿＿＿＿＿＿＿＿

＿＿＿＿＿＿＿＿＿＿＿＿＿＿＿＿＿＿＿＿＿＿＿＿＿＿＿

5. 如果看电视,你会选择哪类节目?节目中的什么因素吸引着你?

＿＿＿＿＿＿＿＿＿＿＿＿＿＿＿＿＿＿＿＿＿＿＿＿＿＿＿

＿＿＿＿＿＿＿＿＿＿＿＿＿＿＿＿＿＿＿＿＿＿＿＿＿＿＿

6. 你真正感兴趣的是哪个科目？为什么喜欢它(们)？

_____

_____

_____

7. 如果你要写一部书，不是你的自传也不是别人的传记，你会写哪方面的书籍？

_____

_____

_____

8. 我们在生活中，有时会因为专注于工作，而忘记了休息时间。如果这种事情发生在你身上，会是什么工作能让你如此全神贯注、废寝忘食？

_____

_____

_____

9. 你的答案里面有什么共同点吗？是否可以归纳为某个主题或者某个关键词？这个主题或关键词可能和霍兰德职业兴趣理论中的哪些类型相对应？你如何才能让这样的主题在你今后的生活中得到充分的彰显？

_____

_____

_____

2.4 霍兰德职业兴趣理论

约翰·霍兰德(John Holland)是美国约翰·霍普金斯大学心理学教授，美国著名的职业指导专家，他于1959年提出了具有广泛社会影响的职业兴趣理论。该理论认为，人的人格类型、兴趣与职业密切相关，兴趣是人们活动的巨大动力，从事具有职业兴趣的职业，可以提高人的积极性，促使其积极地、愉快地从事该职业。

霍兰德职业兴趣理论提供了一个重要的生涯辅导(简单说就是职业辅导)理念——把个

人特质和适合这种特质的工作联合起来。生涯辅导强调生涯探索，以及对自我能力、兴趣、价值以及工作世界的探索，霍兰德巧妙地拉近了自我与工作世界的距离。借助霍兰德职业兴趣理论的协助，当事人能迅速、系统且有所依据地在一个特定的职业群里进行探索活动。令人称道的是，它提供和个人兴趣相近而内容互有关联的几类职业，而不是冒险地去建议个人选择一种特殊的职业或工作。此外，在生涯咨询(简单说就是职业指导)方面，霍兰德职业兴趣理论也可以引导当事人主动、积极地明确行动方向，进行动态探索，从而探查和自己将来有可能选择的职业相关的各种事务，包括工作内容、资薪收入、工作所需条件等。

霍兰德的理念：人的内在本质必须在职业生涯领域中得以充分扩展，期待一个人能在适当的生涯舞台上充分展现自我、实现自我，不仅能安身，更能立命。他的理念就是协助当事人摆脱迷惑，找到安身立命之所。

1. 职业兴趣倾向的基本类型

霍兰德基于自己对职业兴趣倾向的研究，归纳了6种基本的职业兴趣倾向类型，如图2-2所示。

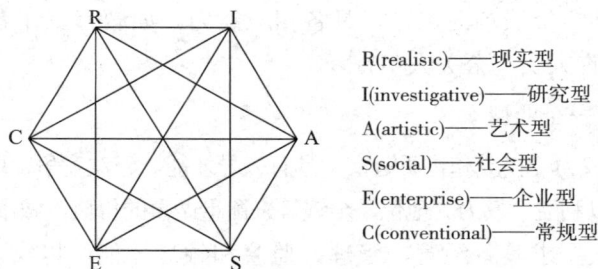

R(realisic)——现实型
I(investigative)——研究型
A(artistic)——艺术型
S(social)——社会型
E(enterprise)——企业型
C(conventional)——常规型

图2-2　六种职业兴趣倾向类型

1) R(realisic)——现实型

共同特点：愿意使用工具从事操作性工作，动手能力强，做事手脚灵活，动作协调。偏好于具体任务，不善言辞，做事保守，较为谦虚。缺乏社交能力，通常喜欢独立做事。

典型职业：喜欢从事使用工具、机器，需要基本操作技能的工作。对要求具备机械方面才能、从事体力劳动，或从事与物件、机器、工具、运动器材、植物、动物相关的职业有兴趣，并具备相应能力。如技术性职业(计算机硬件人员、摄影师、制图员、机械装配工)、技能性职业(木匠、厨师、技工、修理工、农民、一般劳动者)。

2) I(investigative)——研究型

共同特点：思想家而非实干家，抽象思维能力强，求知欲强，肯动脑，善思考，不愿动手。喜欢独立和富有创造性的工作。知识渊博，有学识和才能，不善于领导他人。考虑问题理性，做事喜欢精确，喜欢逻辑分析和推理，热衷于探讨未知的领域。

典型职业：喜欢运用智力、抽象能力、分析能力的独立定向任务，具备观察、估测、衡量、形成理论并最终解决问题的能力。如科学研究人员、教师、工程师、电脑编程人员、医生、系统分析员。

3) A(artistic)——艺术型

共同特点：有创造力，乐于创造新颖、与众不同的成果，渴望表现自己的个性，实现自身的价值。做事理想化，追求完美，不重实际。具有一定的艺术才能和个性。善于表达，怀旧，心态较为复杂。

典型职业：喜欢的工作要求具备艺术修养、创造力、表达能力，直觉灵敏，在语言、行为、声音、颜色和形式的审美、思索和感受方面，具备相应的能力。如艺术方面(演员、导演、艺术设计师、雕刻家、建筑师、摄影家、广告制作人)，音乐方面(歌唱家、作曲家、乐队指挥)，文学方面(小说家、诗人、剧作家)。不善于事务性工作。

4) S(social)——社会型

共同特征：喜欢与人交往、结交新朋友，善言谈，愿意帮助别人。关心社会问题，渴望发挥自己的社会作用。寻求广泛的人际关系，比较看重社会义务和社会道德。

典型职业：喜欢与人打交道的工作，能够不断结交新朋友，适合从事提供信息、启迪、帮助、培训、治疗等服务的工作，具备相应能力。如教育工作者(教师、教育行政人员)，社会工作者(咨询人员、公关人员)。

5) E(enterprise)——企业型

共同特征：追求权力、权威和物质财富，具有领导才能。喜欢竞争，敢冒风险，有野心、抱负。为人务实，习惯以利益、权力、地位、金钱等来衡量做事的价值，做事有较强的目的性。

典型职业：喜欢要求具备经营、管理、监督和领导才能，以实现机构、政治、社会及经济目标的工作，并具备相应的能力。如项目经理、销售人员、营销管理人员、政府官员、企业领导、法官、律师。

6) C(conventional)——常规型

共同特点：尊重权威和规章制度，喜欢按计划办事，细心、有条理，习惯接受他人的指挥和领导，自己不谋求领导职务。喜欢关注实际和细节情况，通常较为谨慎和保守，缺乏创造性，不喜欢冒险和竞争，富有自我牺牲精神。

典型职业：喜欢要求注意细节、精确度，有系统、有条理，能记录、归档、据特定要求或程序组织数据和文字信息的职业，并具备相应能力。如秘书、办公室人员、记事员、会计、行政助理、图书馆管理员、出纳员、打字员、投资分析员。

2. 6种基本职业兴趣倾向类型的内在关系

霍兰德划分的6种职业兴趣倾向类型，并不是并列且有明晰边界的，具体存在如下关系。

1) 相邻关系

如RI、IR、IA、AI、AS、SA、SE、ES、EC、CE、RC及CR。属于这种关系的两种

类型的个体之间共同点较多，如现实型 R、研究型 I 的人都不太偏好人际交往，这两种职业环境中也都较少有机会与人接触。

2) 相隔关系

如RA、RE、IC、IS、AR、AE、SI、SC、EA、ERCI及CS。属于这种关系的两种类型的个体之间共同点较相邻关系少。

3) 相对关系

在六边形上处于对角位置的类型之间即为相对关系，如 RS、IE、AC、SR、EI及 CA，相对关系的人格类型共同点少，因此，一个人同时对处于相对关系的两种职业环境都兴趣很浓的情况较为少见。

人们通常倾向选择与自我兴趣类型匹配的职业环境，如具有现实型兴趣的人希望在现实型的职业环境中工作，可以更好地发挥个人潜能。但在职业选择中，个体并非一定要选择与自己兴趣完全对应的职业环境。一则是因为个体本身常是多种兴趣类型的综合体，单一类型显著突出的情况不多，因此评价个体的兴趣类型时，也时常以其在六大类型中得分居前三位的类型组合而成，组合时根据分数的高低依次排列字母，构成其兴趣组型，如RCA、AIS等；二则是因为影响职业选择的因素是多方面的，不完全依据兴趣类型，还要参照社会的职业需求及获得职业的现实可能性。因此，个体在进行职业选择时会不断妥协，寻求相邻职业环境甚至相隔职业环境，在这种环境中，个体需要逐渐适应工作环境。但如果个体寻找的是相对的职业环境，意味着所进入的是与自我兴趣完全不同的职业环境，则工作起来可能难以适应，或者难以做到快乐工作，甚至可能会觉得工作很痛苦。

2.5 霍兰德职业兴趣倾向测评

霍兰德职业兴趣倾向测评将帮助你发现和确定自己的职业兴趣和能力特长，从而更好地做出求职择业的决策。如果你已经考虑好或选择好自己的职业，本测评将使你的这种考虑或选择具有理论基础，或向你展示其他合适的职业；如果你至今尚未确定职业方向，本测评将帮助你根据自己的情况选择一个恰当的职业目标。本测评共有七个部分，每部分测评都没有时间限制，但请你尽快按要求完成。

第1部分　你心目中的理想职业

对于未来从事的职业(或升学进修的专业)，你也许早有考虑，它可能很抽象、很模糊，也可能很具体、很清晰。不管是哪种情况，现在都请你把你最想做的三种工作或最想读的三种专业，按顺序写在表2-1中。

表2-1 未来的职业或升学进修的专业

序号	最想做的工作	最想读的专业
1		
2		
3		

第2部分 你感兴趣的活动

下面列举了一些具体的活动。这些活动无所谓好坏，如果你喜欢参加(包括过去、现在或将来)，就请在答题卷相应题号对应的"是"后面的横线"＿＿"上打"√"；如果你不喜欢参加，就请在"否"后面的横线"＿＿"上内打"√"。注意，这一部分测验主要想确定你的职业兴趣，而不是让你选择工作，你喜欢某种活动并不意味着你一定要从事相关的工作。答题时不必考虑过去是否做过和是否擅长这种活动，根据兴趣直接判断即可。请务必回答全部题目。

一、R型(现实型活动)

你喜欢做下列事情吗？

1. 装配、修理电器。   是＿＿   否＿＿
2. 修理自行车。   是＿＿   否＿＿
3. 修理机器或装配机器零件。   是＿＿   否＿＿
4. 做木工活。   是＿＿   否＿＿
5. 驾驶卡车或拖拉机。   是＿＿   否＿＿
6. 开机床。   是＿＿   否＿＿
7. 骑摩托车。   是＿＿   否＿＿
8. 上金属工艺课。   是＿＿   否＿＿
9. 上机械制图课。   是＿＿   否＿＿
10. 上木工手艺课。   是＿＿   否＿＿
11. 上电气自动化技术课。   是＿＿   否＿＿

"是"一栏打"√"的总数：＿＿＿＿＿

二、I型(研究型活动)

你喜欢做下列事情吗？

1. 阅读科技书刊。   是＿＿   否＿＿
2. 在实验室工作。   是＿＿   否＿＿
3. 参与某个科研项目。   是＿＿   否＿＿
4. 制作飞机、汽车模型。   是＿＿   否＿＿
5. 做化学实验。   是＿＿   否＿＿

6. 阅读专业性论文。 是____ 否____

7. 解一道数学或棋艺难题。 是____ 否____

8. 上物理课。 是____ 否____

9. 上化学课。 是____ 否____

10. 上几何课。 是____ 否____

11. 上生物课。 是____ 否____

"是"一栏打"√"的总数：_____

三、A型(艺术型活动)

你喜欢做下列事情吗？

1. 素描、制图或绘画。 是____ 否____

2. 表演戏剧、小品或相声节目。 是____ 否____

3. 设计家具或房屋。 是____ 否____

4. 在舞台上演唱或跳舞。 是____ 否____

5. 演奏一种乐器。 是____ 否____

6. 阅读流行小说。 是____ 否____

7. 听音乐会。 是____ 否____

8. 从事摄影创作。 是____ 否____

9. 阅读电影、电视剧本。 是____ 否____

10. 读诗、写诗。 是____ 否____

11. 上书法、美术课。 是____ 否____

"是"一栏打"√"的总数：_____

四、S型(社会型活动)

你喜欢做下列事情吗？

1. 给朋友们写信。 是____ 否____

2. 参加学校、单位组织的正式活动。 是____ 否____

3. 加入某个社会团体或俱乐部。 是____ 否____

4. 帮助别人解决困难。 是____ 否____

5. 照看小孩。 是____ 否____

6. 参加宴会、茶话会或联欢晚会。 是____ 否____

7. 跳交谊舞。 是____ 否____

8. 参加讨论会或辩论会。 是____ 否____

9. 观看运动会或体育比赛。 是____ 否____

10. 寻亲访友。 是____ 否____

11. 阅读与人际交往有关的书刊。 是____ 否____

"是"一栏打"√"的总数：_____

五、E型(企业型活动)

你喜欢做下列事情吗？

1. 劝说他人。   是____   否____

2. 买东西与人讨价还价。   是____   否____

3. 讨论政治问题。   是____   否____

4. 从事个体或独立的经营活动。   是____   否____

5. 出席正式会议。   是____   否____

6. 演讲。   是____   否____

7. 在社会团体中做一名理事。   是____   否____

8. 检查与评价别人的工作。   是____   否____

9. 结识名流。   是____   否____

10. 带领一群人去完成某项任务。   是____   否____

11. 参与政治活动。   是____   否____

"是"一栏打"√"的总数：_____

六、C型(常规型活动)

你喜欢做下列事情吗？

1. 保持桌子和房间整洁。   是____   否____

2. 抄写文章或信件。   是____   否____

3. 开发票、写收据或打收条。   是____   否____

4. 打算盘或用计算机计算。   是____   否____

5. 记流水账或备忘录。   是____   否____

6. 上打字课或学速记法。   是____   否____

7. 上会计课。   是____   否____

8. 上商业统计课。   是____   否____

9. 将文件、报告、记录分类与归档。   是____   否____

10. 为领导写公务信函与报告。   是____   否____

11. 检查个人收支情况。   是____   否____

"是"一栏打"√"的总数：_____

第3部分　你擅长或胜任的活动

下面从六个方面分别列举一些具体的活动，以确定你具备哪些特长。回答时，只需考虑你过去或现在是否擅长、胜任所列活动，不必考虑你是否喜欢这种活动。如果你认为你擅长从事某一活动，就请在答题卷的相应题号对应的"是"后面的横线"____"上打"√"；如果不擅长，就请在"否"后面的横线"____"上打"√"。注意，如果你从未从事过某一活动，那就请你考虑将来是否可能擅长从事该项活动。请你务必回答所有题目。

一、R型(现实型能力)

你擅长下列事情吗?

1. 使用锯、钳子、车床、砂轮等工具。　　　　是____　　否____

2. 使用万能电表。　　　　是____　　否____

3. 给自行车或机器加油使它们正常运转。　　　　是____　　否____

4. 使用钻床、研磨机、缝纫机等。　　　　是____　　否____

5. 修整木器家具表面。　　　　是____　　否____

6. 看机械、建筑设计图纸。　　　　是____　　否____

7. 修理结构简单的家用电器。　　　　是____　　否____

8. 制作简单的家具。　　　　是____　　否____

9. 绘制机械设计图纸。　　　　是____　　否____

10. 修理收、录音机的简单部件。　　　　是____　　否____

11. 疏通、修理自来水管或下水道。　　　　是____　　否____

"是"一栏打"√"的总数: _____

二、I型(研究型能力)

你擅长做下列事情吗?

1. 了解真空管的工作原理。　　　　是____　　否____

2. 知道三种以上蛋白质含量高的食物。　　　　是____　　否____

3. 知道一种放射性元素的"半衰期"。　　　　是____　　否____

4. 使用对数表。　　　　是____　　否____

5. 使用计算器或计算尺。　　　　是____　　否____

6. 使用显微镜。　　　　是____　　否____

7. 辨认三个星座。　　　　是____　　否____

8. 说明白血球的功能。　　　　是____　　否____

9. 解释简单的化学分子式。　　　　是____　　否____

10. 理解人造卫星不会落地的原理。　　　　是____　　否____

11. 参加科技竞赛或科研成果交流会。　　　　是____　　否____

"是"一栏打"√"的总数: _____

三、A型(艺术型能力)

你擅长做下列事情吗?

1. 演奏一种乐器。　　　　是____　　否____

2. 参加二重唱或四重唱表演。　　　　是____　　否____

3. 独奏或独唱。　　　　是____　　否____

4. 扮演剧中角色。　　　　是____　　否____

5. 说书或讲故事。　　　　是____　　否____

6. 表演现代舞或芭蕾舞。　　　　是____　　否____

7. 人物素描。 是____ 否____

8. 油画或雕塑。 是____ 否____

9. 制作陶器、捏泥塑或剪纸。 是____ 否____

10. 设计服装、海报或家具。 是____ 否____

11. 写文章。 是____ 否____

"是"一栏打"√"的总数：_____

四、S型(社会型能力)

你擅长做下列事情吗？

1. 向别人解释问题。 是____ 否____

2. 参加慰问或救济活动。 是____ 否____

3. 与人合作。 是____ 否____

4. 招待客人。 是____ 否____

5. 教育儿童。 是____ 否____

6. 为宴会安排娱乐活动。 是____ 否____

7. 帮助他人解决困难。 是____ 否____

8. 护理病人或伤员。 是____ 否____

9. 安排学校或社团组织的各种集体事务。 是____ 否____

10. 体察人心或判断人的性格。 是____ 否____

11. 与年长者相处。 是____ 否____

"是"一栏打"√"的总数：_____

五、E型(企业型能力)

你擅长做下列事情吗？

1. 在学校里当班干部。 是____ 否____

2. 督促他人工作。 是____ 否____

3. 说服他人按你的习惯做事。 是____ 否____

4. 能以饱满的精力和热情做事。 是____ 否____

5. 推销。 是____ 否____

6. 代表某个团体向有关部门提出建议或反映意见。 是____ 否____

7. 担任领导职务 是____ 否____

8. 说服别人加入你所在的团体(俱乐部、运动队、工作组
   或研究组等)。 是____ 否____

9. 创办一家商店或企业。 是____ 否____

10. 领导他人。 是____ 否____

11. 演讲。 是____ 否____

"是"一栏打"√"的总数：_____

六、C型(常规型能力)

你擅长做下列事情吗?

1. 一天抄写近一万字。　　　　　　　　是____　　否____

2. 使用算盘或计算器。　　　　　　　　是____　　否____

3. 使用中文打字机。　　　　　　　　　是____　　否____

4. 将书信、文件迅速归档。　　　　　　是____　　否____

5. 办公室职员工作。　　　　　　　　　是____　　否____

6. 核对数据或文章。　　　　　　　　　是____　　否____

7. 使用外文打字机或复印机。　　　　　是____　　否____

8. 在短时间内分类和处理大量文件。　　是____　　否____

9. 记账或开发票。　　　　　　　　　　是____　　否____

10. 为自己或集体做财务预算(表)。　　是____　　否____

11. 核对贷方和借方的账目。　　　　　　是____　　否____

"是"一栏打"√"的总数:_____

第4部分　你喜欢的职业

下面列举了许多职业,对这些职业的基本情况你或多或少有所了解,并在此基础上形成了自己的评价和态度。如果你喜欢某个职业,请在"是"后面的横线"____"上打"√";如果不喜欢,请在"否"后面的横线"____"上打"√"。这一部分测验也要求每题必做。

一、R型(现实型职业)

你喜欢下列职业吗?

1. 飞行机械技术人员。　　　　　　　　是____　　否____

2. 鱼类和野生动物专家。　　　　　　　是____　　否____

3. 自动化工程技术人员。　　　　　　　是____　　否____

4. 木工。　　　　　　　　　　　　　　是____　　否____

5. 机床安装工或钳工。　　　　　　　　是____　　否____

6. 电工。　　　　　　　　　　　　　　是____　　否____

7. 无线电报务员。　　　　　　　　　　是____　　否____

8. 长途汽车司机。　　　　　　　　　　是____　　否____

9. 火车司机。　　　　　　　　　　　　是____　　否____

10. 机械师。　　　　　　　　　　　　　是____　　否____

11. 测绘、水文技术人员。　　　　　　　是____　　否____

"是"一栏打"√"的总数:_____

二、I型(研究型职业)

你喜欢下列职业吗?

1. 气象研究人员。　　　　　　　　　　是____　　否____

2. 生物学研究人员。 是＿＿＿ 否＿＿＿

3. 天文学研究人员。 是＿＿＿ 否＿＿＿

4. 药剂师。 是＿＿＿ 否＿＿＿

5. 人类学研究人员。 是＿＿＿ 否＿＿＿

6. 化学研究人员。 是＿＿＿ 否＿＿＿

7. 科学杂志编辑。 是＿＿＿ 否＿＿＿

8. 植物学研究人员。 是＿＿＿ 否＿＿＿

9. 物理学研究人员。 是＿＿＿ 否＿＿＿

10. 科普工作者。 是＿＿＿ 否＿＿＿

11. 地质学研究人员。 是＿＿＿ 否＿＿＿

"是"一栏打"√"的总数：＿＿＿＿＿＿

三、A型(艺术型职业)

你喜欢下列职业吗？

1. 诗人。 是＿＿＿ 否＿＿＿

2. 文学艺术评论家。 是＿＿＿ 否＿＿＿

3. 作家。 是＿＿＿ 否＿＿＿

4. 记者。 是＿＿＿ 否＿＿＿

5. 歌唱家或歌手。 是＿＿＿ 否＿＿＿

6. 作曲家。 是＿＿＿ 否＿＿＿

7. 剧本写作人员。 是＿＿＿ 否＿＿＿

8. 画家。 是＿＿＿ 否＿＿＿

9. 相声演员。 是＿＿＿ 否＿＿＿

10. 乐团指挥。 是＿＿＿ 否＿＿＿

11. 电影演员。 是＿＿＿ 否＿＿＿

"是"一栏打"√"的总数：＿＿＿＿＿＿

四、S型(社会型职业)

你喜欢下列职业吗？

1. 街道、工会或妇联负责人。 是＿＿＿ 否＿＿＿

2. 中学教师。 是＿＿＿ 否＿＿＿

3. 青少年犯罪问题专家。 是＿＿＿ 否＿＿＿

4. 中学校长。 是＿＿＿ 否＿＿＿

5. 心理咨询人员。 是＿＿＿ 否＿＿＿

6. 精神病医生。 是＿＿＿ 否＿＿＿

7. 职业介绍所工作人员。 是＿＿＿ 否＿＿＿

8. 导游。 是＿＿＿ 否＿＿＿

9. 青年团负责人。 是＿＿＿ 否＿＿＿

10. 福利机构负责人。　　　　　　　　　　　　是____　　　　否____

11. 婚姻介绍所工作人员。　　　　　　　　　　是____　　　　否____

"是"一栏打"√"的总数：_____

五、E型(企业型职业)

你喜欢下列职业吗？

1. 供销科长。　　　　　　　　　　　　　　　是____　　　　否____

2. 推销员。　　　　　　　　　　　　　　　　是____　　　　否____

3. 旅馆经理。　　　　　　　　　　　　　　　是____　　　　否____

4. 商店费用管理人员。　　　　　　　　　　　是____　　　　否____

5. 厂长。　　　　　　　　　　　　　　　　　是____　　　　否____

6. 律师或法官。　　　　　　　　　　　　　　是____　　　　否____

7. 电视剧制作人。　　　　　　　　　　　　　是____　　　　否____

8. 饭店或饮食店经理。　　　　　　　　　　　是____　　　　否____

9. 人民代表。　　　　　　　　　　　　　　　是____　　　　否____

10. 服装批发商。　　　　　　　　　　　　　　是____　　　　否____

11. 企业管理咨询人员。　　　　　　　　　　　是____　　　　否____

"是"一栏打"√"的总数：_____

六、C型(常规型职业)

你喜欢下列职业吗？

1. 簿记员。　　　　　　　　　　　　　　　　是____　　　　否____

2. 会计师。　　　　　　　　　　　　　　　　是____　　　　否____

3. 银行出纳员。　　　　　　　　　　　　　　是____　　　　否____

4. 法庭书记员。　　　　　　　　　　　　　　是____　　　　否____

5. 人口普查登记员。　　　　　　　　　　　　是____　　　　否____

6. 成本核算员。　　　　　　　　　　　　　　是____　　　　否____

7. 税务工作者。　　　　　　　　　　　　　　是____　　　　否____

8. 校对员。　　　　　　　　　　　　　　　　是____　　　　否____

9. 打字员。　　　　　　　　　　　　　　　　是____　　　　否____

10. 办公室秘书。　　　　　　　　　　　　　　是____　　　　否____

11. 质量检查员。　　　　　　　　　　　　　　是____　　　　否____

"是"一栏打"√"的总数：_____

做完测试题目，开始统计分数，请将每一部分"是"一栏打"√"的总数填写在相应的横线上。

第2部分　你感兴趣的活动

R型"是"的总数：____　　　I型"是"的总数：____　　　A型"是"的总数：____

S型"是"的总数：____　　　E型"是"的总数：____　　　C型"是"的总数：____

第3部分　你擅长或胜任的活动

R 型"是"的总数：_____　　I 型"是"的总数：_____　　A 型"是"的总数：_____

S 型"是"的总数：_____　　E 型"是"的总数：_____　　C 型"是"的总数：_____

第4部分　你喜欢的职业

R 型"是"的总数：_____　　I 型"是"的总数：_____　　A 型"是"的总数：_____

S 型"是"的总数：_____　　E 型"是"的总数：_____　　C 型"是"的总数：_____

第5部分　你的能力类型简评

表2-2和表2-3是6项职业能力自我评分表。你可以先与同龄人比较一下自己在每一方面的能力，然后对自己的能力做出评价。评分时请在表中适当的数字上画圈。数字越大，表示你的能力越强。

注意，请勿全部圈画同样的数字，因为人的每项能力不可能完全一样。

表2-2　自我评分表A

	R型	I型	A型	S型	E型	C型
	机械操作能力	科学研究能力	艺术创造能力	解释表达能力	商业洽谈能力	事务执行能力
高中低	7 6 5 4 3 2 1	7 6 5 4 3 2 1	7 6 5 4 3 2 1	7 6 5 4 3 2 1	7 6 5 4 3 2 1	7 6 5 4 3 2 1

表2-3　自我评分表B

	R型	I型	A型	S型	E型	C型
	体力技能	数学技能	音乐技能	交际技能	领导技能	办公技能
高中低	7 6 5 4 3 2 1	7 6 5 4 3 2 1	7 6 5 4 3 2 1	7 6 5 4 3 2 1	7 6 5 4 3 2 1	7 6 5 4 3 2 1

第6部分　统计分数，确定你的职业倾向

统计全部测验"是"总数，有多少就记多少分，表2-2、表2-3画圈的分数是多少就记多少分，将统计好的6种职业倾向(R型、I型、A型、S型、E型和C型)得分填入表2-4，纵向累加。

表2-4　测试结果

测验	R型	I型	A型	S型	E型	C型
第2部分						
第3部分						

(续表)

测 验	R型	I型	A型	S型	E型	C型
第4部分						
第5部分(A)						
第6部分(B)						
总 分						

请将表2-4中的6种职业倾向按总分多少依次从左到右重新排列:

_____型、_____型、_____型、_____型、_____型、_____型

最高分←你的职业倾向性得分→最低

统计得分说明:

某种职业类型的得分越高,表明你越适合从事该职业环境的相关工作,得分最高的项就是最适合你的职业类型;反之,表明你不适合从事该职业类型。

你在择业时,应尽量避免选择得分最低的职业类型,因为该类型的工作与你的兴趣相差很远,可能会不利于你在工作中获得快乐和满足感并做出成绩;如果你有两种(或以上)职业类型的得分相同,表明那两种(或以上)职业类型都比较适合你。

得分最高的职业类型就是最适合你的职业。比如,I型得分最高,说明你适合做自然科学方面的研究工作,如气象研究、生物学研究、天文学研究等,或科学杂志编辑,以此类推。

如果最适合你的工作和你在第1部分所写的理想工作不太一致,或者与你的能力和兴趣不相匹配,那么请你参照第7部分——你的职业价值观来做出最佳选择。

比如,假如第2部分I型得分最高,但第3部分A型得分最高,那么请参考你看重的因素:假如你看重"能充分发挥自己的能力和特长"或"工作环境(物质方面)舒适",那么A型工作适合你;假如你看重"能从事自己感兴趣的工作"或"工作稳定有保障",那么I型工作适合你;假如你看重的是其他因素,那么请向A型职业方面的专家咨询,选择和你的职业价值观最接近的工作。

第7部分 你所看重的东西——职业价值观

这一部分测验列出了人们在选择工作时通常会考虑的要素(见所附工作价值标准)。现在请你选出对你较重要的两个因素,以及较不重要的两个因素,并将序号填入对应的横线上。

最 重 要:_____

最不重要:_____

次 重 要:_____

次不重要:_____

附:工作价值标准:

1. 工资高,福利好。

2. 工作环境(物质方面)舒适。

3. 人际关系良好。

4. 工作稳定有保障。

5. 能提供较好的受教育机会。

6. 有较高的社会地位。

7. 工作不太紧张，外部压力小。

8. 能充分发挥自己的能力和特长。

9. 社会贡献较大。

10. 能从事自己感兴趣的工作。

测验完毕，请将你测验得分居第一位的职业类型找出来，对照以下职业，判断适合自己的职业类型。

职业索引——职业兴趣代号与其相应的职业。

R(现实型)：木匠、农民、操作X光的技师、工程师、飞机机械师、鱼类和野生动物专家、自动化技师、机械工(车工、钳工等)、电工、无线电报务员、火车司机、长途公共汽车司机、机械制图员、机器修理师、电器师。

I(研究型)：气象学者、生物学者、天文学家、药剂师、动物学者、化学家、科学报刊编辑、地质学者、植物学者、物理学者、数学家、实验员、科研人员、科技作者。

A(艺术型)：室内装饰专家、图书管理专家、摄影师、音乐教师、作家、演员、记者、诗人、作曲家、编剧、雕刻家、漫画家。

S(社会型)：社会学者、导游、福利机构工作者、咨询人员、社会工作者、社会科学教师、学校领导、精神病工作者、公共卫生保健护士。

E(企业型)：推销员、采购员、商品批发员、旅馆经理、饭店经理、广告宣传员、调度员、律师、政治家、零售商。

C(常规型)：记账员、会计、银行出纳、法庭速记员、成本估算员、税务员、核算员、打字员、办公室职员、统计员、计算机操作员、秘书。

【测评案例】

某人测评分数如表2-5所示。

表2-5　测评分数统计

测　　验	R型	I型	A型	S型	E型	C型
第2部分	3	4	2	6	7	4
第3部分	4	2	6	7	7	5
第4部分	4	3	6	9	10	0
第5部分(表2-2)	3	3	5	4	5	5
第6部分(表2-3)	4	3	3	5	6	4
总　　分	18	16	22	31	33	18

个体常常是多种职业兴趣类型的综合体，单一职业倾向显著突出的情况往往并不多见，因此人们在具体择业的时候，除了得分最高的职业类型，得分次高的职业类型中的相

关工作，有时也可以考虑。

从表2-5中可以看出，这个人相对来说，更加倾向于E型(企业型)和S型(社会型)职业。如总分相同，则依次比较3项小分。最后的排序为：<u>E 型</u>、<u>S 型</u>、<u>A 型</u>、<u>R 型</u>、<u>C 型</u>、<u>I 型</u>。

从前文中的图2-2可以看出：各个职业类型之间存在不同程度的关系。一般来说，两个类型靠得越近，它们之间的关系就越密切，这两个类型的个体之间的共同点就越多。如技能型和研究型的人就都不太偏好人际交往，在这两种职业环境中也都较少机会与人接触。反之，两个类型离得越远，共同点也就越少，通常在六边形上处于对角位置的类型之间即为相对关系，如技能型和社会型、研究型和企业型、艺术型和事务型等。一般来说，相对关系的人格类型共同点很少，因此，一个人同时对处于相对关系的两种职业都很感兴趣的情况十分少见。也就是说，对于这种职业倾向，不建议从事现实型或研究型的职业。

测评结果显示，这个人的优势职业类型是企业型和社会型，相对来说，他更容易适应和胜任与此相关的职业。他可以分别对照这两种职业倾向，审视自己是否具有相似的特质。

E(enterprise)——企业型

共同特征：追求权力、权威和物质财富，具有领导才能。喜欢竞争，敢冒风险，有野心，有抱负。为人务实，习惯以利益、权力、地位、金钱等来衡量做事的价值，做事有较强的目的性。

典型职业：喜欢要求具备经营、管理、监督和领导才能，以实现机构、政治、社会及经济目标的工作，并具备相应的能力。如项目经理、销售人员、营销管理人员、政府官员、企业领导、法官、律师。

S(social)——社会型

共同特征：喜欢与人交往、结交新朋友，善言谈，愿意帮助别人。关心社会问题，渴望发挥自己的社会作用。寻求广泛的人际关系，比较看重社会义务和社会道德。

典型职业：喜欢与人打交道的工作，能够不断结交新朋友，适合从事提供信息、启迪、帮助、培训、开发或治疗等服务的工作，具备相应能力。如教育工作者(教师、教育行政人员)、社会工作者(咨询人员、公关人员)。

适合环境1：企业型职业环境

● 往往不喜欢那些需要精耕细作的、常规性的工作，以及长期智力劳动和思维复杂的工作。

● 富有冒险精神，喜欢竞争，比较适合那些需要胆略、冒风险和承担责任的工作。

● 适合可以展示自己的经营、管理、监督和领导才能，并能实现机构、政治、社会及经济目标的工作。

● 该类型的人适合经常和人打交道。

职业发展建议：

● 在职业发展过程中，可以充分发挥自己在支配和言语方面的技能，以及自信、精力充沛、领导力强的优势；应尽量避免过于冲动的想法和行为，多注意日常工作中的细节。

● 可考虑从事的职业包括：项目经理、房地产销售人员、职业经理人、律师、拍卖师等。

适合环境2：社会型职业环境

● 喜欢参与解决人们共同关心的社会问题，适合从事为他人服务和教育他人的工作。

● 喜欢与人打交道、社会交往较多的工作，希望能够不断结交新朋友，适合从事提供信息、启迪、帮助、培训、开发或治疗等服务的工作。

● 非常看重人与人之间的关系，愿意帮助、照顾周围的人，喜欢参加集体活动，适合咨询等帮助别人解决人际方面问题的工作。

职业发展建议：

● 在职业发展过程中，可以充分发挥自己在人际交往方面的能力，在团队或集体活动中积极主动地扮演组织协调者，注意在工作中锻炼独立工作的能力。

● 可考虑从事的职业包括：大学教师、中学教师、小学教师、心理咨询师、客户关系管理人员、公务员、咨询人员、外科医生、护士、高校辅导员等。

不适合从事以下两类职业。

研究型：

● 运用抽象思维、逻辑推理等能力来分析解决问题的工作。

● 典型职业有：临床研究员、化工实验室研究员、软件工程师、电子技术研发工程师、课程设计开发专员、(各类)科研人员、(各类)专家学者。

技能型：

● 各类工程技术工作，或有一定程序要求的工作环境。

● 典型职业有：录音师、地图制图员、司机、机械工程师、园艺师、烹调师、建筑工程师、钟表修理工、硬件工程师、测绘技术员等。

【提示】

1. 可以根据职业兴趣倾向来选择职业吗？

考虑到职业对人的兴趣要求，在进行职业决策时，可以根据自己的兴趣倾向选择容易适应的职业，或培养自己的职业兴趣来适应职业要求。但影响职业决策的要素非常多，一般来说，个人不可能完全根据兴趣这一个方面，去选择职业机会和规划职业发展路径，而要综合考虑个人的职业兴趣、职业性格、职业价值观、职业能力以及外在的环境因素，在此基础上做出衡量和决策。

2. 测评结果与实际情况不符应怎么办?

如果你觉得测评结果和你的实际情况不相符合,可以尝试这样做:考虑情境描述的相反方面,是否符合你的兴趣特点?回忆你做题时的情景,是凭自己第一感觉回答的吗?向专业的咨询师或咨询机构寻求帮助。

3. 了解自己的职业兴趣后,下一步该做什么?

从上文可知,了解职业兴趣倾向只是自我认知的环节之一。要想全面地探索自我特质,以及它对职业发展的影响,你需要进一步弄清楚自己的职业性格、职业价值观和职业能力。你可以继续利用相关的职业测评工具,也可以采用生涯规划的其他自我认知方法。

完整的职业生涯规划包括自我认知、环境认知、确定职业目标、做出职业发展决策、制订计划以及开展实际行动等步骤。如果你想为自己绘制职业成长与发展的蓝图,可以进入职业生涯规划系统,完成相应的设计与操作。

2.6　性格与职业性格认知

2.6.1　性格

1. 性格的定义

性格是指表现在人对现实的态度和相应的行为方式中的比较稳定的、具有核心意义的个性心理特征,它是一种与社会相关最密切的人格特征。性格具有多层次社会道德含义。性格表现了人们对现实和周围世界的态度,主要体现在对自己、对别人、对事物的态度和言行举止中。

性格也可称为个性或人格,著名心理专家郝滨先生认为:"性格可界定为个体思想、情绪、价值观、信念、感知、行为与态度之总称,它确定了我们如何审视自己以及周围的环境。它是不断进化和改变的,是人从降生开始,生活中所经历的一切总和。"简单地说,性格就是个体独有的并与其他个体区别开来的整体特性,即具有一定倾向性的、稳定的、本质的人格差异,我们称之为性格差异。性格是在后天社会环境中逐渐形成的,它是人的核心人格差异。性格有好坏之分,能直接反映一个人的道德风貌。

比如,我们常说的性格好的人,温和、亲善,对人和事物的态度和行为中表现出不侵犯、不冒犯,与其相处感受到的是尊重和信任,这样的人之所以会有如此表现,与其内心的价值尺度、道德标准息息相关;相反,性情乖戾、睚眦必报的人,其内心的价值尺度、道德标准必然是另一番景象了。

需注意,性格是在社会生活中逐渐形成的,但同时也受个体的生物学因素的影响。

2. 本性和性格的区别

性格是后天形成的，比如腼腆的性格、暴躁的性格、果断的性格和优柔寡断的性格等。

本性是人天生所具有的、不可改变的思维方式，比如防御心、求知欲、荣誉感等。人的本性包括求生、感知等。

心理学家以个人对社会的适应性为主要参考系，将人的性格分为五类：摩擦型，平常型，平稳型，领导型和逃避型。

- 摩擦型性格的人表现为性格外露，人际关系紧张，处理问题欠妥，容易造成人际摩擦。
- 平常型性格的人的态度、情感、意志、理智均表现一般，平平常常，没有特殊的表现。
- 平稳型性格的人对环境有较好的适应性，但往往是被动地适应，善结人缘，人际关系好。
- 领导型性格的人对社会的适应性好，能主动适应社会环境。
- 逃避型性格的人表现为性格内向，不善交际，与世无争。

性格具有感知与感悟的双向误导性质，同一种性格的人之间信任度很高，这个不分地域。

3. 性格的形成因素

性格是什么呢？性格对人的心理活动的影响大吗？这些问题看起来非常简单，可要进行实际分析，还是一个蛮复杂的问题，主要表现在两个方面：一方面是因为性格的成因复杂，另一方面是因为性格的表现具有多样性的特点。性格是人格的重要组成部分，它是人长期的精神状态，心理咨询师就是通过对求助者的性格进行分析，进而研究产生相应行为的特点和表现。

性格的心理学释义为人对现实现象的态度以及对此做出的相应行为的综合体现。它是社会属性最重要的表现方式，也是心理活动的重要因素的体现。正是因为性格的重要性，一直以来它都是心理学研究的重点范畴，故需要根据性格的特征分析性格的表现方式，进而达到解决实际问题的效果。

性格的形成因素很复杂，主要体现在以下三个方面：基因遗传因素，成长期发育因素以及社会环境影响因素。可以说，性格既受个人自身因素的影响，同时也受相应环境的影响。从这个角度分析，性格是可以改变的，但需要由量变实现质变。

4. 性格的基本特征

1) 态度特征

性格的态度特征，是指个体在对现实生活各个方面的态度中表现出来的一般特征。

2) 理智特征

性格的理智特征，是指个体在认知活动中表现出来的心理特征。在感知方面，能按照一定的目的任务主动地观察，属于主动观察型；有的则明显受环境刺激的影响，属于被动观察型；有的倾向于观察对象的细节，属于分析型；有的倾向于观察对象的整体和轮廓，属于综合型；有的倾向于快速感知，属于快速感知型；有的倾向于精确地感知，属于精确感知型。想象方面，有主动想象和被动想象之分；有广泛想象与狭隘想象之分。在记忆方面，有主动与被动之分；有善于形象记忆与善于抽象记忆之分等。在思维方面，有主动与被动之分，有独立思考与依赖他人之分，有深刻与肤浅之分等。

3) 情绪特征

性格的情绪特征是指个体在情绪表现方面的心理特征。在情绪的强度方面，有的情绪强烈，不易于控制；有的情绪微弱，易于控制。在情绪的稳定性方面，有的情绪波动性大，情绪变化大；有的则情绪稳定，心平气和。在情绪的持久性方面，有的情绪持续时间长，对工作、学习的影响大；有的情绪持续时间短，对工作、学习的影响小。在主导心境方面，有的经常情绪饱满，处于愉快的情绪状态；有的则经常郁郁寡欢。

4) 意志特征

性格的意志特征是指个体在调节心理活动时表现出的心理特征。自觉性、坚定性、果断性、自制力是主要的意志特征。

自觉性是指个体在行动之前有明确的目的，事先确定了行动的步骤、方法，并且在行动的过程中能克服困难，始终如一地执行。与之相反的是盲从或独断专行。

坚定性是指个体能采取一定的方法克服困难，以实现自己的目标。与坚定性相反的是执拗性和动摇性，前者不会采取有效的方法，一味我行我素；后者则是轻易改变或放弃自己的计划。

果断性是指个体善于在复杂的情境中辨别是非，迅速做出正确的决定。与果断性相反的是优柔寡断或武断、冒失。

自制力是指善于控制自己的行为和情绪。与自制力相反的是任性。

【案例】关于性格和求职的真实案例

小王接到某知名公司面试通知那天，精心梳妆打扮了一番，准时走进这家公司人力资源部。等秘书小姐通报完后，小王静了静心，来到经理办公室门前，轻轻地敲了两下门。"是小王先生吗？"屋里传出问询声。"经理先生，你好！我是小王。"小王慢慢地推开门。"抱歉，小王先生，你能再敲一次门吗？"端坐在沙发转椅上的经理悠闲地注视着小王，表情有些冷淡。

经理先生的话令小王心生疑惑，但他并未多想，关上门，重新敲了两下，然后推门走进去。"不！小王先生，这次没有第一次好，你能再来一次吗？"经理示意他出去。

小王走出去，而后再一次踏进房间。"先生，这样可以了吗？""这样说话不好！"小王又一次走进去。"我是小王，见到你很高兴，经理先生！""请别这样！"经理依然淡淡道："还得再来一次。"

……

"这次差不多了，如果你能再来一次会更好，你能再试一次吗？"当小王第十次退出来时，他内心的喜悦和憧憬已消失殆尽，开始有些恼火，心想：这哪是招聘面试呀，这分明是在刁难戏弄人。小王生气地转身离开，可刚走了几步又停了下来。他想：不行，我不能就这样离开，即使这家公司不打算录用我，也得听他们当面对我说。

于是，小王舒了一口气，第十一次敲响了门。这次他得到的不是拒绝，而是热情欢迎的掌声。小王没想到，第十一次敲门，敲开的竟是一扇成功之门。

原来，这家公司此次打算招聘的是一名市场调查员。一名优秀的市场调查员，不仅要具备学识素养，更要具备耐心和毅力等心理素质，也就是要具备沉静、温和等性格特征。这十一次敲门和问候就是为了考察面试者的性格和心理素质。

由于各种职业特点不同，对人们性格特点的要求也不同。许多在某一领域做得相当出色的人，常常受薪金、职位等的诱惑离开了自己擅长的行业，投入到一个完全不适合自己性格的领域中，丰厚的薪金、诱人的职位并未带给他们事业的成功，自己的人生也由此开始走下坡路。

一个人只有充分了解自己性格的优缺点，才能在职业选择中扬长避短，找准人生发展的位置和方向，否则就会陷入一场性格和职业之间的"三角恋爱"：在自己可以做的工作、自己(或别人)认为应该做的工作和自己愿意做的工作之间茫然不知所措，最终做出错误选择。

2.6.2 职业性格

1. 职业性格的定义

职业性格，是指人们在长期特定的职业生活中所形成的与职业相联系的、稳定的心理特征。例如，有的人对待工作一丝不苟、踏实认真；在待人处事中表现出高度的原则性、果断、活泼、负责；在对待自己的态度上表现为谦虚、自信、严于律己等。这些特征的总和就是职业性格。

人的性格千差万别，或热情外向，或羞怯内向，或沉着冷静，或火爆急躁。职业心理学研究表明，不同的职业有不同的性格要求。虽然每个人的性格都不能百分之百地适合某项职业，但可以根据自己的职业倾向来培养、发展相应的职业性格。对企业而言，员工性格会影响其工作岗位和工作业绩；对个人而言，性格会影响事业发展。

2. 职业性格和生涯发展的关系

职业性格和生涯发展的关系有4种可能：适配，平衡，接纳，完善。

1) 适配

职业性格与职位匹配，可以大大提高人们的工作效率。比如，外向的人做营销，内向的人管档案，讲究细节的人做文秘，做事从大处着眼的人做策划，理性的人去执法，感性的人做社区工作。如果职位工作内容和性格正好匹配，效率就高，工作就稳定。此外，年龄越小，探索性格才越有意义，因为有机会去适配，如果你已经35岁，你说你的性格和你的工作不匹配，你能怎样呢？你有房贷要还，你有孩子要养，你有父母要照顾，你只能去适应环境。这就是我们这么早要和你说到性格的原因，记住，年龄越小，匹配的可能性越大。

2) 平衡

如果你已经30多岁，或者你的现状不允许你寻找适配自己的工作，那么你可以从其他角度寻找办法，寻求一个平衡。爱因斯坦曾说过，人的差异产生于业余时间。业余时间能成就一个人，也能毁灭一个人。你如果愿意从事发明创造，对你来说，研创就是匹配你的工作方向，但你当下的工作偏偏属于ISTJ类型，那你该怎么办呢？可行的办法是你认真对待工作，用业余时间做研究发明，寻求平衡。

3) 接纳

接纳就是调整你的认知。每一种职业性格本身并没有优劣之分，只是在应对现实的过程中表现出各有利弊的特性。职业性格和兴趣一样，不能直接等同于能力，也不能直接等同于职位，它必然会受到社会现实和工作要求的限制，也就是说，你有适配工作的职业性格，会使你在工作的时候更高效，但这并不意味着你天然具有这样的能力。我们学习职业性格，就是要学会和那些与我们有不同观念、不同反应的人相处。

例如，你的领导做事关注细节，而你习惯于从大处着眼，你们可能会有冲突。这个时候，理解这种冲突产生的原因就特别重要。你要知道对方的做事风格是天性使然，他有那样的反应是性格使然。你愿意去理解他，就会愿意去适应他，也会更懂得用他们习惯的方式做出反应，这种"接纳"的关键，就在于你对性格的认知。

4) 完善

我们要接纳并享受职业性格带来的优势，改进其劣势，这就是我们平时说的扬长避短。在实际工作中，我们要学会扬长避短，而不是取长补短，因为取长补短的效率太低，不利于我们改变和回避性格带来的局限。但是，我们仍要结合现实，比如当专业对应的工作类型和职业性格完全不匹配的时候，我们可以用能力来弥补。我们研究职业性格，一方面是为了和工作环境、工作内容相匹配；另一方面是为了成为更完善的自己，通过自我调适，更好地适应工作和环境。

2.7 MBTI职业性格测评理论

1. MBTI职业性格测评简介

MBTI职业性格理论来源于瑞典心理学家卡尔·荣格，荣格把人的性格从3个维度进行了划分，分别是：能量获得的途径，分成内倾和外倾；注意力的指向，分成感觉和直觉；决策判断方式，分成思维和情感。1942年，美国心理学家布里格斯和她的女儿迈尔斯，在荣格的心理类型理论基础之上，又增加了一个维度——行动方式，内容就是判断和知觉，从而构建性格理论的四维八极模型，编制了《迈尔斯-布里格斯类型指标》，简称MBTI。该理论有许多研究数据的支持，属于信度和效度都非常高的性格测评工具，用途非常广泛，常被用于自我探索、职业发展、人才选拔、团队建设、管理培训、恋爱和婚姻咨询、教育咨询和多元文化培训当中。它包括四个维度，主要衡量人的类型、偏好和倾向。什么是偏好呢？偏好指的是一种天生的倾向性，一种特定的行为和思考方式，这些偏好没有优劣之分，却形成了人和人之间的不同。

MBTI用思维偏好二分法来评估一个人的偏好类型，每个维度的偏好由两级组成，维度如同标尺，4个维度如同4把标尺，每个人的性格都会落在这个标尺的某一个点上，而这个点靠近哪一个端点，就说这个人在哪方面有偏好。它通过了解人们在做事、获取信息、决策等方面的偏好，从4个角度对人进行分析。

精力支配：外倾 E —— 内倾 I

认识世界：感觉 S —— 直觉 N

判断事物：思维 T —— 情感 F

生活态度：判断 J —— 知觉 P

每个角度都有一种性格倾向，4个角度组合形成16种人格类型，每一种类型表现出独特的行为与互动风格。在与人交往交流、工作选择、生活平衡中，了解自己"内在"的特征，有助于你选择最佳做事方法与职业。

1) SJ型：忠诚的监护人

SJ型的人的共性是有很强的责任心与事业心，他们忠诚，能按时完成任务，推崇安全、礼仪、规则和服从，他们被一种服务于社会需要的强烈动机所驱使。他们意志坚定，尊重权威、等级制度，持保守的价值观。他们扮演保护者、管理员、稳压器、监护人的角色。大约有50% SJ型的人为政府部门及军事部门的职务所吸引，并能做出卓越成就。其中，在美国执政过的41位总统中，有20位是SJ型的人。

2) SP型：天才的艺术家

SP型的人有冒险精神，反应灵敏，在要求技巧性强的领域中游刃有余，他们常常被认为是喜欢活在危险边缘、寻找刺激的人。他们为行动、冲动和享受当下而活着，约有60% SP型的人喜欢艺术、娱乐、体育和文学，他们被称赞为天才的艺术家。我们熟悉的歌星麦当娜、篮球魔术师约翰逊、音乐大师莫扎特等都是具有SP型性格特点的例子。

3) NT型：科学家、思想家的摇篮

NT型的人天生就有好奇心，喜欢追逐梦想，有独创性、创造力、洞察力，有兴趣获得新知识，有极强的分析问题、解决问题的能力，他们是独立的、理性的、有能力的人。

人们称NT型是思想家、科学家的摇篮，大多数NT型的人喜欢物理、研究、管理法律、金融、工程等理论性和技术性强的工作领域。达尔文、牛顿、爱迪生、瓦特等都属于这个类型的人。

4) NF型：理想主义者、精神领袖

NF型的人在精神上有极强的哲理性，他们善于言辞、充满活力、有感染力，能影响他人的价值观并鼓舞其激情。他们擅长帮助别人成长和进步，具有煽动性，被称为传播者和催化剂。

大约有50% NF型的人在教育界、文学界、宗教界、咨询界以及心理学、文学、美术和音乐等行业做出了非凡成就。

大部分人在20岁以后会形成稳定的MBTI人格，并会随着年龄的增加、阅历的丰富逐步发展完善。根据MBTI职业性格测评理论，MBTI中任何类型的人均有相应的优点和缺点，可据此明确适合自己的工作环境和岗位，从而为职业生涯决策提供帮助。

2. 如何理解MBTI

在MBTI职业性格测评结果中，我们知道在每个维度上，一个人只能有一种偏好。比如，一个人是内倾的，就不可能是外倾的；是知觉型的，就不可能是判断型的。但是这并不代表一个人是内倾的就不能有丝毫的外倾特征，这就好像习惯于用右手的人，并不代表他不能用左手干活，有时还需要两者配合。这里要说的是，一个人如果是内倾的，就意味着在大多数情况下，他的自然反应是内倾的，但也有外倾的时候，在特殊情况下，甚至可能会表现出强烈的外倾倾向，因此要科学、客观、灵活地看待测评结果，总结来说：

个体在同一个维度上，可能表现出两个倾向，而不是只有一个倾向；

个体对某一个维度的某个倾向有着天然的习惯化倾向，而且这个倾向没有好坏之分；

当我们处于偏爱的倾向时，我们往往会表现出感觉最佳、效率最快且精力充足的特征。

下面我们用4个小测评来检测一下自己。

第1个测评：外向E与内向I

如果把我们的精力比作一块充电电池，当电量快要用完的时候，你是和朋友待在一起，倾诉、沟通、交流，能够让你更快充满电，还是找一个安静的地方，独自思考、发呆，能够让你更快恢复精力呢？如果你是前者，那么你的倾向可能是外向E；如果你是后者，那么你的倾向是内向I的可能性更大。

第2个测评：感觉S与直觉N

假设有一个朋友要来看你，你提前画一张从学校大门口到寝室的地图给他，以便他能

找到你的寝室，你会怎么画呢？第一种，你会详细地画，"朝前50米，然后右转，看到一家工行直走，然后左转，左转的那个地方有一间洗衣房，直走50米之后再右转，就是我们的4号宿舍楼"，你是这样画的吗？第二种，你只画大门和4号宿舍楼，然后提示"往前往右再往左就到了"。你是哪一种？

我们在第二个维度，关注的是我们看待这个世界时注意力的指向。如果我们更关注现实具体细节的那一面，那我们可能就是感觉型S；如果我们更关注宏观概括方向性的那一面，那我们就是直觉型N。

感觉型的人，更为关注客观事实、行为细节，目标清楚，表达方式直接；直觉型的人更关注事物背后的意义，常用比喻、推理、暗示协助表达，思维跳跃。

第3个测评：思维T与情感F

一支篮球队要选一名队员为"大学生年度篮球先生"，有两名候选人，a和b。a，明星队员，但他还是个低年级学生，还有很多挣得荣誉的机会，但是他为球队赢得很多分数，带队获得省大学生篮球联赛的冠军，是天生的运动健将，关键他还非常努力地打好每场比赛，公平起见，应选择a做篮球先生，否则会开一个不好的先例。b虽然不是最佳球手，但是他付出了超出常人的努力去练球，总是拿出150%的努力打好每场比赛，比赛中他总是热情高涨，并且他能很好地带动其他队友共同努力，而且b是高年级学生，因为家境问题，大学毕业后他得去找份工作，这可能是他唯一获得荣誉的机会，奖学金还可能让他有机会再读书。

你会选谁呢？好的，我们来解读一下，第3个维度是指我们依据什么来做决定。如果你依据既有的规定、客观的逻辑选择a，那么你可能是T型的人；如果你根据主观想法或者道德判断选择b，那么你可能就是F型的人。

第4个测评：判断J知觉P

如果让你本月内交一篇关于某行业发展状况调查的作业，你会是什么反应？

J型(判断型)的人，计划明确，习惯于把每天要做的事情列出来，在晚上睡觉之前将完成的事情都打上勾。他们正式、严肃、谨慎，给他一个任务，他会马上着手去做。

P型(知觉)的人，做事少有计划，他们更愿意顺其自然地面对未来，做事不喜欢讲究条理，希望保持弹性，常常觉得被束缚。

如果你通常的行事风格是喜欢确立目标，然后努力实现，总是要求条理清楚、计划明确，那你可能是J型。

如果你通常的行事风格是比较随意、自然，想到哪里就做到哪里，你可能是P型。

至此，你对MBTI职业性格测评有了大概的了解，对自己的职业性格也有了一点了解，但是要想更具体、更细致、更精确地了解自己的性格，还需去做正式的MBTI职业性格测评。

2.8 MBTI职业性格测评

美国的凯恩琳·布里格斯和她的女儿伊莎贝尔·布里格斯·迈尔斯提出迈尔斯-布里格斯类型指标(MBTI)。这个指标以瑞士心理学家荣格划分的8种性格类型为基础，加以扩展，形成4个维度，如表2-6所示。

表2-6　类型指标介绍

维度	类型	相对应类型英文缩写	类型	相对应类型英文缩写
①	外倾	E	内倾	I
②	感觉	S	直觉	N
③	思维	T	情感	F
④	判断	J	理解	P

4个维度如同4把标尺，个体的性格都会落在标尺的某个点上，这个点靠近哪个端点，就意味着个体有哪方面的偏好。如在第一维度上，个体的性格靠近外倾这一端，就偏外倾，越接近端点，偏好越强。

2.8.1　普通版测评

1. 外倾-内倾

如果只能用一个维度将人群区分开来，那么，这个维度应该是内外倾向，它是区分个体的基本维度。我们以自身为界，可以将世界分为自身以外的世界和自我的世界两个部分，也可称为外部世界和内部世界。外倾的人倾向于将注意力和精力投注在外部世界，如外在的人、外在的物、外在的环境等；而内倾的人则相反，较为关注自我的内部状况，如内心情感、思想。两种类型的个体在自己偏好的世界里会感觉自在、充满活力，而到相反的世界里则会感到不安、疲惫。因此，外倾与内倾的个体之间的区分是广泛而明显的，并不像我们平时讲的"外倾者健谈、内倾者害羞"那么简单，具体可以从下列几个方面进行分析，如表2-7所示。

表2-7　内倾型与外倾型的特征比较

外倾型(E)	内倾型(I)
与他人相处时精力充沛	独处时精力充沛
行动先于思考	思考先于行动
喜欢边想边说出声	在心中思考问题
易于"读"和了解；随意地分享个人情况	更封闭，更愿意向经挑选的小群体分享个人情况
说多于听	听比说多
高度热情地社交	不把兴奋说出来
反应快，喜欢快节奏	仔细考虑后，才有所反应
注重广度而不是深度	注重深度而不是广度

参照上述内容，你能确定你的内外倾向偏好吗？当然，不要期望自己完全符合每条标准，大部分符合基本上就可以确定倾向偏好，也不要要求个体每时每刻都以同一方式行事，人毕竟生活在社会中，有时会顺应外部环境及工作需要调整自己的行为，即便是外倾再明显的人，在权威人士面前或者十分隆重、严肃的场合，也会是个好的倾听者；即便是内倾再明显的人，走上领导岗位，该发表的意见还得发表，如准备充分，也会滔滔不绝。关键在于，我们需明确到底以什么方式行事，才是自己感觉最好的、最习惯的。

2. 感觉-直觉

我们不断接受信息，这是我们跟上外界发展节奏的必要前提。但不同类型的个体接受信息的方式不同，这便有了感觉型与直觉型之别。

首先，面对同样的情景，两者的注意中心不同，依赖的信息通道也不同。感觉型的人关注的是事实本身，注重细节，而直觉型的人注重的是基于事实的含义、关系和结论；感觉型的人信赖听到、看到、闻到、感觉到、尝到的实实在在、有形有据的信息，而直觉型的人注重"第六感觉"，注重"弦外之音"。直觉型的人做出的许多结论在感觉型的人眼里，也许是飘忽的，不实在的。感觉型的人注重细节，擅长记忆大量事实与材料，他们有时候像本"词典"，能清晰地讲出大量的数据、人名、概念乃至定义，常使其他人感到吃惊；而直觉型的人更擅长解释事实，捕捉零星信息，分析事情的发展趋势。

其次，感觉型的人对待任务，习惯于按照规则、手册办事，比如照着说明书使用家电，看着地图辨认交通路线；而直觉型的人习惯尝试，跟着感觉走，他们不习惯仔细看完一大本说明书再动手，他们可能比感觉型的人更快地完成任务，也可能因为失败而重新开始。感觉型的人习惯于固守现实，享受现实，使用已有的技能；直觉型的人更习惯变化，突破现实。

简言之，感觉型的人注意"是什么"，实际而仔细；直觉型的人则更关心"可能是什么"。两者的具体区别见表2-8。

表2-8　感觉型与直觉型的特征比较

感觉型(S)	直觉型(N)
相信确定和有形的东西	相信灵感或推理
对概念和理论兴趣不大，除非有实际效用	对概念和理论感兴趣
重视现实性和常情	重视可能性和独创性
喜欢使用和琢磨已知的技能	喜欢学习新技能，但掌握之后很容易感到厌倦
留意具体的、特定的事物，关注细节描述	留意事物的整体概况、普遍规律及象征含义，用概括、隐喻等方式进行表述
循序渐进地讲述有关情况	跳跃性地展现事实
着眼于现实	着眼于未来，留意事物的变化趋势，习惯于从长远的角度看待事物

在我们的周围，两种类型的人都会存在，当然极端典型的比较少，大多数人兼有两种

特质，但其中一种会更突出一些，成为个体的特色，也由此可以确定个体的类型。使用哪种方式接受信息都有利有弊，作为个体，往往只擅长一种，了解到这点，直觉型的人就不必在百科全书式的人物面前自叹弗如，感觉型的人也不必在灵动、敏感的直觉者面前不好意思。当然，我们在享受自我性格类型所带来的优势的同时，也不妨逐渐有意识地完善自己，比如，直觉型的人可多关注一些细节，而感觉型的人可多留神潜在信息。国外相关研究表明，个体在25岁以后，伴随着对人生的反思，完善自我性格的倾向会更明显。

确定一下你的类型，看看这种类型的优势所在。

3. 思维-情感

该维度的提出基于决策方式。仅看这个维度的名称，也许你会觉得，思维型的人是理性的，情感型的人是非理性的，而事实并非如此。两类人都有理性思考的成分，但做出决定或下结论的主要依据不一样。情感型的人常从自我价值观念出发，变通地贯彻规章制度，做出一些自己认定是对的决策，比较关注决策可能给他人带来的情绪体验，人情味较浓；思维型的人则比较注重依据客观事实做出分析，一以贯之，不太习惯根据人情因素变通，哪怕做出的决定并不令人舒服。两者的具体区别见表2-9。

表2-9　思维型与情感型的特征区别

思维型(T)	情感型(F)
退后一步思考，对问题进行客观的、非个人立场的分析	超前思考，会考虑自身行为对他人的影响
重视符合逻辑、公正、公平的价值，一视同仁	有同情心，重视关系和睦，重视准则的例外性
被评价为冷酷、麻木，对人与事漠不关心	被认为感情丰富，缺少逻辑性，软弱
认为坦率比圆通更重要	认为圆通比坦率更重要
认为符合逻辑的情感才可取	无论是否有意义，认为任何感情都可取
被"获取成就"激励	被"获得欣赏"激励
善于发现事物缺点，倾向于批评	惯于迎合他人，重视维护人脉资源

不同性别的个体在这个维度上的偏好有所差异，据研究，大约2/3的女性偏好情感型，2/3的男性偏好思维型，这是什么原因造成的呢？也许社会本身对不同性别的个体就给予了不同的期待，期待女性有同情心，期待男性冷静、客观。其实，这两种类型无所谓好与坏，重要的是理解和自己不同类型的人的做法，并且尽量避免走入极端，极端的思维倾向可能会给人"冷酷"的感觉，而极端的情感倾向则会给人"无原则"的感觉。

看看你的性格在这个维度上表现出哪些偏好？

4. 判断-知觉

该维度的提出基于喜好的生活方式。我们观察不同人的办公桌上、包内或柜子里的物品，可以发现，有些人将物品摆放得井然有序，而有些人似乎不习惯保持物品整齐，前者是判断型的人具有的特征，后者是知觉型的人呈现的状态。不仅如此，在处事方式上，判断型的人目的性较强，做事一板一眼，他们喜欢有计划、有条理的世界，更愿意以比较有序的方式生活。知觉型的人好奇心重、适应性强，他们会不断关注新信息，喜欢变化，也会考虑许多可能的变化因素，更愿意以比较灵活、随意、开放的方式生活。在做决策时，判断型的人较为果断，而知觉型的人总希望获得更多信息后再做决断。比如，逛了两天商场，还决定不了买什么的人，多半属于知觉型。两者的具体区别见表2-10。

表2-10 判断型与知觉型的特征区别

判断型(J)	知觉型(P)
做出决定后感到高兴	当各种选择都存在时，感到高兴
遵循"工作原则"，即工作第一，玩其次(如果有时间)	遵循"玩的原则"，即先享受，然后再完成工作(如果有时间)
建立目标，准时完成	随着新信息的获取，不断改变目标
愿意知道即将面对的情况	喜欢适应新情况
关注结果(重点在于完成任务)	关注过程(重点在于如何完成任务)
满足感来源于完成计划	满足感来源于计划开始
把时间看作有限的资源，认真对待最后期限	认为时间是可更新的资源，而且最后期限也是可收缩的

大多数人兼具两种倾向，只是偏向某一种。我们在日常生活、工作中，也会受其他因素影响，改变一贯的方式，如面临紧急或期限明确的任务，知觉型的人也会果断起来；兴之所至，也会把物品收拾得整整齐齐。但这些并不是他们常有的行为方式，也不是他们内心真正感到自然、舒服的方式。作为个体，一方面，应根据内心感受识别自我偏好，发挥优势；另一方面，则要约束一下性格弱点。如完全的判断型，比较容易陷入刻板、教条的思维死角，完全的知觉型则容易陷入失控的境地。

看看最后一个维度，你的偏好是什么？

综上，你属于哪种类型？

通过对照4个维度的描述，你或许已经识别自己在每个维度上的偏好，取每个维度偏好类型的代表字母，即可以构成你的性格类型。如ISFJ，即内倾感觉情感判断型；ENFP，即外倾直觉情感知觉。4个维度、8个端点可组合成如表2-11所示的16种性格类型，看看你属于哪一种。

表2-11 性格类型

类型名称	相对应英文字母简称	类型名称	相对应英文字母简称
内倾感觉思维判断	(ISTJ)	内倾感觉情感判断	(ISFJ)
内倾直觉情感判断	(INFJ)	内倾直觉思维判断	(INTJ)
内倾感觉思维知觉	(ISTP)	内倾感觉情感知觉	(ISFP)
内倾直觉情感知觉	(INFP)	内倾直觉思维知觉	(INTP)
外倾感觉思维判断	(ESTJ)	外倾感觉情感判断	(ESFJ)
外倾直觉情感判断	(ENFJ)	外倾直觉思维判断	(ENTJ)
外倾感觉思维知觉	(ESTP)	外倾感觉情感知觉	(ESFP)
外倾直觉情感知觉	(ENFP)	外倾直觉思维知觉	(ENTP)

2.8.2 专业版测评

【MBTI职业性格测评前须知】

1. 参加测评的人员请务必诚实、独立地回答问题，只有如此，才能得到有效的结果。

2. 《性格分析报告》展示的是你的性格倾向，而不是你的知识、技能、经验。

3. MBTI提供的性格类型描述仅供测试者确定自己的性格类型之用，性格类型没有好坏，只有不同。每一种性格类型都有其价值和优点，也有缺点和需要注意的地方。清楚地了解自己的性格优劣势，有利于更好地发挥自己的特长，从而尽可能地在为人处世中避免性格劣势，更好地和他人相处，更好地做出重要决策。

4. 本测试分为4个部分，共93题，作答需时约18分钟。所有题目没有对错之分，请根据自己的实际情况，将你选择的A或B对应的○涂黑。

请认真、如实地填写测试问卷，通常情况下你能得到一个与你的性格相匹配的类型测评结果，希望你能从中获得一些有益的信息。

一、哪一个答案能贴切地描述你一般的感受或行为？填写表2-12。

表2-12 感受或行为表1

序号	问题描述	选项	E	I	S	N	T	F	J	P
1	当你要外出一整天，你会： A. 计划要做什么和在什么时间做； B. 说去就去	A							○	
		B								○
2	你认为自己是一个： A. 较为随性的人；B. 较为有条理的人	A								○
		B							○	
3	假如你是一位老师，你会选教： A. 以事实为主的课程；B. 涉及理论的课程	A			○					
		B				○				
4	你通常： A. 容易与人混熟；B. 比较沉静或矜持	A	○							
		B		○						
5	一般来说，你和哪些人比较合得来： A. 富于想象力的人；B. 现实的人	A				○				
		B			○					
6	你经常让： A. 你的情感支配你的理智； B. 你的理智主宰你的情感	A						○		
		B					○			
7	处理事情时，你喜欢： A. 兴之所至行事；B. 按照计划行事	A								○
		B							○	
8	你是否： A. 容易让人了解；B. 难以让人了解	A	○							
		B		○						
9	按照程序表做事： A. 合你心意；B. 令你感到束缚	A							○	
		B								○
10	当你有一份特别任务，你喜欢： A. 开始前小心组织计划； B. 边做边确定必须做什么	A							○	
		B								○

（续表）

序号	问题描述	选项	E	I	S	N	T	F	J	P
11	在大多数情况下，你会选择： A. 顺其自然；B. 按程序表做事	A								○
		B							○	
12	大多数人会说你是一个： A. 重视个人隐私的人；B. 非常坦率开放的人	A		○						
		B	○							
13	你希望被人认为是一个： A. 实事求是的人；B. 机灵的人	A			○					
		B				○				
14	在一大群人当中，通常是： A. 你介绍大家认识；B. 别人介绍你	A	○							
		B		○						
15	你会跟哪些人做朋友： A. 常提出新主意的；B. 脚踏实地的	A				○				
		B			○					
16	你倾向于： A. 重视感情多于逻辑；B. 重视逻辑多于感情	A						○		
		B					○			
17	你比较喜欢 A. 坐观事情发展再制订计划； B. 很早就制订计划	A								○
		B							○	
18	你喜欢花很多的时间： A. 独处；B. 和别人在一起	A		○						
		B	○							
19	与很多人在一起会令你 A. 活力倍增；B. 心力憔悴	A	○							
		B		○						
20	你比较喜欢： A. 很早便把约会、社交聚集等事情安排妥当； B. 无拘无束，看当时有什么好玩就做什么	A							○	
		B								○
21	制订旅行计划时，你较喜欢： A. 大部分时间都是跟着感觉行事； B. 事先知道大部分时间会做什么	A								○
		B							○	
22	在社交聚会中，你： A. 有时感到郁闷；B. 常常乐在其中	A		○						
		B	○							
23	你通常： A. 容易和别人混熟；B. 趋向独处	A	○							
		B		○						
24	哪些人会更吸引你： A. 一个思维敏捷及非常聪颖的人； B. 实事求是，具有丰富常识的人	A				○				
		B			○					
25	在日常工作中，你会： A. 颇为喜欢处理迫使你分秒必争的突发紧急工作； B. 通常制订计划，以免在压力下工作	A								○
		B							○	
26	你认为别人一般： A. 要花很长时间才能认识你； B. 用很短的时间便能认识你	A		○						
		B	○							

二、在下列每一对词语中，哪一个词语更合你心意？请仔细想想这些词语的含义，不要理会它们的字形或读音，填写表2-13。

表2-13 心意表1

序号	问题描述		选项	E	I	S	N	T	F	J	P
27	A. 注重隐私	B. 坦率开放	A		○						
			B	○							
28	A. 预先安排	B. 无计划	A							○	
			B								○
29	A. 抽象	B. 具体	A				○				
			B			○					
30	A. 温柔	B. 坚定	A						○		
			B					○			
31	A. 思考	B. 感觉	A					○			
			B						○		
32	A. 事实	B. 意念	A			○					
			B				○				
33	A. 冲动	B. 决定	A								○
			B							○	
34	A. 热衷	B. 文静	A	○							
			B		○						
35	A. 文静	B. 外向	A		○						
			B	○							
36	A. 有系统	B. 随意	A							○	
			B								○
37	A. 理论	B. 肯定	A				○				
			B			○					
38	A. 敏感	B. 公正	A						○		
			B					○			
39	A. 令人信服	B. 感人	A					○			
			B						○		
40	A. 声明	B. 概念	A			○					
			B				○				
41	A. 不受约束	B. 预先安排	A								○
			B							○	
42	A. 矜持	B. 健谈	A		○						
			B	○							
43	A. 有条不紊	B. 不拘小节	A							○	
			B								○
44	A. 意念	B. 实况	A				○				
			B			○					

（续表）

序号	问题描述		选项	E	I	S	N	T	F	J	P
45	A.同情	B.远见	A						○		
			B					○			
46	A.利益	B.祝福	A					○			
			B						○		
47	A.务实	B.理论	A			○					
			B				○				
48	A.朋友不多	B.朋友众多	A		○						
			B	○							
49	A.有系统	B.即兴	A							○	
			B								○
50	A.富于想象	B.就事论事	A				○				
			B			○					
51	A.亲切	B.客观	A						○		
			B					○			
52	A.客观	B.热情	A					○			
			B						○		
53	A.建造	B.发明	A			○					
			B				○				
54	A.文静	B.合群	A		○						
			B	○							
55	A.理论	B.事实	A				○				
			B			○					
56	A.富于同情	B.合乎逻辑	A						○		
			B					○			
57	A.具有分析力	B.多愁善感	A					○			
			B						○		
58	A.合情合理	B.令人着迷	A			○					
			B				○				

三、在下列描述中，哪一个答案更能贴切地描述你一般的感受或行为？填写表2-14。

表2-14　感受或行为表2

序号	问题描述	选项	E	I	S	N	T	F	J	P
59	当你要在一个星期内完成一个大项目，你在开始的时候会： A.把要做的不同工作依次列出；B.马上动工	A							○	
		B								○
60	在社交场合中，你经常会感到： A.与某些人很难交谈和保持对话； B.与多数人都能从容地长谈	A		○						
		B	○							

(续表)

序号	问题描述	选项	E	I	S	N	T	F	J	P
61	要做许多人也在做的事,你比较喜欢: A. 按照大家认可的方法去做; B. 构想一个自己的想法	A			○					
		B				○				
62	你刚认识的朋友能否说出你的兴趣: A. 马上可以; B. 要等他们真正了解你之后才可以	A	○							
		B		○						
63	你通常较喜欢的科目是: A. 讲授概念和原则的; B. 讲授事实和数据的	A				○				
		B			○					
64	你认为对人较高的评价是: A. 一贯感性的人; B. 一贯理性的人	A						○		
		B					○			
65	你认为按照程序表做事: A. 有时是需要的,但一般来说你不大喜欢这样做; B. 大多数情况下是有帮助的,而且是你喜欢做的	A								○
		B							○	
66	和一群人在一起,你通常会选: A. 跟你很熟悉的个别人谈话; B. 参与大家的谈话	A		○						
		B	○							
67	在社交聚会中,你会: A. 是说话很多的一个; B. 让别人多说话	A	○							
		B		○						
68	把周末期间要完成的事列成清单,这个主意: A. 合你意; B. 使你提不起劲	A							○	
		B								○
69	你认为对人较高的评价是: A. 能力强; B. 富有同情心	A					○			
		B						○		
70	你通常喜欢: A. 事先安排社交约会; B. 兴之所至,随性做事	A							○	
		B								○
71	总的说来,要做一个大型作业时,你会: A. 边做边想该做什么; B. 首先把工作按步骤细分	A								○
		B							○	
72	你能否滔滔不绝地与人聊天: A. 只限于跟你有共同兴趣的人; B. 几乎跟任何人都可以	A		○						
		B	○							
73	遇到问题时,你会: A. 采用一些证明有效的方法; B. 针对难题寻求解决方法	A			○					
		B				○				
74	为乐趣而阅读时,你会: A. 喜欢奇特或创新的表达方式; B. 喜欢作者有话直说	A				○				
		B			○					
75	你愿意替哪一类上司(或者老师)工作: A. 天性纯良,但常常言行不一; B. 言辞尖锐,但永远合乎逻辑	A					○			
		B					○			
76	你做事多数: A. 按当天心情去做; B. 照拟好的程序去做	A								○
		B							○	

（续表）

序号	问题描述	选项	E	I	S	N	T	F	J	P
77	你习惯于： A.和任何人按需求从容地交谈； B.针对某些人或在某种情况畅所欲言	A	○							
		B		○						
78	要做决定时，你认为比较重要的是： A.依据事实衡量；B.考虑他人的感受和意见	A					○			
		B						○		

四、在下列每一对词语中，哪一个词语更合你心意？填写表2-15。

表2-15　心意表2

序号	问题描述	选项	E	I	S	N	T	F	J	P
79	A.想象　　　　B.真实	A				○				
		B			○					
80	A.仁慈慷慨　　B.意志坚定	A						○		
		B					○			
81	A.公正　　　　B.关怀	A					○			
		B						○		
82	A.制作　　　　B.设计	A			○					
		B				○				
83	A.可能性　　　B.必然性	A				○				
		B			○					
84	A.温柔　　　　B.力量	A						○		
		B					○			
85	A.实际　　　　B.多愁善感	A					○			
		B						○		
86	A.制造　　　　B.创造	A			○					
		B				○				
87	A.新颖　　　　B.已知	A				○				
		B			○					
88	A.同情　　　　B.分析	A						○		
		B					○			
89	A.坚持己见　　B.温柔有爱心	A					○			
		B						○		
90	A.具体　　　　B.抽象	A			○					
		B				○				
91	A.全身心投入　B.有决心	A						○		
		B					○			
92	A.能干　　　　B.仁慈	A					○			
		B						○		

(续表)

序号	问题描述		选项	E	I	S	N	T	F	J	P
93	A. 实际	B. 创新	A				○				
			B					○			
每项总分											
				E	I	S	N	T	F	J	P

五、评分规则

1. 当你将○涂黑后，统计8项(E、I、S、N、T、F、J、P)结果，将总和填在每项最下方的方格内。

2. 请复查你的计算是否准确，然后将各项总分填在下面对应的方格内。

每项总分				
外倾	E		I	内倾
感觉	S		N	直觉
思维	T		F	情感
判断	J		P	理解

六、确定类型的规则

1. MBTI 以4个组别来评估你的性格类型倾向："E-I""S-N""T-F"和"J-P"。请你比较4个组别的得分，每个组别中，获得较高分数的那个类型，就是你的性格类型倾向。例如，你的得分是：E(外倾)12分，I(内倾)9分，那么你的类型倾向便是E(外倾)。

2. 将代表获得较高分数的类型的英文字母，填在下方方格内。如果在一个组别中，两个类型得分相同，则依据下面表格中的规则来确定你的类型倾向。

评估类型

同分处理规则：　假如E=I，请填I
　　　　　　　　假如S=N，请填N
　　　　　　　　假如T=F，请填F
　　　　　　　　假如J=P，请填P

【MBTI 16种人格类型】

ISTJ

1. 严肃，安静，做事能集中心志、全力投入，值得信赖，容易取得成功。

2. 行事务实、有序、实际、有逻辑，为人真实、可信赖。

3. 擅长规划、组织，工作、生活有序。

4. 负责任。

5. 习惯依据设定成效来决策，不畏阻挠与闲言，会坚定为之。

6. 重视传统与忠诚。

7. 传统的思考者。

ISFJ

1. 安静、和善、负责任且有良心。

2. 行事尽责、投入。

3. 安定性高，是团队中的骨干力量。

4. 能吃苦，做事力求精确。

5. 关注细节，做事有耐心。

6. 为人忠诚、周到、知性，会关切他人感受。

7. 致力于创构有序及和谐的工作与家庭环境。

INFJ

1. 坚韧、富于创意，做事意图明确。

2. 会在工作中投注最大的努力。

3. 待人诚挚，能用心关切他人。

4. 因坚守原则而受敬重。

5. 能提出造福大众的明确愿景，并为人所尊敬与追随。

6. 擅长激励他人，具有洞察力。

7. 光明正大且坚信自己的价值观。

8. 能够有组织且果断地履行愿景。

INTJ

1. 有强大的动力与强烈的意愿来达成目的与创意。

2. 有宏大的愿景，能快速在外界众多事件中找出有意义的典型。

3. 对所承负职务，能做好策划工作并完成。

4. 疑心重，挑剔，独立，果决，对专业水准及绩效要求高。

ISTP

1. 安静，做事预留余地，幽默，会以无偏见的好奇心观察与分析事物。

2. 关注因果和逻辑，重视效能。

3. 擅长掌握问题核心及找出解决方法。

4. 擅长分析成事的缘由。

ISFP

1. 羞怯、安宁、善良、敏感、亲切、谦虚。

2. 喜于避开争论，不对他人强加己见或价值观。

3. 无意于领导他人，常是忠诚的追随者。

4. 办事不急躁，安于现状，无意于破坏现状，非成果导向。

5. 喜欢自由的空间，以及按照自己的流程办事。

INFP

1. 安静的观察者，理想化，对价值观一致的人比较忠诚。

2. 追求外在生活形态与内在价值观相吻合。

3. 有好奇心，擅长观察机会，常担负开发创意的触媒者。

4. 在价值观不受侵犯的前提下，行事具弹性，适应力及承受力强。

5. 有了解及发展他人潜能的企图，做事全神贯注。

6. 对所处境遇不太在意。

INTP

1. 安静、自持，做事有弹性，适应力强。

2. 特别喜爱追求理论与科学原理。

3. 习惯于以逻辑分析来解决问题，是问题解决者。

4. 对创意事务有兴趣，对聚会与闲聊无大兴趣。

5. 追求可发挥个人兴趣的生涯。

6. 喜欢做感兴趣的事务，关注逻辑解释。

ESTP

1. 擅长现场实时解决问题。

2. 喜欢解决事务并乐享其中。

3. 偏好技术事务，喜欢运动，喜欢结交友人。

4. 具适应性、容忍度、务实性，做事有成效。

5. 不喜欢冗长的概念解释及理论。

6. 精于可操作、分解或组合的真实事务。

ESFP

1. 外向，和善，接受性强，乐于与他人分享。

2. 喜欢与他人一起行动，能够促成事件发生，在学习时亦然。

3. 预测能力强，做事有积极性。

4. 擅长人际相处，具备完备常识，能快速适应他人与环境。

5. 注重物质享受。

ENFP

1. 充满热忱，精力充沛，聪明，想象力丰富，期待来自他人的肯定与支持。

2. 几乎能完成所有感兴趣的事。

3. 能很快针对难题想出对策，对有困难的人能施予援手。

4. 应变及改进能力强，很少做规划。

5. 为达目的常能找出强制自己为之的理由。

6. 即兴执行者。

ENTP

1. 反应快，聪明。

2. 擅长激励伙伴，思维敏捷。

3. 会因为有趣而对问题的两面性予以争辩。

4. 擅长解决新问题及有挑战性的问题，对常规工作与细节关注不够。

5. 兴趣多元，易产生新兴趣。

6. 能为自己的需求有技巧地找出逻辑理由。

7. 长于识人，有智能去解决新问题或有挑战性的问题

ESTJ

1. 务实、真实，具企业管理或技术研究的天分。

2. 不喜欢抽象理论，喜欢学习可立即运用的事理。

3. 喜好组织与管理活动，专注，能高效行事，以达成效。

4. 具决断力，关注细节，能很快做出决策。

5. 会忽略他人感受。

6. 想要从事领导者或企业主管的职位。

ESFJ

1. 待人诚挚，爱说话，合作性高，受欢迎，是天生的合作者及活跃的组织成员。

2. 重视和谐且长于营造和谐氛围。

3. 常做对他人有益的事务。

4. 给予鼓励及称许会促使其取得更佳的工作绩效。

5. 偏好从事直接影响人们生活的事务。

6. 喜欢与他人共事，能精确且准时地完成工作。

ENFJ

1. 热忱，负责任。

2. 关切别人所想或期望。

3. 擅长带领团体讨论或演示文稿提案。

4. 爱交际，受欢迎，富于同情心。

5. 对称赞及批评很在意。

6. 喜欢引导别人，能使别人或团体发挥潜能。

ENTJ

1. 坦诚，具有决策力的活动领导者。

2. 擅长系统地解决组织问题。

3. 专精于具内涵与智能的谈话，如演讲。

4. 乐于吸收新知且能广开信息渠道。

5. 过度自信，强于表达自己的创见。

6. 擅长长期策划及目标设定。

【MBTI各种性格类型及适合职业举例】

ISTJ

首席信息系统执行官	天文学家	数据库管理人员	会计
房地产经纪人	侦探	行政管理人员	信用分析师

ISFJ

内科医生	营养师	图书/档案管理员	室内装潢设计师
客户服务专员	记账员	特殊教育教师	酒店管理人员

INFJ

特殊教育教师	建筑设计师	培训经理/培训师	职业策划咨询顾问
心理咨询师	网站编辑	作家	仲裁人

INTJ

首席财政执行官	知识产权律师	设计工程师	精神分析师
心脏病专家	媒体策划人员	网络管理员	建筑师

ISTP

信息服务业经理	计算机程序员	警官	软件开发员
律师助理	消防员	私人侦探	药剂师

ISFP

室内装潢设计师	按摩师	客户服务专员	服装设计师
厨师	护士	牙医	旅游管理人员

INFP

心理学家	人力资源管理	翻译	大学教师(人文学科)
社会工作者	图书管理员	服装设计师	编辑/网站设计师

INTP

软件设计师	风险投资家	法律仲裁人	金融分析师
大学教师(经济学)	音乐家	知识产权律师	网站设计师

ESTP

企业家	股票经纪人	保险经纪人	土木工程师
旅游管理人员	职业运动员/教练	电子游戏开发员	房产开发商

ESFP

幼教老师	公关专员	职业策划咨询师	旅游管理/导游
促销员	演员	海洋生物学家	销售人员

ENFP

广告客户管理	管理咨询顾问	演员	平面设计师
艺术指导	公司团队培训师	心理学家	人力资源管理

ENTP

企业家	投资银行家	广告创意总监	市场管理咨询顾问
文案	广播/电视主持人	演员	大学校长

ESTJ

公司首席执行官	军官	预算分析师	药剂师
房地产经纪人	保险经纪人	教师(贸易/工商类)	物业管理人员

ESFJ

房地产经纪人	零售商	护士	理货员/采购
按摩师	运动教练	饮食业管理人员	旅游管理人员

ENFJ

广告客户管理	杂志编辑	公司培训师	电视制片人
市场专员	作家	社会工作者	人力资源管理人员

ENTJ

公司首席执行官	管理咨询顾问	政治家	房地产开发商
教育咨询顾问	投资顾问	法官	

【MBTI职业性格测评的意义】

MBTI职业性格测评不完全等于性格测评，对于职场人来说，MBTI是一种非常便捷的工具。需注意，MBTI职业性格测评中，16种职业性格没有优劣之分，也不能证明哪些类型就一定适合哪些岗位，仅具有参考价值。MBTI的关键意义及主要作用在于促进团队沟通与成员间的理解，不宜本末倒置，歪曲MBTI的正统应用。

课后作业

1. 完成霍兰德职业兴趣倾向测评，总结自己的倾向特点，明确自己适合什么工作。

2. 完成MBTI职业性格测评，总结自己的职业性格特点，明确自己适合什么工作。

3. 综合分析两个测评结果，找出共同特征。

第3章　自我认知(下篇)

章节描述

　　本章内容旨在引领读者认识能力、价值观和职业价值观对职业发展乃至人生的影响；了解能力的概念与分类，识别自己现在的胜任能力特点和优势能力；认识价值观与职业价值观对个体生涯的影响，主动澄清自己的职业价值观；清晰自己今后努力的方向，树立正确的人生价值观和正确的职业态度，勇敢地面对今后人生的选择。

学习目标

知识目标

1. 了解能力、胜任能力、优势能力的概念；
2. 了解价值观和职业价值观的概念。

能力目标

1. 能够识别自己的一般能力、特殊能力、胜任能力和优势能力；
2. 能够认识到价值观和职业价值观对职业发展乃至人生的影响；
3. 能够运用正确方法主动澄清自己的职业价值观。

素养目标

1. 能够通过胜任能力和优势能力分析明确自己今后努力的方向；
2. 能够树立正确的人生价值观，形成正确的职业态度。

3.1　职业发展的能力认知

　　能力是个人职业发展的基础，是个人在社会上安身立命之本。个人的能力特点与工作岗位适配，有助于个人发挥更大的潜能。认准自己的特长，充分发挥自己的能力，有助于我们获得成功。

认识自身能力，首先要对各种能力的概念有清晰认知，知道哪些是基本能力，哪些是特殊能力，哪些能力是自己具备的，哪些能力是自己需要努力培养的，哪些能力是自己要达到目标所必需的，哪些能力是自己区别他人所独有的，等等。

3.1.1 能力概述

能力是个人完成一定活动应具备的本领，是一种力量，能直接影响活动效率。能力是生命体对自然探索、认知、改造水平的度量。

能力和知识是有区别的。知识是人类经验的总结和概括；能力是个人比较稳定的个性心理特征，它表现在人们掌握知识和技能的难易、快慢、深浅、巩固程度以及应用知识解决实际问题等方面。一般来说，能力的形成和发展比知识的获得要慢得多。

能力和知识又是密切联系的。一方面，能力是在掌握知识的过程中形成和发展的，离开了学习和训练，任何能力都不可能发展；另一方面，个人掌握知识必须以一定的能力为前提，能力是个人掌握知识的内在条件和可能性。但是，能力与知识的发展并不是完全一致的。不同的人可能具有相等的知识，但他们的能力不一定是相等的；而具有同样能力水平的人，也不一定有同等水平的知识。

个人所具备的能力是多方面的，在多种能力中，总有相对来说较强的能力，也有一般的能力和较差的能力，即每个人的能力都是多种能力以特定的结构结合在一起的。不同人的能力结构不同，如果进一步分析，每一种能力也有类型的差别。例如，记忆能力，有的人属于视觉型，即视觉识记效果较好；有的人属于听觉型，即听觉识记效果较好；有的人则属于运动型，即有动作参加时识记效果较好，等等。

由于能力类型的差异，人们在实践活动中处理和解决问题的方式方法常常各不相同。完成相同的任务，不同的人往往表现出不同的综合能力。例如，两个管理者都很好地完成了管理工作，都表现出良好的组织能力，甲可能是通过综合个人的技术能力、人际交往能力和演说能力实施管理；乙可能是通过综合调查能力、分析能力和决策能力实施管理。

能力水平的差异，是指人与人之间各种能力的发展程度不同，所具有的水平不同。例如，正常人均具有记忆能力，但人与人之间的记忆力强度不同；正常人也都有思维能力，但不同人的思维广度和深度也不同。在心理学研究中，有人把能力水平的差异分为四个等级。

(1) "能力低下者"，这类人只能从事一些较简单的活动，重者即为智力障碍，不仅丧失活动能力，甚至连生活也不能自理。

(2) "能力一般者"，即所谓的中庸之才，拥有一定的专长，只能完成普通的活动。

(3) "才能者"，即具有较高水平的某种专长，具有一定的创造力，能较好地完成活动。

(4) "天才"，即具有高水平专长，善于在活动中运用创造性思维，取得突出且优异的活动成果，达到常人难以达到的程度和水平。

据调查，能力水平在人群中的分布情况为：能力低下者和天才极少，能力一般者占绝大多数，才能者较少。

3.1.2　能力区分

1. 一般能力和特殊能力

1) 一般能力

一般能力就是我们所说的智力。它是人的认识活动中的一种具有多维结构的综合性能力。个人认识过程中的各种能力，如感知能力、记忆能力、思维能力、想象能力、言语能力等都属于智力的范围。其中，概括能力是智力的核心，创造能力是智力的高级表现。

2) 特殊能力

特殊能力是指在某些专业和特殊职业活动中表现出来的一般能力(智力)的某些特殊方面的独特发展。例如，数学能力、文学能力、艺术表演能力、绘画能力等都属于特殊能力。

一般能力和特殊能力相互关联，构成辩证统一的有机整体。一方面，一般能力在某个特殊活动领域得到特别发展时，就可能成为特殊能力的重要组成部分。例如，人的一般听觉能力既存在于音乐能力之中，也存在于言语能力中。没有听觉的一般能力的发展，就不可能发展言语和音乐的听觉能力；另一方面，在特殊能力发展的同时，也发展了一般能力。观察力属于一般能力，但对于画家来说，由于绘画能力的特殊发展，对事物一般的观察力也相应增强起来。人在完成某种活动时，常需要一般能力和特殊能力的共同参与。总之，一般能力的发展为特殊能力的发展提供了更好的内部条件，特殊能力的发展也会积极地促进一般能力的发展。

2. 再造能力和创造能力

1) 再造能力

再造能力又叫模仿能力，是指能使人迅速地掌握知识、适应环境，按照原有的模式进行活动的能力，这种能力符合学习活动的要求。

2) 创造能力

创造能力是指产生新的思想和新的产品的能力，这种能力符合创造活动的要求。

这两种能力有着密切的关系。再造能力是创造能力的前提和基础。人们常常是先模仿，然后再进行创造。

3. 液体能力和晶体能力

根据能力在人的一生中的不同发展阶段以及能力和先天禀赋与社会文化因素的关系，可将能力分为液体能力和晶体能力。

1) 液体能力(液体智力)

液体能力是指个体在信息加工和问题解决过程中所表现出来的能力。如对关系的认识能力，类比、演绎推理能力，形成抽象概念的能力等。它较少地依赖个体的文化和知识水平，而决定于个人禀赋。

2) 晶体能力(晶体智力)

晶体能力是指个体获得语言、数学等知识的能力，它决定于后天的学习，与社会文化有密切的关系。

4. 认知能力、操作能力和社交能力

1) 认知能力

认知能力是指人脑加工、存储和提取信息的能力，即我们一般所讲的智力，如观察力、记忆力、想象力等。人们认识客观世界，获得各种各样的知识，主要依赖于人的认知能力。

2) 操作能力

操作能力是指人们操作自己的肢体以完成各项活动的能力，如劳动能力、艺术表演能力、体育运动能力、实验操作能力等。操作能力是在操作技能的基础上发展起来的，收集整理信息的能力是个体顺利掌握操作技能的重要条件。

操作能力与认知能力不能截然分开。不通过认知能力积累一定的知识和经验，就不会有操作能力的形成和发展；反过来，操作能力不发展，人的认知能力也不可能得到更好的发展。

3) 社交能力

社交能力是在人们的社会交往活动中表现出来的能力，如组织管理能力、言语感染力、判断决策能力、调解纠纷能力、处理意外事故的能力等。这种能力对组织团体、促进人际交往和信息沟通有重要作用。

3.2 职业发展的胜任能力

3.2.1 胜任能力的概念

胜任能力是指在特定工作岗位、组织环境和文化氛围中圆满完成工作所需要具备的可以客观衡量的个体特征，及由此产生的可观察、可衡量、可预测的指向绩效的行为特征。这些特征包括知识、技能、自我形象、社会性动机、特质、思维模式、心理定式以及思考、感知和行动的方式。

　　胜任能力与我们通常所说的"能力"有所区别,这个能力更多指知识和技能,比如"积极进取",按照我们过去的理解可能认为它不应该属于能力之列,但按照胜任能力的定义,它却是核心要素之一。

　　胜任能力与岗位职责的关系:每一个岗位都有岗位说明书,胜任能力与岗位职责具有密切关系,岗位职责告诉我们"做什么",胜任能力则告诉我们"怎么做"。岗位职责的不同决定了个体应具备的胜任能力的不同,这种不同可能是能力结构的不同,也可能是不同岗位对同一能力的要求不同。

3.2.2　胜任能力的运用

　　胜任能力的典型运用是胜任力模型。一个公司的胜任力模型能够反映该公司的人才评判标准,它影响着公司的招聘、培训、员工职业发展、绩效甚至薪酬等重要人事决策,并最终影响企业绩效。

1. 建立基于胜任力的职务分析

　　基于胜任力的职务分析是以胜任力为基本框架,通过分析优秀员工的关键特征和组织环境与组织变量来确定岗位胜任要求和组织核心胜任力,它是一种人员导向的职务分析方法。通过这种方法确定的职务要求一方面能够满足组织当前对该岗位的要求;另一方面能适应组织发展的需要,即按照组织未来发展的要求来重构岗位职责和分配工作任务,确认职务要求,科学地调配"人"与"岗",做到"人"与"岗"的最佳匹配。

2. 建立基于胜任力的员工选拔

　　基于胜任力的员工选拔,依据的是该工作岗位的优异绩效以及能取得此优异绩效的人所具备的胜任特征和行为。根据岗位胜任力模型,对员工的价值观,以及其在过去所表现出来的能力进行判断,并与岗位胜任力标准对照,预测应聘者在该应聘岗位的未来表现,做出相应的选用决策。这样做的根据是,处于胜任特征结构表层的知识和技能相对易于改进和发展,通过培训就可以获得;而处于胜任特征结构底层的核心动机和人格特质则难以评估和改进,所以它是最具有选拔经济价值的;处于胜任特征结构中部的社会角色和自我概念决定了人的态度和价值观,对其改进和发展虽然需要一定的时间,具有一定的困难,但还是可以通过培训或曾经的成功经验来改善。这样不仅能为组织成功选聘人才做好铺垫,同时能为有效降低人员流失率做好准备。

3. 建立基于胜任力的激励机制

　　基于胜任力分析而设计的激励机制要求企业与员工之间的关系是以劳动契约和心灵契约为双重纽带的战略合作伙伴关系,使员工与企业共同成长和发展,形成企业与员工双赢的局面。该激励机制包括建立合理、公正的绩效管理体系,建立与知识型员工的需求相匹配的价值管理体系两大方面内容。

4. 建立基于胜任力的培训机制

培训是人力资源开发的核心，准确把握培训需求，是实现高质量、高效率培训的前提。而"什么地方需要培训""员工需要哪些培训"等问题是首先需要解决的，即培训内容是培训需求分析的关键。构建市场类员工胜任力模型不但可以评定各层次员工现有的能力水平和素质现状，并且这些信息是量化的，有可比性，识别这种差距就是培训的内容和目标所在。发现员工的能力素质短板，对症下药，才能有针对性地设计培训内容和培训课程。

5. 建立基于胜任力的评估机制

评估员工的目标完成情况、绩效和能力，可以帮助员工完成目标、完善自我，了解自己在公司中的事业发展机会。员工评估内容通常包括：员工的岗位工作能力和素质优劣势；员工的潜在能力和发展趋势；员工需要什么样的能力和经验才能满足岗位任职条件；要采取何种培训才能弥补员工经验和能力的不足，等等。对员工的能力素质进行评估，可以充分了解员工的能力状态，分析妨碍员工获得更好绩效的能力障碍，以及员工的事业目标和他们的愿望。根据这些信息，员工可以制定绩效和能力发展目标及行动步骤，从而在工作中不断完善自己，取得个人和公司期望的绩效成果。

6. 建立以能力为基础的薪酬体系

随着经济的知识化、信息化，以及组织结构的弹性化和扁平化，工作小组或团队成为组织结构的基本单位。同一个工作团队的员工彼此之间没有很清晰的职责划分，大家通力合作，共同对团队绩效负责。"无边界工作""无边界组织"成为组织追求的目标，工作说明书由原来细致地规范岗位任务和职责，转变为只规定岗位的工作性质、任务以及任职者的能力和技术。相应地，薪酬体系也经历了从以职位为基础到以个人能力为基础的变化，其中宽带薪酬体系就反映了以个人能力为基础的薪酬设计思想。同样，对于具有不同能力结构的员工，可以设计不同的薪酬结构。

3.2.3 胜任能力的冰山模型

1. 冰山模型简介

冰山模型是美国著名心理学家麦克利兰于1973年提出的一个著名模型。冰山模型把胜任力形象地描述为漂浮在水面上的冰山，知识和技能是在水面以上的部分，是容易改变的胜任特征；而自我概念、特质和动机是属于潜藏于水下的深层部分，是不易改变的胜任特征，它们是个人驱动力的主要部分，也是人格的中心能力，可以预测个人工作上的长期表现。

冰山模型把一个员工的全部才能看作一座冰山，呈现在人们视野中的部分往往只有1/8，而看不到的则占7/8。浮在水面上的1/8是基本知识、基本技能，是外在表现，这些是员工的显性素质，可以通过各种学历证书、职业证书来证明，或者通过专业考试来验证，相对而言比较容易通过培训来改变和发展。潜在水面之下的7/8是社会角色、自我形象、特质和动机,是人内在的、难以测量的部分。它们不太容易通过外界的影响而得到改变,但对人员的行为与表现起着关键性的作用,我们称之为隐性素质。显性素质和隐性素质的总和构成了一个员工所具备的全部职业化素质。例如,应届毕业生在显性素质方面表现还可以,但在隐性素质方面由于没有受过培训,比较欠缺。

2. 冰山模型层级划分

冰山模型把人的素质划分为6个层级,如图3-1所示。

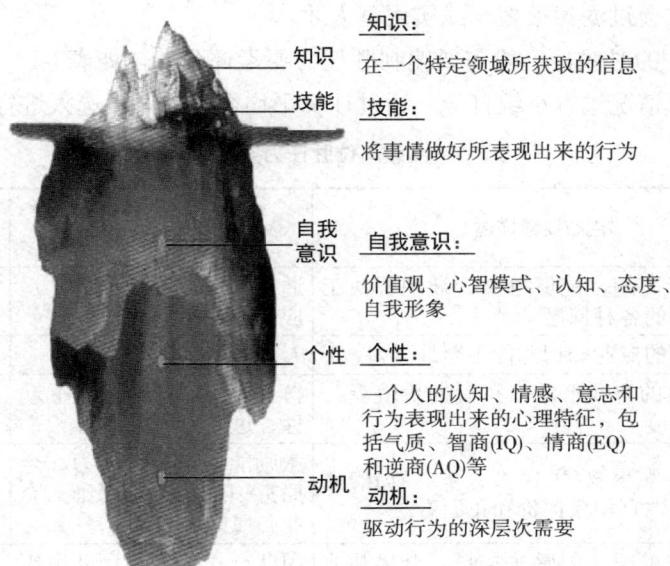

知识:
在一个特定领域所获取的信息

技能:
将事情做好所表现出来的行为

自我意识:
价值观、心智模式、认知、态度、自我形象

个性:
一个人的认知、情感、意志和行为表现出来的心理特征,包括气质、智商(IQ)、情商(EQ)和逆商(AQ)等

动机:
驱动行为的深层次需要

图3-1 胜任力冰山模型

(1) 知识,指个人在某一特定领域拥有的事实型与经验型信息。

(2) 技能,指结构化地运用知识完成某项具体工作的能力,即对某一特定领域所需技术与知识的掌握情况。

(3) 社会角色,指一个人基于态度和价值观的行为方式与风格。

(4) 自我概念,指一个人的态度、价值观和自我印象。

(5) 特质(性格),指个性、身体特征对环境和各种信息所表现出来的持续反应。

(6) 动机,指在一个特定领域自然而持续的想法和偏好(如成就、亲和、影响力)。动机将驱动、引导和决定一个人的外在行动。

其中,知识和技能大部分与工作所要求的直接资质相关,我们能够在比较短的时间内使用一定的手段进行测量。可以通过考察资质证书、考试、面谈等具体形式来测量,也可以通过培训、锻炼等办法来提高这些素质。

社会角色、自我概念、物质、动机往往很难度量和准确表述,又少与工作内容直接关联。只有个体的主观能动性的变化影响到工作时,其对工作的影响才会体现出来。考察这些方面,每个管理者有自己独特的思维方式和理念,但往往因其偏好而有所局限。管理学界及心理学界提供了一些测量手段，但往往复杂不易采用或效果不够明显。

3. 冰山模型在招聘中的应用

企业招聘人才时，不能局限于对技能和知识的考察，而应从应聘者的求职动机、个人品质、价值观、自我认知和角色定位等方面进行综合考虑。知识和技能可以通过笔试来验证，但是应聘者的动机和个性必须经过面试甚至是心理测试来考察。越是高层的岗位应聘者，如总监、总经理等，越需要考察和评价他们的个性与动机；越是底层的岗位应聘者，如储备干部、操作工等，越是需要考察和评价他们的知识和技能。如果用选聘总监的流程选聘操作工，往往会过滤掉很多一线实用型人才。

企业招聘人才的时候，一般需要编制胜任力要素评分表，如表3-1、表3-2所示，根据应聘者的个人面试情况进行小组打分，通过计算平均得分，对候选人进行综合性评价。

表3-1　高级岗位胜任力要素评分

素质层级	定义/要素描述	对应能力	打分				
			5	4	3	2	1
技能	工作技能高超，能够触类旁通地解决工作中遇到的各种问题	通用技能、创新能力、适应及改变能力					
知识	具有良好的专业知识并能不断地学习	专业能力、学习能力					
态度	积极向上的自我形象，正确的价值观，乐观的态度	自信心、坚韧性、主动性、进取心					
价值观	对周围客观事物(包含人、事、物)的意义、重要性有积极评价和正面看法	激励能力、教练能力、全局意识、企业家思维、企业归属能力					
社会角色	对团队和组织认同感非常强，全局观非常强	团队合作能力、团队组织能力、沟通能力					
自我形象	对其自身具备的知识和技能的自我表达	自信心、示范能力、展示能力、亲和能力、					
个性	性格稳定性高，即使无人监督也能把工作安排得井井有条	责任心、主动性、自我管理能力、计划能力					
动机	对成功充满渴望，能带领下属积极主动地去完成领导布置的工作，成就感强	领导能力、激励能力、团队组织能力					

表3-2　初级岗位胜任力要素评分

素质层级	定义/要素描述	对应能力	打分				
			5	4	3	2	1
技能	个体能完成某项工作或任务所具备的能力	表达能力、组织能力、决策能力、学习能力等					
知识	个体对某特定领域的了解	应用管理知识、财务知识、文学知识等的能力					
角色定位	个体对职业的预期，即个体想要做些什么事情	计划能力、执行能力等					

（续表）

素质层级	定义/要素描述	对应能力	打分				
			5	4	3	2	1
价值观	个体对事物正确性、重要性、必要性等的价值取向	协作能力、企业归属能力					
自我认知	个体对自己的认识和看法	展示能力、抗压能力等					
品质	个体一致、持续而稳定的(表现表式)行为特性	专注能力、实践能力等					
动机	个体内在的自然而持续的想法和偏好，能驱动、引导和决定个体行动	执行能力、人际交往能力					

【思考与练习】

1. 请根据表3-1、3-2，对自己的岗位胜任能力打分。

2. 在给自己打分的过程中，你发现自己具备哪些优势？有哪方面的欠缺？

3. 今后求职时，为了获得高分，你打算怎么做？

3.3 职业发展的优势能力

经过能力认知和胜任能力的学习，我们了解到能力的概念、作用，了解到能力在职业发展道路上的重要性。接下来，我们要接触在职业发展道路上的另一个重要能力概念——优势能力。

以前传统的能力认知是——哪里不行就补哪里，因此我们小时候慢慢地形成了一种惯性——去弥补自己的弱势。比如，明明不会唱歌，还偏要反复练一首KTV的拿手歌。但是在这个过程中，你应该有所体会，不擅长就是不擅长，付出很多努力才会有些许提高。

美国盖洛普公司用30年访谈了200多万名成功人士，从这些人的回答中，抽取了能解释他们的成功的关键词，最后总结出34种才干，分为执行力、关系建立、影响力和战略思维四类。

第一类，执行力。执行力显著的人懂得如何完成某些事。执行力包括9种才干，即成就、统筹、信仰、公平、审慎、纪律、专注、责任、排难。

第二类，关系建立。关系建立能力显著的人具备构建牢固关系的能力，从而将团队凝聚起来，并发挥更大的作用。关系建立包括9种才干，即适应、关联、伯乐、体谅、和谐、包容、个别、积极、交往。

第三类，影响力。影响力显著的人知道如何取得主导地位并令人信服，还能确保聆听团队意见。影响力包括8种才干，即行动、统率、沟通、竞争、完美、自信、追求、取悦。

第四类，战略思维。战略思维显著的人能帮助团队预测可能发生的事，他们擅长获取并分析信息，以做出更好的决策。战略思维包括8种才干，即分析、回顾、前瞻、理念、搜集、思维、学习、战略。

以下为盖洛普提出的34个优势才干的详细内容。

1. 成就(achiever)

成就能体现你的内在动力，表明你渴望有所建树。你感到每一天似乎都是从零开始，一天结束时，你必须获得某种有形的成果，如此才能感觉良好。你所谓的每一天指的是所有的日子——工作日、周末、休假日。无论你多么需要休息一天，如果这一天你无所事事，你就会感到不满意。这样的特质促使你多做事情、多出成果，也因此使得你不断地完成一项又一项任务。然后，它将伴随你一生。作为一名追求成就的人，你必须学会与这种隐隐的不满足感相处。它给你动力，使你能长久工作而不知疲倦。它能促使你奋起，去迎接新的任务和新的挑战。

2. 行动(activator)

"什么时候可以开始？"具有行动优势的人比较喜欢问这个问题。他们知道，没有行动，一切皆为空谈。唯有行动才能做事情，唯有行动才能出成绩。一旦做出决定，就必须采取行动。在你看来，行动和思考并不互相排斥。你做出决定，采取行动，检验结果，继而学习和进步。在学习的基础上，你明确了未来一步步的行动，从而取得进步。

3. 适应(adaptability)

活在当下，适应能力对于每个人来说都是非常重要的，拥有这一项特质的人，不把未来视为固定的目的地；相反，他们认为未来是在现有选择的基础上创造出来的。这类人本质上是非常灵活的人，即使面对工作的不同需求，仍能保持高效率。

4. 分析(analytical)

"证明它，告诉我你的结论为什么是对的。"面对此种质疑，某些人将会推翻让他们自鸣得意的结论，而这恰恰是你的目的。你无意扼杀别人的观点，但你认为，他们的理论必须经得起检验。你自认为客观和冷静，喜欢数据，别人认为你思维逻辑严谨。久而久之，他们就习惯于请你用你的严谨思维来证明某些人的"异想天开"和"愚钝"。

5. 统筹(arranger)

当你面对一个复杂的环境时，你喜欢设法管理所有的变数，将它们反复排列，直至你确信形成最佳组合。在你看来，此种行为毫无特别之处，你不过是试图琢磨出做事的最佳方案而已。然而，由于其他人不具备这个优势，会对你的行为瞠目结舌，无法理解"你的脑袋里怎么能同时装这么多事情"。

6. 信仰(belief)

如果你有坚定的信仰，那你就拥有某些经久不变的核心价值。这些价值因人而异，但你的信仰通常使你关注家庭，乐于助人。无论对己对人，你重视责任和伦理。这些核心价值会以多种方式影响你的行为。在你看来，它们赋予你的生活以意义和满足，金钱和名望并不完全代表成功。信仰会为你指明方向，指引你排除生活中的种种引诱和干扰，朝着恒定的目标前进。

7. 统率(command)

你擅长引导、指引他人，对将自己的观点强加于人并无不适。你一旦形成观点，就必须与人分享。你一旦确定目标，就要用它来统一众人的思想，否则就会坐立不安。你不怕对立；相反，你确信对立是解决难题的第一步。因此，你要求众人明辨是非，开诚布公。你推动他们承担风险，甚至会逼迫他们。虽然有人会对此表示厌恶，指责你刚愎自用，但他们又常常会愿意让你掌舵。人们往往拥戴那些立场鲜明的人，那些确定方向然后率领他们前进的人。人们会拥戴你，你一呼百应。

8. 沟通(communication)

你喜欢解释、描述、主持、演讲和写作，这是你的沟通优势在起作用。概念索然无味，事件平淡无奇，你需要将它们激活，使它们生机勃勃，激动人心，引人入胜。所以你就把事件编成故事，频繁讲述。你引用案例、借助比喻赋予枯燥的概念以生气。你希望你所传达的信息——思想、事件、产品的特征和功能、发明或一堂课能被人铭记。你想把别人的注意力吸引过来，然后捕捉和锁定这种注意力。这种愿望驱动你搜寻完美的语句，使你陶醉于生动而富有感染力的词汇组合。正因为如此，别人乐于听你侃侃而谈。你用语言勾画的图像会激发他们的兴趣，拓展他们的眼界，并激励他们去行动。

9. 竞争(competition)

竞争基于比较。当你环视四周时，你本能地关注别人的业绩。他们的业绩就是你的最终标尺。无论你如何苦干，无论你的动机如何高尚，如果你仅仅达到自身目标，但未能傲视同侪，你就会感到现有的成绩空洞无物。你需要与竞争者比较，因为如果你能比较，你就能竞争；而如果你能竞争，你就能取胜；一旦取胜，你就能感受到无与伦比的快乐。

10. 关联(connectedness)

凡事发生必有原因，你对此深信不疑。你深信不疑，是因为你认为个体之间都是相互关联的。诚然，我们有所区别，各自对自己的判断负责，并保持选择的自由。但尽管如此，我们仍然是宏观世界的一部分。无论你用何种语言，你一想到我们并不相互隔绝，也不与地球及生命隔绝，就会倍添信心。这种关联感包含某些责任。比如，你认为我们都是宏观世界的一部分，因此决不能害人，因为害人等于害己；我们决不能剥削别人，因为剥削别人等于剥削自己。

11. 回顾(context)

你回头看是为了寻找答案，是为了了解当前。从你的制高点看去，当前变动无常，杂乱无章。唯有回首以往，回到策划之初，当前才重归平稳。你回顾以往，目睹蓝图浮现，继而重归初衷。这些蓝图和初衷后来被装饰得面目全非，无从辨认，但是你的回顾使它们原形再现。这一认识使你充满信心、排除干扰，在了解事物内涵的基础上能做出明智的决策。

12. 审慎(deliberative)

你为人谨慎、处事警觉，是一个十分关注隐私的人。你深知世事难测，表面上一切井井有条，实则可能危机四伏。你并不回避这些危险，相反，你把它们全部暴露出来，逐一识别、评判，并最终消除。就此而言，你是一个十分认真的人，你对生活的态度是有所保留的。

13. 伯乐(developer)

你能发现别人的潜能。事实上，你常常只关注潜能。在你看来，没有人十全十美，相反，每个人都"正在加工"中，每个人都充满各种可能。正因为如此，你对他们倍加关注。你与别人交往的目的是帮助他们成功，你寻找各种途径挑战他们，你为他们安排各种有趣的经历，来增强他们的能力，帮助他们获得成功。有人对这些细微的变化视而不见，而你却从中辨认出值得挖掘的潜能。别人的进步如同燃料，给予你力量和满足。久而久之，许多人会向你寻求帮助和鼓励，因为他们深知你的相助是真诚的，并能为你自身带来快乐。

14. 纪律(discipline)

你的世界必须可以预测，必须井井有条、规划有序。你本能地将你的世界规范化，建立常规，制定时间表，规定完成任务的日期。你把长期项目分解为一系列具体的短期计划，然后锲而不舍地逐一实施。面对生活中的混乱，你需要建立控制体系。常规、时间表、规范，这一切都有助于你建立控制感。别人由于缺乏这种纪律优势，有时可能厌恶你建立秩序的需求，但这未必会导致冲突。你必须了解，并非人人都像你一样渴求预测，他们自有其做事之道。

15. 体谅(empathy)

你善解人意，能体会到他人的感受。你能通过他们的眼睛看世界，并能分享他们的观点。你未必赞同每个人的看法，未必怜悯每个人的困境，你认为那是"同情"，而不是体谅。你未必赞成每个人的选择，但你的确理解他们，而这种理解的本能是威力无穷的。

16. 公平(fairness)

公平对你来说很重要。你深知需要公平待人，无论其社会地位如何。因此，你不希望天平过于偏向任何个人。你确信不公平将导致自私自利和个人至上，使某些人凭借关系或背景，或通过贿赂而获得不该有的优势。你对此深恶痛绝，你认为自己是抵御这种倾向的卫士。与这种裙带世界截然相反，你深信只有在规则明确且人人适用的环境中，个体才能发挥出最大潜能。

17. 专注(focus)

在专注优势的指引下，你需要一个明确的目的地。没有它，你很快就会对自己的生活和工作一筹莫展。因此，每年、每月，甚至每周，你都在制定目标。这些目标如同罗盘，帮助你确定重点，并进行必要的修正，以保持航向。你的专注能力十分强大，它迫使你进行过滤，使你本能地判断某个行动是否有助于你达到目标，无助于此的便被放弃。你的专注最终使你提高效率。

18. 前瞻(futuristic)

"如果这样，那该多好⋯⋯"你是个喜欢遥望天际的人，未来使你着迷。虽然未来图景的具体内容取决于你的其他优势和兴趣——更好的产品，更好的队伍，更好的生活，或更好的世界——它将永远给你以灵感。你是一个幻想家，你能看到未来的种种可能，并珍视这样的想象。当现实使你一筹莫展，而你周围的人又过于世俗时，你就会唤起对未来的憧憬，继而精力倍增，同时振奋别人。

19. 和谐(harmony)

你寻求共识。你认为，冲突和摩擦有害无益，所以你尽量将其化解。当你发现周围的人意见不一时，你力图求同存异。你力图使他们避免对抗，寻求和谐。事实上，和谐是你的核心价值。尽管无济于事，有人却总想将自己的观点强加于人，这在你看来真是难以置信。

20. 理念(ideation)

这里的理念指的是概念，是对大部分事件的合理解释。当你透过复杂的表层，发现一个丰富而简明的概念，继而想要解释事物的本质时，你会喜不自胜。理念是一种关联。你的头脑总在寻找关联。因此，当表面截然不同的现象被某个不起眼的纽带联系在一起时，你会感到新奇。一个理念是对习以为常的挑战的全新见解。你乐于将我们熟知的世界转一个圈，让我们从一个陌生但充满新意的角度看它。你喜爱这些理念，因为它们深刻，因为它们新颖，因为它们能正本清源，因为它们能引发争论，因为它们怪诞。

21. 包容(inclusiveness)

"扩大圈子"——这就是你的人生准则。你希望拉人入伙，使他们感到自己是团队的成员。有的人只参加排外的小团体；你截然不同，你处处避免排外团体。你希望扩大团体，使尽可能多的人受益于团体的支持。你不愿目睹有人站在圈外旁观，你会请他们进来，给他们温暖。你天生是一个来者不拒的人，无论什么种族、性别、国籍、性格，还是信仰，你从不妄作评判。

22. 个别(individualization)

你对每个人的与众不同之处感兴趣。你不能容忍一概而论或简单归类，因为你不想抹杀个人特点；相反，你关注个人差异。你本能地观察每个人的风格、动机、思维方法和交际方式，倾听其独一无二的生活经历。

23. 搜集(input)

你对事物充满好奇。你爱攒东西，搜集各种信息，譬如词汇、事实、书籍和语录。你也可能搜集有形的东西，如蝴蝶、垒球卡、瓷娃娃或老照片等。无论你搜集什么，都是因为你感兴趣，对任何事物都有好奇心。世界上激动人心之处多姿多彩、变幻无穷。如果你博览群书，你的目的未必是完善你的理论，而是积累更多的信息。

24. 思维(intellection)

你喜欢思考，喜欢思维活动。你喜欢锻炼你的大脑"肌肉"，把它们向四面抻展。这种对思想活动的需求有可能是专注的，专注的焦点取决于你的其他优势。

25. 学习(learner)

你热爱学习，总是受到学习过程的吸引。过程，而不是内容或结果，最使你兴奋。从无知到熟练的进程使你精力倍增。入门的快感，初学者背诵或实践学到的内容，因掌握一门新技术而日益增强的信心——这些学习的过程深深吸引着你。

26. 完美(maximizer)

你的标准是优秀，而不是平均。把低于平均的业绩稍微提高到平均之上需要艰苦努力，且无法使你满足；而把本已不俗的业绩提升到出类拔萃的水平，需要相同的努力，但远比前者激动人心。优势，无论属于你自己还是别人，都使你着迷。由于你对优势情有独钟，别人会认为你不能一视同仁。你更愿与欣赏你优势的人相处。同样，你喜欢结交发现并培养自身优势的人。你避开力图改变你，使你样样精通的人。你不想终生哀叹自己的欠缺；相反，你想发挥你的天生优势。这样更开心、更有效，并且与常人所思相反，要求更高。

27. 积极(positivity)

你慷慨赞人，笑容可掬，能不失时机地捕捉与人交往的亮点。有人说你无忧无虑，有人希望自己能像你一样乐观豁达。无论怎样，人们喜欢与你相处。有你在，他们的世界就会更加美好，因为你的热情是如此富有感染力。

28. 交往(relator)

你的交往优势描述了你对人际关系的态度。简言之，交往优势使你与熟人的关系更紧密。事实上你可能有其他优势，使你从结交新朋友中获得无穷乐趣，但你的确从保持密友交往中汲取更多的欢乐和力量。你对亲密关系感觉自然。一旦与人结识，你就会有意深化关系。你希望了解他们的情感、他们的目标、他们的恐惧和他们的梦想，你希望他们用相同的方式了解你。你深知这种密切关系不无风险——别人可能利用你——但你甘愿接受这种风险。

29. 责任(responsibility)

你一旦做出承诺，无论大小，从感情上就觉得有义务将其完全落实。你的名声有赖于此。如果由于某种原因你不能兑现承诺，你会自动寻找其他途径给对方以补偿。

30. 排难(restorative)

你热衷于排忧解难。其他人遇到新困难往往一筹莫展，而你却干劲倍增。面对分析症状、判断问题和解决问题的挑战，你无比兴奋。你可能会喜欢解决实际的、抽象的或个人的问题，或许当你遇到复杂而陌生的问题时最为激动。你的具体偏好取决于你的其他优势和经历。

31. 自信(self-Assurance)

在你的心灵最深处，你对自己的优势充满信心。你深知自己是个有能力的人——有能力冒风险，有能力接受新的挑战，有能力提出要求，更重要的是，有能力履行诺言。你不仅对自己的能力，而且对自己的判断充满信心。当你观察世界的时候，你深知你的视点与众不同。由于没有人看问题的角度与你完全一样，你知道没有人能为你做出决定，也没有人能告诉你如何去思考。

32. 追求(significance)

你希望自己在别人的眼中非同凡响，获得真正意义上的"认可"。你希望自己的意见受到重视，你希望出人头地，你希望出名，你尤其希望别人了解和赞赏你的独特优势。你渴望别人赞扬你是一个可信赖和专业化的成功人士。

33. 战略(strategic)

这一优势才干使你能够通过琐碎日常，寻找前进的捷径。它不是一种可以教授的技能，而是一种与众不同的思维方式，一种独特的世界观。有了这种世界观，当别人被复杂的事物所迷惑时，你能识别其中的规律。

34. 取悦(woo)

你酷爱的挑战就是结识新人并赢得其好感。你从不怕见生人；相反，你见到生人精力倍增。你受他们的吸引，想知道他们的姓名，问他们问题，寻找与他们的共同兴趣，以便攀谈，建立友情。有的人避免与人攀谈，因为他们担心话不投机。

【思考与练习】

接下来，你需要详细阅读以上34个优势才干，试着选出符合自己的5个优势，做一个理论测试。

盖洛普总结的34种优势才干，指的是你后天养成的习惯性思维、感觉和行为模式。有别于天赋的发挥，才干是可以后天刻意培养的。比如沟通能力，有的人天生性格内向，不

爱和很多人打交道，但是她仍然可以培养出很好的沟通能力。

才干并不直接等同于你的优势。你从盖洛普34种才干中选出自己具备的5种才干，说明你在自我比较的时候，相对于其他才干，你觉得这5个才干更突出。但只有当你和他人比较的时候，还能突出的才干才是你的优势。也就是说，你需要系统地投入精力和时间，提高相关的知识和技能水平，你的才干才能变成可以和别人竞争的核心优势。

【案例】由工程师变成政客

一个人在大学时所学的专业是工程机械，毕业后他进入一家核电站担任工程师。工作一段时间后，他发现自己的优势不只是逻辑分析能力强，他还很擅长解决商业问题。

于是几年后，他自己开了一家危机管理咨询公司，期间发挥了自己的商业头脑优势，把公司做得非常好。在这个过程中，他慢慢发现，他还有另一个优势——能够宏观全面地看问题，所以他希望能参与到政策制定当中。后来，他成为奥巴马的私人顾问。

一路走来，他从工程师到商人再到政客，每一步都在不断地放大自己的优势，这让他产生了成就感，找到了适合自己的职业。

这个故事告诉我们，也许在现在的这段时间里，你并不一定能找到自己最擅长的工作，你的优势也不见得可以在短时间内最大限度地发挥出来，但你了解了自己的优势之后，开始刻意修炼，一旦时机成熟，你就能找到自己热爱、擅长并可以为之终生奋斗的事业。我们常说机会是留给有准备的人，就是这个道理。

那么，该如何系统地培养和管理我们的才干，让其变成优势呢？

我们可以结合"乔哈里之窗"模型来设计自己的优势管理计划。这套优势管理的成长方法被麦肯锡、谷歌等众多世界一流企业所践行。在麦肯锡，每一位员工都会配有一位专门的个人成长顾问，根据360°反馈结果去帮助员工制订以优势为核心的成长计划。在谷歌，为了充分发掘员工对自我优势的了解和培养，甚至专门为员工设计了一门称为"优势管理"的课。

具体的方法是结合"乔哈里之窗"，将你的才干按照"自己知不知道"和"别人知不知道"两个维度，分成4组，分别是：公开区、盲区、隐藏区和封闭区。

首先，你可以把自己知道、喜欢并擅长，而且别人也知道的才干列在公开区。让自己聚焦于这些才干，尽可能地找机会锻炼，将其打造成自己的核心竞争力。同时让更多人知道，这样也可以增加成功的机会。比如，在麦肯锡，一个建模能力特别强的顾问，就会被安排去参与更有挑战、能发挥更高市场价值的项目。同样，在工作中，你也可以给自己设定更有挑战性的目标。

其次，对于别人认为你有天赋，但自己没意识到或是不认可的才干，你可以把它们放在盲区。这个区域的才干就是你自己的盲点,可以往公开区拓展。比如,别人评价你讲话幽默,你却认为这不算什么,根本成不了优势。但如果对讲话幽默加以培训,将其很好地运用到销售、演讲中,完全可以让你脱颖而出,讲话幽默甚至可以变成一个职业,比如脱口秀艺人。

再次,还有些是你自己知道,但别人不知道的才干,将这些才干放在隐藏区。比如,你很有语言天赋,但是工作用不上,就搁置了英语学习,没形成优势。对于这些才干,你可以选定一两个,然后刻意练习,提升能力,创造些让人知道的机会。这些年,各种才艺选秀节目很火,就说明了这个道理。

最后,可能还有些才干是别人和你都不了解的。你可以在尝试新事物的时候,留心观察。如果发现新的才干,就记录下来先放在封闭区,看看可不可以往其他三个区去培养。

【思考与练习】

用"乔哈里之窗"模型给自己的才干分为4类,想想具备公开区才干的人怎样可以找到更多的锻炼机会。对公开区的才干,集中投资你的时间、精力和金钱,这会帮助你在通往成功的路上事半功倍。

认真思考,在表3-3里,练习培养和管理你的才干。

表3-3 "乔哈里之窗"练习

	自己知道	自己不知道
他人知道	公开区	盲区(提高反馈程度,将盲区转变为开放区)
他人不知道	隐藏区(增加自我暴露的程度,使隐藏区变为开放区)	封闭区(努力认知)

3.4 职业发展的能力探索

3.4.1 分析成就、探索能力

当我们声称自己具有某一种能力时，听众马上会想让我们证明一下。什么是最好的证明方式呢？向他们提供自己的成就。下面，请回顾自己的过去，写出5个自己认为最重要的成就，这些成就可以来源于生活的各个方面。首先，为每项成就经历取个名字。然后，尽可能地写出更多的细节。不要只是简单地写一个句子、给出最后的结果，而要写出什么时间、在哪里发生、什么事情、你是如何做的、为什么会这样做，还要描述自己当时的感受，以及从中学到了什么。你陈述得越详细，揭示的能力就越多。详细地描述自己的成就经历后，再仔细重读一遍，找出能给你带来成就的能力，并在右边列出。

成就经历一：_____

细节   所识别的能力

_____   _____

_____   _____

成就经历二：_____

细节   所识别的能力

_____   _____

_____   _____

其余的成就经历以相同格式列出。

根据你的成就经历列出你现有的能力：

_____

对于上述能力，哪一项需要进一步发展：

_____

怎样去拓展这些能力(制订能力提升计划)：

_____

_____

总结经验：

_____

_____

当你取得成就时，要养成记录相关细节的习惯。坚持记录细节是非常有价值的，特别是在写简历和求职信或准备面试时。列出取得成就的相关细节，也就为你声称所具有的能力提供了依据。

3.4.2 评估自己的技能

如果你现在被问及具有哪些能力或技能,你会开出怎样一份技能清单?

如表3-4所示,在你乐于运用(尽管你在这方面并不专长)的技能前标注"×",在你特别擅长的技能前标注"√",在你从未使用过的技能前标注"□",在你想要获得和发展的技能前标注"○"。在个人品质一项中,用"△"标出符合你情况的选项。

表3-4 技能评估表

×=我乐于运用的技能		√=我特别擅长的技能				
□=我从未使用过的技能		○=我想要获得和发展的技能				

文员技能

检查	评估	归档	开发	改进	记录	校对
计算	建议	跟进	记账	打字	检索	安排
系统化	制表	复印	合作	分类	恢复	组织
购买	接待	解决问题				

技术性技能

财务	评估	计算	调查	观察	核证	制图
设计	检验	创造	重建	修改	开发	合成
构造	解决	研究	文件审阅	提炼加工		

公共关系技能

计划	指挥	通知	咨询	写作	代表	谈判
合作	沟通	推广	说明	主持	接待	调解
表演	赞助	招聘	演示	创造	解决问题	

销售技能

接触	说服	审阅	检查	通知	推广	定位
影响	证明	比对	区分	说明	询问	签约
谈判	核算	沟通	计算	建议	合作	推荐

维护整理技能

操作	修理	维护	拆卸	调整	清扫	整理
组装	采购	攀高	设计	评估	检查	保养

管理技能

计划	指派	聘用	测评	指挥	控制
协调指导	授权	创意	监管	谈判	决策策划
组织会议	激励	概括	评估	团队建设	日程安排
分配工作	解决问题	行政管理	制度化、规范化		

沟通技能

说理	组织	定义	写作	倾听	解释	说明
阅读	讲演	编辑	指导	面试	合作	演示
程序化	组合	融合	连接	概括	起草建议	

研究技能

面试	询问	合成	写作	诊断	综合	设计
理论	试验	评估	调查	沟通	合作	分析
演示	发现和识别	建立并运用公式	推敲和琢磨	审读和回顾		

（续表）

×=我乐于运用的技能　　　√=我特别擅长的技能
□=我从未使用过的技能　　　○=我想要获得和发展的技能

财务技能

| ____预算 | ____计划 | ____核查 | ____会计 | ____制定流程 | ____计算 | ____归纳 |
| ____核算 | ____比较 | ____检查 | ____总结 | ____报告 | ____控制 | ____表达 |

服务技能

____咨询	____顾问	____导引	____倾听	____协调	____传达	____教授
____答复	____合作	____推动	____监控	____激励	____说服	____评估
____反馈	____总结	____计划	____修改	____调解	____鼓励	____解说
____签合同	____演示	____解决问题				

个人品质

____雄心	____果决	____镇静	____能干	____自信	____明智	____合作
____直率	____坚定	____圆通	____谨慎	____坦诚	____主导	____高效
____热情	____灵活	____乐观	____真诚	____理想	____创新	____思考
____逻辑	____忠诚	____客观	____细心	____执着	____现实	____实用
____耐心	____正直	____坚韧	____严谨	____自强自立	____成熟稳重	
____多才多艺	____敢于担风险	____有力量	____做事讲究方法	____有条理		
____有主见	____冒险精神	____反应敏捷	____进取心	____适应性		
____创造性	____可依赖					

以上所列举的只是部分能力，更多的技能需要自己探索。

当你完成上述步骤后，回顾一下同时标注"×"和"√"的技能。这些是你的自发性技能，代表你的强项，而且预示了可能会给你带来满足感的领域。如果你能在生活和工作中尽可能地运用这些技能，并且不断地发现新的使用方法，你将在生活和工作中体会到快乐和满足感。

回顾填写表3-4的过程，选出5个或更多让你特别感兴趣和想要发展的技能，思考如何发展这些技能并制订发展计划，填写表3-5。

表3-5　制订计划

技能名称	发展计划
1.	
2.	
3.	
4.	
5.	

3.4.3　职业能力自评表

职业能力自评使用5级量表：A——强；B——较强；C——一般；D——较弱；E——弱。

测评分为9组，每组均相应测试一项职业能力。每组均有6题，按上述5个等级为各题打分。选A打1分，选B打2分，选C打3分，选D打4分，选E打5分。累计各项得分之后，合计总分。具体见表3-6～表3-14。

表3-6　第1组能力

项　目	A强	B较强	C一般	D较弱	E弱
表达自己的观点					
阅读速度快，并能抓住中心内容					
能清楚地向别人解释难懂的概念					
分析和综合文章的段落和篇章					
快速掌握词汇量					
中学阶段的语文学习					
小计分数					
合计					

表3-7　第2组能力

项　目	A强	B较强	C一般	D较弱	E弱
精确测量的能力(如测长、宽、高等)					
解算术应用题					
笔算能力					
心算能力					
使用计算工具(如计算器)的能力					
中学阶段的数学学习					
小计分数					
合计					

表3-8　第3组能力

项　目	A强	B较强	C一般	D较弱	E弱
素描					
画三维立体图形					
看几何图形的立体感					
想象盒子展开后的平面形状					
玩拼板游戏					
中学阶段的美术学习					
小计分数					
合计					

表3-9　第4组能力

项　目	A强	B较强	C一般	D较弱	E弱
发现相似图形中的细微差异					
识别物体的形状差异					
注意到多数人忽视的物体细节部分					

(续表)

项　　目	A强	B较强	C一般	D较弱	E弱
检查物体的细节部分					
检查图案是否正确					
中学时善于找出数学作业中的细小错误					
小计分数					
合计					

表3-10　第5组能力

项　　目	A强	B较强	C一般	D较弱	E弱
快速且正确地抄写资料(如姓名、数字等)					
阅读中发现错别字					
发现计算错误					
在图书馆很快查找编码卡					
发现图表中的细小错误					
自我控制(如较长时间做抄写工作)					
小计分数					
合计					

表3-11　第6组能力

项　　目	A强	B较强	C一般	D较弱	E弱
劳动技术课中操作机器					
玩电子游戏或瞄准打靶					
在广播体操类活动中身体的协调灵活性					
打球姿势的平衡度					
打字或使用算盘					
闭眼单腿站立					
小计分数					
合计					

表3-12　第7组能力

项　　目	A强	B较强	C一般	D较弱	E弱
灵巧地使用工具(如锤子)					
灵巧地使用很小的工具(如缝衣针等)					
弹乐器时手指的灵活度					
做一件小手工品					
很快地削水果					
修理、装配、拆卸、编织等					
小计分数					
合计					

表3-13 第8组能力

项 目	A强	B较强	C一般	D较弱	E弱
在陌生场合发表自己的意见					
在新场合结交新朋友					
口头表达					
与人友好交往,并协同工作					
帮助别人					
做别人的思想工作					
小计分数					
合计					

表3-14 第9组能力

项 目	A强	B较强	C一般	D较弱	E弱
组织单位或班级的集体活动					
在集体活动或学习中,时常关心他人的情况					
在生活中能经常动脑筋,想出别人想不到的好点子					
冷静、果断处理突发事件					
在你曾做过的组织工作中,你认为你的能力怎样					
解决同事或同学之间的矛盾					
小计分数					
合计					

填完上述表格后,便可进行能力等级评定。具体方法:首先,将各组合计得分除6,便可得到该组所测的职业能力的最后得分。其次,把每一组的评定等级填入表3-15。

根据你的能力等级评定得分,可以判断你的能力属于哪个等级,5个等级的含义为:"1"表示强;"2"表示较强;"3"表示一般;"4"表示较弱;"5"表示弱。评定等级时可能出现非整数的情况,例如等级2.2,这表示此种能力水平稍低于较强水平,高于一般水平。

表3-15 能力等级评定

组 别	相应职业能力	合计分数	能力等级评定分数 (合计分数为6分)	你的能力等级属于
第1组	语言能力			
第2组	数理能力			
第3组	空间判断能力			
第4组	察觉细节能力			
第5组	书写能力			
第6组	运动协调能力			
第7组	动手能力			
第8组	社会交往能力			
第9组	组织管理能力			

3.5 职业价值观的认知

3.5.1 价值与价值观的定义

价值是一个十分复杂的范畴，在不同的语境中具有不同的含义。在哲学中，价值是指现实的人的需要与事物属性之间的一种关系。某种事物或现象具有价值，就说明该事物或现象能满足人们的某种需要，成为人们的兴趣、所追求的对象。在日常生活中，价值是人们经常会碰到的概念，如做事说话经常要考虑"值不值得""有没有益处""美不美"，这里的"值""益""美"就是一种价值判断。人们的认识和实践与价值判断密切相关。当人们从事交往、学习、工作、娱乐、休闲活动时，头脑中就包含关于这些活动的功用乃至善恶、美丑等价值判断。

价值观是人们关于什么是价值、怎样评判价值、如何创造价值等问题的根本观点。价值观的内容，一方面表现为价值取向、价值追求，凝结为一定的价值目标，比如有的人努力求学来实现自己对成为科学家的价值追求；另一方面表现为价值尺度和准则，成为人们判断事物有无价值及价值大小、是光荣还是可耻的评价标准，就像有的人在做人做事方面有着极其明确的价值尺度和准则，那么他就知道什么该做、什么不该做。思考价值问题并形成一定的价值观，是人们使自己的认识和实践活动达到自觉的重要标志。

个人的价值观一旦确立，便具有相对稳定性。但就社会和群体而言，由于人员更替和环境的变化，社会或群体的价值观是不断变化的。传统价值观会不断地受到新价值观的挑战。个人对诸事物的看法和评价构成了价值观体系，价值观和价值观体系是决定个人行为的心理基础。

人生价值是一种特殊的价值，是生活实践对于社会和个人所具有的作用和意义。选择什么样的人生目标，走什么样的人生道路，如何处理生命历程中个人与社会、现实与理想、付出与收获、身与心、生与死等一系列矛盾，人们总是有所取舍、有所好恶，对于赞成什么、反对什么，认同什么、抵制什么，总会有一定的标准。人生价值就是人们从价值的角度考虑人生问题的根据。

在关于人生的思考中，回答"为什么"的问题，即人生目的问题，要以人生的价值特性和对于人生的价值评价为根据。一个人自觉地追求自己认定的人生目标，是因为他对自己选择的生活做出了肯定的价值判断，认为这样的生活具有价值或者能够创造价值。回答"怎么样"的问题，即人生态度问题，同样要以对人生的价值判断为根据。

一个人之所以用这样或那样的方式对待生活，处理生活实践中遇到的各种问题，是因为在他看来，他所选择的这样或那样的生活方式是有意义的。对人生价值的看法，在整个人生观价值体系中具有重要地位，它在深层次上影响、制约和指导人们的实践活动，为人们的人生目标和人生态度的选择提供依据。当代大学生应正确地理解人生价值的内涵，明是非、辨善恶、知荣辱，在实践中最大限度地创造人生价值，从而成就人生辉煌。

3.5.2　职业价值观的内涵

职业价值观也叫工作价值观，是价值观在个人所从事的职业上的体现，是人们对待职业的一种信念和态度，或者在职业生涯中表现出来的一种价值取向。职业价值观是个人对某项职业的价值判断和希望从事某种职业的态度倾向，即个人对某种职业的希望、愿望和向往。职业价值观表明了一个人通过工作所要追求的理想是什么，是为了财富，还是为了地位或其他因素。

理想、信念、世界观对于职业的影响，集中体现在职业价值观上。

俗话说："人各有志。"这个"志"表现在职业选择上就是职业价值观，它是一种具有明确的目的性、自觉性和坚定性的职业选择的态度和行为，对一个人的职业目标和择业动机起着决定性作用。

由于个人的身心条件、年龄阅历、教育状况、家庭和环境以及兴趣爱好的不同，人们对各种职业的主观评价也不同。不同的人由于价值观不同，对具体职业和岗位的选择也不同。如有人喜欢从事同人打交道的职业，有人喜欢从事同物打交道的职业，有人喜欢从事充满挑战的职业，有人喜欢从事安全平稳的职业，等等。不同的人喜欢不同的职业，正是职业价值观的体现。因此，认真分析和了解个人的职业价值观，对正确开展职业生涯规划有重要的意义。

从社会的角度来讲，由于社会分工的发展和生产力水平的相对落后，各种职业在劳动性质和内容上，在劳动难度和强度上，在劳动条件和待遇上，在所有制形式和稳定性等诸多问题上，都存在差别。再加上传统的思想观念等的影响，各类职业在人们心目中的声望地位也有好坏高低之分，这些评价都形成了人的职业价值观，并影响人们对就业方向和具体职业岗位的选择。

比如，一位即将毕业的同学，他在选择职业的时候，会有两个期待：一方面，他希望这份职业能够有成长的平台，有发展的空间；另一方面，他希望公司离家能够近一点，方便他陪伴和照顾父母。选择职业的时候，他得到了两个机会，可是很遗憾，这两个职业都很难兼顾他的两个价值观。一个职业有很好的成长平台和发展空间，但是离家比较远，可能在北上广地区；另外一个职业离家很近，就在当地，可是相对来讲，自我成长的空间比较小。这时候，他就面临一个价值观的选择。无论他最后选择哪一个职业都是可以理解的，没有对与错之分，重要的是对他来讲，哪一个价值观对他来说是更加重要的。

职业价值观在职业规划中的意义是什么呢？在面临职业选择或决策的时候，我们越是清楚地知道我们的价值观，以及自己在工作和生活当中想要追求什么，我们的生涯发展目标就越清晰，我们就越容易做出选择，而不会被一些条件所诱惑，左右摇摆，犹豫不决。所以，职业价值观是我们做出决策的重要依据，这就是我们在职业规划中要探索职业价值观的意义所在！

3.5.3　职业价值观的作用

1. 引导你做出正确的选择

招聘负责人经常会收到一些让人哭笑不得的简历。比如，一些行业经验及岗位经验明显较少的人申请资深或者高级岗位；拥有一年工作经验的人申请总监岗位；应届生一口叫价，月薪一万五不能少。这种人企业是肯定不敢用的，但HR有时候会问问他们为什么会有这样的求职目标，得到的答案往往是"因为我的同学都挣这么多工资"，或者"这样才能保证我的生活质量"。这种糟糕案例的发生，大多是因为岗位申请人对自己的定位不准确，但这其实也是他们对未来感到焦虑的表现。

职场焦虑是一种很普遍的现象，比如焦虑自己找不到好工作，焦虑自己在这份工作中不能提升能力，焦虑自己的价值没有得到充分体现，焦虑别人挣得多、职位高，焦虑买不起房，等等。现在这一代年轻人的焦虑与上辈人不完全一样，对他们来说，挣钱养活自己，让父母过上好日子，养活妻儿，并不是在20岁左右要考虑的问题。现在的年轻人更关注我能从这个世界上获得什么样的经验、感受以及成就，较少从家族整体的角度去考虑，很多痛苦与疑虑也因此而生。

在职场中奋斗，无论如何都是一件辛苦的事情，所以迟早要面对这个问题：我为什么而奋斗？

我们先来看这样一个问题：你在发展前景、自由、金钱三者中，首先选择什么？

在现实的职场中，个人的选择权并没有我们想象得那么大。也许有的人能够从容选择，但大多数的人初入职场，因为实力不足，只能任凭市场开价，并没有太多挑选余地。大家都是经过多年努力逐渐找到自己喜欢并擅长的工作，慢慢成为行业里有声望的人。最好的选择，是在企业平台上和企业一起发展，扩大影响，提升为企业服务的能力。

在职场中，想要实现一般人所理解的自由是一件不太可能的事情。无论是从事经营、管理还是其他工作，我们都要在各种约束和资源限制下达到目标。有些人因为渴望自由安排自己的时间，以成为自由职业者为目标；有些人渴望财务自由，迫切希望找到快速发达的道路。这些其实也是很好的理想，然而最后我们很可能在追逐理想的路上，慢慢放弃了这个理想。因为我们也许不得不认清，急功近利往往会让我们失去更多。

在我们所处的时代，行业发展前景基本上是很难看明白的。曾经的巨头可能会在短时间内轰然倒下，看起来欣欣向荣的好产品还没有发展起来，就被新产品完全取代。这都是实实在在发生的事情。在这个时代，也许我们所能做的，是尽量开辟自己的护城河，积累经验和资本，保持对发展的好奇心，保持健康的身体，让自己发展的曲线尽可能延伸到更远的地方。

在职场中，用来衡量人的指标无非经营能力、管理能力或者专业能力，多数人在工作中的追求和选择也不会脱离这个范畴。有人可能会问：这样评价一个人难道不俗吗？不市侩吗？丰富的心灵、美好的品德、高雅的趣味、让人喜欢的性情，难道不是一个人更好的品质吗？是的，这些都是极好的品质。但在职场中，这些品质只能锦上添花。从职场人士的经验来看，妨碍人成功的首先是绝对能力的不足，其次是价值观导向的不正确。缺少足够的工作技能经验或者知识储备，就不可能在工作中得到发展。这是其他软性改善都解决不了的，但反过来说，缺少自我驱动的动力，缺少自律，缺少与人合作的能力，也不是增加工作经验与技能就可以解决的问题。

付出是不是一定有回报？确实不一定，付出和回报之间是一个复杂的关系。付出的方向要正确，原则上来说你希望得到谁的回报，你就需要按照他的想法和要求付出，他有可能是你的父母、领导、客户、恋人等。

2. 引导你理清职场原则

职场中的问题无法穷举，比如我应该跟同事做朋友吗？我不想加班有问题吗？领导更喜欢另一个同事而不喜欢我怎么办？种种疑问会贯穿整个工作生涯，让人苦恼不堪，我们总希望有一个办法可以让我们摆脱所有困扰和迷惑。

有人会用一种"宫斗"的心态去对待职场，秉持"人不犯我，我不犯人""以牙还牙，以眼还眼"的心态。坦率地说，其一，如果存着这样的心思，那么在与人交往时，很容易让人看出自己的虚伪；其二，"办公室政治"不会是职场的常态，常态其实还是通过做事创造效益；其三，办公室里并没有明确目标指向的挤兑，同事相互看不顺眼基本上不属于"办公室政治"的范畴，不要想多了；其四，斗争有输有赢，谁能保证自己一路赢到底呢？赢得起，输不起，是斗不动的。

我们之所以会困惑和迷惘，往往是因为想要的太多。很多人想要的是：既在工作中实现自我价值，又在生活中过得舒适优雅，类似时尚杂志里描述的标准成功人士。

如果把工作目标确定为成为行业里略有名望并且受人尊重的专业人士，根据这个目标便能明确面对工作的原则：如果不能做好本职工作，那么是自己的问题；如果做好了本职工作，却没有得到应有的报酬，那么还是自己的问题。有了这样的原则作为指导，在工作中做什么、怎么做，用什么态度对待领导、同事和客户，以及谈自己的薪酬时，就有了基准态度。

具体说来，我们在公司内应永远冲在前头，而不是先去领导那里讲条件、讲待遇；在商业利益及客户要求和专业判断之间尽可能平衡，让客户满意；积极配合领导工作，以实际工作成果来交换报酬。在这样的目标原则和态度的基础上，相对来说在公司内就会有一定的发言权，不至于让领导厌烦。

虽然理清自己的价值观并不会让你成为"别人家的孩子"，但至少不会让你因年岁渐长，因一时一事的得失而焦虑纠结。在这个过程中，我们也能越发看出自己是技术工作者、幕僚人才，还是管理与决策人才，据此可以发掘自己的优势，清晰地进行自我定位，做好今后的打算。

3. 引导你全身心投入到具体的事情中去

现在社会上有一种风气是宽宥他人的无奈之处，然而这种宽宥往往是从宏观上来讲的，比如不能单纯地认为"穷等于懒"，但对于个体来说，资源也好，机会也好，总不会是无限供给的，不努力难免会被淘汰，即使能够获得他人的同情，也无法改变现实中的困境。

理论上说，年轻的时候过苦日子比较容易忍受，因为我们还能感觉到今天比昨天学习到了更多的新知识，有了新的感悟，还能对明天有所期待，其实这是一件好事！

生活没有捷径，要想改变现状，只能以自己的能力去拼搏，全身心投入到工作中。同时努力学习，为今后的工作打下基础，持续有意识地锻炼自己，争取在工作中发挥优势，把握机会，脱颖而出。

不同的人有不同的发展路径，但起始资源不丰富的人，大抵离不开"坚持"二字。在选择自己的努力方向时，有两点至关重要：一是真正投入时间、精力去做自己想做的事情；二是要在"很重要"和"我有兴趣"之间找到平衡，不能只凭兴趣。比如，在上海，有一门外语水平过得去，几乎是成为白领的必要条件，总归我们要努力学一门过得去的技能。在理性与感性之间，触摸工作之道。比如，喜欢管理咨询工作的人，可以在数据中发现管理行为的痕迹，从文件中去感受管理者的思想。在这个过程中，能从一根脉络摸向另外一根脉络，最后贯通成一幅图景，这是一个非常享受的过程。在没有投入进去的人看来，咨询顾问明面上拼的是对方法论、专业知识技能、工具数据的使用，枯燥无味，何来享受呢？管理难道不该量化、制度化吗？难道不是严谨而冰冷的吗？而喜欢咨询工作的人会慢慢发现，大家在工作到一定年限之后，知识层面的差距就不是特别大了，那些所谓的技术的运用，很多时候取决于如何理解企业、理解管理之道以及理解人，这需要一个人发挥感性的一面。其实有很多人会因为喜欢本职工作、全情投入，而感受到这种享受工作的状态。

在职场中，如果我们仅仅停留在对技术、岗位和收入的追求上，可能会更容易感觉到工作的痛苦，因为这样需要不停地面对如下问题：我做的核算是正确的吗？外界对我的评价是否合理？未来的方向在哪里？

揣摩和抉择会消耗更多的精力与能量，正如茶道、花道、香道之美，并不仅仅在于那些规范动作，也不在于入口、入目、入鼻的片刻享受，而在于身心与规律融为一体的通透感觉。只会做规范动作，不够灵活；只会享受，那就只有欲望。而那种通过表层直达本质的通透，或许才是对"道"的初步体验。

工作也好，生活也罢，纯粹的理性或者感性都难以解决所有的问题，但这还不是最糟糕的，最糟糕的是该感性的时候理性，该理性的时候却感性。例如，我们想要考察一家公司时，需要理性分析这家公司是否正规，提供的岗位是否适合自己，是否能让自己的能力有所提升，待遇是否合理等；需要感性体会的是，公司的目标、文化、氛围和领导工作风格是否适合自己。既不能被公司或者创始人鼓吹的情怀或创业精神所感染，忽略了理性部分，也不能凭感觉就认为工资太少、活儿太多、没有前途，而不去理性考量自己的能力与产出及在人才市场中所处的水平。

此外，职场对理性的要求还包括有足够的纪律性，包括能够意识到自己的情绪并加以控制，以及具有强大的学习能力等；而对感性的要求还包括在工作中对人际关系有足够的敏感度，以及能够培养出自己对工作的乐趣。

我们的经验是，在工作中积累一定的技术经验和阅历，才能培养出正面的感觉。例如，一个人写的文章没有人看，或者只有几个人看，但没有任何反馈。如果他只是因为自己想写、喜欢写，那么即使没有人来看、没有人反馈，他也会坚持写下去。这就是感性的一面。但实际上，他应该去分析一下如何才能把自己的观点表达得更好，或者自己的观点本身是否出了问题，这就是理性的一面。只有将这两者平衡起来，在写作这件事上才能做得越来越好。

其实，大多数人都不如自己想的那么理性。比如，有些职场人会觉得，如果在这个企业得不到想要的，那就可以离开，换一个平台试试。但在现实生活中，多数人对自己付出过的工作会产生感情上的羁绊，会对企业产生感情，做很多事情都会有顾虑，并且愿意逐渐考虑更多的平衡。接受并面对这一点，反而更容易保持开放和解脱。

我们应明白，理性不代表钻牛角尖，一个不通人情的技术专家，也许可以挣得高薪、赢得一些荣誉，但只能做到勉强被人容忍，除非乔布斯那样的天纵奇才，否则难免会遇到各种人为因素阻碍发展，丧失发展机会，失去进一步丰富人生的可能性。

工作与生活不存在始终不变的平衡，也不存在长期有效的通往成功的捷径。工作虽然有时令人疲倦，但它能够帮助我们成长。也许自由是你毕生追求的目标，但为了这个目标，你更需要有足够的能力面对工作，如果你能从中感觉到足够的乐趣，使工作与生活成为一体而非对立割裂的两个方面，那么你就已经实现了"自由"，不再需要通过其他方面来平衡。

3.6 职业价值观的影响

价值观对我们的人生发展起着重要作用，那么，职业价值观对我们的职业发展也起着重要作用。职业价值观是我们在选择和评判职业的时候，所看重的原则、标准和品质。价值观对个体会产生一些不同的影响，所以具有不同价值观的人会产生不同的态度和行为。在我们面临职场选择的时候，特别是处于临界点的时候，价值观是我们认为最重要、最想要的东西在职业上的体现。

3.6.1 终极性价值和工具性价值

根据目标和工具，罗克奇把价值因子分为终极性价值和工具性价值。那么，什么叫终极性价值呢？它指的是一个人希望通过一生而实现的目标，是理想化的终极状态和结果；工具性价值是指为了达到理想化状态所采取的行为方式或手段，是个体实现终极性价值的手段。

我们看到，在终极性价值中，有很多是我们一生想要实现的结果。比如，内在的和谐，真挚的友谊，成熟的爱，等等。实际上，平常我们所说的"独立""智慧""负责""自我控制"等，都是工具性价值。工具性价值和终极性价值是有差别的，但也是相辅相成的。比如，我们非常认真努力地去完成一项工作，我们确信，对于工具性价值而言，我们锻炼了能力，但对于终极性价值而言，我们是为了获得舒适的生活。再如，我们和别人和谐地交往，友好地相处，工具性价值是助人为乐、与人为善，终极性价值是得到自尊和快乐。因此，我们在探索价值时，由于工作经历的局限，常常容易体会并认同工具性价值，但事实上，终极性价值会对我们的职业选择产生更为深远而深刻的影响。

【思考与练习】

你的终极性价值是什么？

_____

_____

_____

3.6.2 职业价值观对职业的作用

职业价值观对职业的作用体现为以下5个方面。

(1) 决定工作稳定性；

(2) 决定了人们的职业期望；

(3) 影响人们对职业方向和职业目标的选择；

(4) 决定了人们就业后的工作态度和劳动绩效水平；

(5) 决定了人们的职业发展情况。

刚毕业的大学生，他的价值观基本会和利益相关，因为他要生存，所以大家毕业的时候想要找一份工资高的工作，这是无可厚非的。然而在满足了基本物质需求后，你的价值追求是什么呢？这就需要你建立相对稳定的、值得追求的职业价值观，一旦这个价值追求的概念得以清晰，你就会找到方向与动力，并在能够实现价值观的岗位上坚持干下去，排除一定的干扰和诱惑。所以说，价值观决定了当前工作的稳定性。你实现了职业价值观，能够满足你当前对工作的期待，你在工作中会有目标，为了达到目标，你会干劲十足，充满活力，工作态度积极向上，劳动绩效将得到极大提高，领导、群众看在眼里，对你加以好评，加上成绩，你会比别人更快得到晋升，今后的职业发展可以预期。可见，找到职业价值观对于我们选择职业和职业发展起着至关重要的作用。

【思考与练习】澄清你的职业价值观

澄清职业价值观分两个步骤：第一步，在常见的50个职业价值观中找出10个对你来说最重要的，然后按优先顺序对这些价值观进行排列；第二步，对自己的工作价值观提出"7问"。

练习一：在下列50个常用的价值观中挑选出10个，然后按重要性排序。

50个重要且常见的价值观。

1. 艺术创造性：致力于创造与设计，追求美感的享受。

2. 机会均等：处于一个公平竞争的环境中，能够凭真实能力得到提升和发展。

3. 符合兴趣爱好：工作和自己的兴趣相符，能够体验到快乐。

4. 工作稳定性：不喜欢工作频繁变动，不会轻易辞职，也没有被辞退的危险。

5. 崇尚独立：工作有较大的自主性，较少受规则或制度的限制。

6. 前沿领域工作：在学术、科研领域或商业单位从事研发工作，能够提出新思想或具有创意的观点。

7. 个人发展：工作中能够获得更好的机会和发展。

8. 工作与生活的平衡：工作之余有足够的时间兼顾家庭、个人爱好和社会活动。

9. 信仰：工作环境、内容不违背精神信仰。

10. 创造性：独创性地提出新思想、新项目等。

11. 轻松的工作环境：同事之间可以开玩笑，工作环境充满幽默、乐趣。

12. 影响力：能够影响别人，可以改变别人的态度或意见。

13. 有益于社会：工作内容是做那些能够使世界变得更美好的事情。

14. 诚实和正直：重视诚实和正直的工作关系和环境。

15. 身体挑战：对身体的力量、速度、灵巧和机敏度有一定要求。

16. 帮助他人：从事的工作可以直接帮助他人。

17. 赏识认可：工作业绩能得到积极的反馈和大家的肯定。

18. 团队合作：在团队中有良好的工作关系，并以团队的形式完成工作任务。

19. 环保：做有益于自然环境的工作。

20. 追求成就：追求自我实现，而并非外在物质利益的满足。

21. 竞争：工作中，可以与别人在能力上一较高下，从而获得进步。

22. 福利保障：工作有较高的安全和健康保障。

23. 权力：能够掌控工作进程或工作人员的行为等。

24. 稳定的居所：能够找到一个可以保持自己生活风格的居所，按照自己希望的那样休闲、学习和工作。

25. 冒险：工作要求时常做一些有风险的事情。

26. 决策力：有权决定方向、政策等。

27. 社会地位：从事的工作在人们的心目中有较高的社会地位，从而使自己和家人得到他人的重视与尊敬。

28. 友谊：通过工作发展亲密的人际关系。

29. 快速学习：快速掌握新的、独特的和困难的工作任务。

30. 时间自由：能够自由安排工作时间，没有特别的工作时限。

31. 变化：工作内容或环境多变，可以带来新鲜感。

32. 专业地位：在领域内被公认为是专家，见多识广。

33. 社会交往：能和各种人交往，建立比较广泛的社会联系和关系。

34. 归属感：能够获得特定组织的认可，并成为他们的会员。

35. 工作节奏平缓：避免有压力和竞争激烈的工作。

36. 追求新意：工作内容经常变换，使工作和生活丰富多彩，不单调枯燥。

37. 同事关系：一起工作的大多数同事和领导人品好，与其相处时感到愉快、自然。

38. 知识性：工作中可以积累知识。

39. 实用性：工作成果是实际的、有用的。

40. 刺激性：工作中经常有新鲜事物和戏剧性的事件发生，从中可以体验到刺激。

41. 挑战难题：在工作中不断有复杂的问题和任务需要解决，排解困难和解决问题是工作的核心内容。

42. 传统：工作环境与自我认同的社会习俗不冲突。

43. 独立工作：独立完成工作，不愿他人介入。

44. 发挥专长：工作中熟练使用自己的技能与知识，并有超出一般人的表现。

45. 高收入：收入能够达到自己的期望，可以购买奢侈的生活用品。

46. 家庭：工作不影响自己履行家庭责任。

47. 快节奏：工作节奏快。

48. 督导：督促、指导别人开展工作，且对工作结果负责。

49. 公司知名度：公司在业内有较高的知名度和较好的名声。

50. 工作精确性：按照规程开展工作，精确地关注细节。

● 挑选10个价值观，并按优先顺序排序：

_____

_____

_____

_____

练习二：职业价值观7问。

1. 为什么工作？

_____

_____

_____

2. 工作为了什么？

_____

_____

_____

3. 工作意味着什么？

_____

_____

_____

4. 工作与自己、他人以及社会有什么关联？

_____

_____

_____

5. 好工作或者所谓有价值的工作是什么？

_____

_____

_____

6. 工作和金钱有什么关系？

_____

_____

_____

7. 一个人的经历、成长、成就感和工作有什么关系？

_____

_____

_____

　　回答完毕，写一份自我职业价值观总结。注意，我们不是让你写一篇论文，也不会给你打分，但我们希望你认真地写下来，真实地记录你的想法，250字即可。

_____

_____

_____

写完后，请反复看，然后回答以下问题：
你的这种职业价值观，将会给你以后的工作带来什么影响？

_____

_____

_____

你会以什么样行为和心态去工作？

_____

_____

_____

你的工作价值观对你未来发展的影响是什么？

_____

在练习中，我们注意到，对大多数人来讲，"职业价值观"是一个全新的概念。同时，在做这个练习时，如果人们感到为难，那很可能是因为他们只记录了在找工作或者应聘中的"工作描述"。关于这个练习，我们对于你想要做什么工作并不感兴趣，我们关注的是你对工作的想法——工作为了什么，以及工作意味着什么。从根本上来讲，这将成为你的工作宣言。在使用"工作"这个术语时，我们是从广义上去定义的——工作不仅是指我们为了赚钱所做的事情，对于大多数人来讲，工作是人生中最大的一个组成部分，它占据了我们大部分的注意力和精力。因此，我们建议你多花些时间思考工作和职业对你来说意味着什么。

职业价值观涉及的内容十分广泛，不仅包括做什么，还包括如何整合不同的问题。例如，服务他人和社会，工资和生活水平，成长、学习、技能和天赋——这些都是职业价值观包含的内容。你当然可以处理你自认为重要的事情，没有必要服务他人，也不需要关心社会问题。但是，积极心理学家马丁·塞利格曼发现，如果人们在自己的工作和对他们有意义的社会事务之间建立联系，他们就会获得更多的满足感，面对压力时能更好地适应，工作中也更容易做出妥协。很多人都说，他们希望找到自己满意的、有意义的工作，因此我们鼓励你也去研究上述问题，并写出你的职业价值观。

3.7 职业规划的认知

当你学习到这里，你已经完成职业生涯规划的大部分学习，为了继续学习和分析外部环境、决策与计划的关系，需要你再次认识职业规划的定义、原则和方法。

1. 职业规划的定义

职业规划是对职业生涯乃至人生进行持续的、系统的计划的过程，它包括职业定位、目标设定和通道设计三个要素。

职业规划(career planning)也叫"职业生涯规划"。职业生涯规划的好坏可能影响个体的整个生命历程。

2. 职业规划的原则

(1) 喜好原则。做自己喜欢的事，才有可能在碰到强大对手的时候仍然坚持，在遇到困难情况时不会放弃，在有巨大诱惑时不会动摇。

(2) 擅长原则。做你擅长的事，才有能力做好；有能力做好，才能解决具体的问题。只有做自己擅长的事情，才能做得比别人好，才能在竞争中脱颖而出。

(3) 价值原则。当你认为这件事足够重要，值得你做时，你才会乐此不疲否则你再有能力也不会开心。

(4) 发展原则。首先你要有机会去做，有机会做还得有足够大的市场、足够大的成长空间，这样的职业才有奔头。

3. 职业规划的方法

事实证明，被动接受很难带来明显的行动效果。"鱼，渔"规律必须引入到职业规划中来。具体的方法包括"镜子和尺子""方法与视角""信息支持""确定性"。

(1) 职业规划的首要环节是"职业方向定位"，请记住它是"最重要的"，它是你职业生涯的"镜子和尺子"，用于看清你的职业特质，指导你5～10年的职业积累和发展。

有人说，职业规划具有灯塔、航标等设施的引导作用。明确职业方向能为你聚拢有限的资源，揭示关键特质的程度差异。对职业方向与职业特质的坚定把握，是从战略高度对职业成功的把握，是最有效的把握方式。

(2) 另一把尺子就是"职业核心能力测评"。对于大多数受过高等教育的人来说，它并不是那么必需。大学正规学历教育中核心能力的训练，完全可以支持你基本的职业发展目标。

如果你认为自己的大学学习不是那么顺利或成功，或者你有很高的职业发展期望，就有必要通过"职业核心能力测评"进行胜任力评估，用以支持你制定的职业目标并树立一个能力提升的方向与标准。它的数据是企业管理者的能力常模。

(3) 组织环境对个体的职业发展过程有较大影响，这使得"职业成熟度测评"变成"第二重要"的服务环节。

如果你没有掌握资源、权力，就不要试图去改造组织环境，因为个人并不具备这样的力量，这个想法过于理想化。主动适应环境是个聪明的选择，凭借自身的努力就可以把握。

组织原则、职场规则、人际策略、方法视角、自我管理等都标志着你的"职业成熟度"水准，决定着你的回报速度。对于付出了巨大的努力仍然得不到认可、经常将失败归罪于环境恶劣、忍气吞声或动辄冲冠一怒的人来说，"职业成熟度测评"能够丰富你的工作经验，给你有益的指导。

(4) 缺乏信息支撑的决策，是可怕的决策，正所谓"心中无数点子多，头脑糊涂决心大"。

职业规划注重方法论，是因为方法论与价值观一样，是"形而上"的"道"，是必须的前提。但如果它不与"形而下"的"器"相结合，"道"亦成为在半空中漂浮的空谈。因此职业规划最终必须体现为"职业决策"，而"职业信息库"恰恰是它的信息支撑。

(5) 无法回避的是，在你历经思考和学习之后，仍然需要获得"确定性"支持。特别是遇到复杂情况时，取舍、策略、次序、轻重、缓急的筹划都需要专家或团队的深度参与。

课后作业

1. 借助网络，完成胜任能力和优势能力的测评。
2. 完成工作价值观的"7问"与反思。

第4章 职业环境探索

章节描述

本章旨在引领读者了解职业与行业、职业环境及职业环境探索的方法和内容；初步了解社会环境、企业环境、行业环境及岗位环境的具体情况，增强职业环境探索意识；掌握职业环境分析的方法和内容，能运用生涯人物等多种方法获取职业信息，提高职业认知能力；初步了解适合社会发展需要的职业方向。

学习目标

知识目标
1. 了解职业与行业的基本概念及分类；
2. 了解职业环境的内容及职业环境探索的方法。

能力目标
1. 能够利用职业分类帮助自己探索职业世界；
2. 能够运用多种职业环境探索的方法与途径，提高职业环境探索的能力，获取职业信息。

素养目标
1. 通过对职业的认识及职业探索，提升自我职业素质；
2. 通过职业分析，坚定理想信念和家国情怀，增强责任和担当意识。

从舒伯生涯理论中，我们知道生涯涵盖人的一生，包括工作及业余生活。由于工作是个体安身立命的基础，唯有找到适合的职业，工作之外的生活才能正常展开；而大部分人追求的梦想，主要以工作方式来实现，所以对职业环境的探索是生涯规划的重要组成部分。

现实中，有些人在工作中屡屡碰壁，并且十分委屈："我已经很努力了，为什么还没有起色？"那么，在抱怨之前，我们需要问问自己："我了解将要或正在从事的职业吗？我知道这份职业在能力上有什么要求吗？""这份职业与自己的个性匹配吗？"只有了解职业信息，才能知道今后发展的方向，才能知道自己应该朝着哪个方向努力。

4.1 行业与职业认知

4.1.1 职业概述

1. 职业的概念

职业产生于社会大分工。一方面，随着社会生产力的发展，工业、商业、农业和手工业所包括的各种职业随之发展起来。著名作家普鲁塔克在《伯里克利传》中提到了雅典手工业的概况，列举了木工、雕刻工、青铜工、石工、金工、画师、纺织工、箍桶匠、铺路工和矿工等职业。另一方面，私有制的产生和阶级的出现，导致体力劳动和脑力劳动的分工和对立。至此，人类社会"出现了从事单纯体力劳动的群众同管理劳动、经营商业和掌管国事以及后来从事艺术和科学的少数特权分子之间的大分工"。从原始社会到封建社会，生产力发展比较缓慢，伴随其发展产生了许多职业[①]。

社会分工要求具有相应技能和能力的人从事相应的工作。比如，木工要会打造门、窗、桌椅、家具等，教师需要有公众认可的知识积累和教书育人的品德等。在社会活动中，人们凭借自己拥有的知识和技能去从事能胜任的工作，以换取劳动报酬来满足其生活需要。

由此，我们给职业下一个定义。职业是参与社会分工，利用专门的知识和技能，为社会创造物质财富和精神财富，获取合理报酬，作为物质生活来源，并满足精神需求的工作[②]。

2. 职业的特征

(1) 劳动的等价交换特征。在社会活动中，人们通过劳动生产产品(包括物质和精神产品)，与需求者进行等价交换，以获得自己所需。比如，木工生产桌椅换取自己生活所需的粮食、衣服等，教师教授学生赚取家长交付的学费等。它体现的是劳动力与劳动资料之间的结合关系，也体现出劳动者之间的关系，以及不同职业之间的劳动交换关系。

(2) 职业有其必须遵守的操作规范和职业道德要求。不同的职业在其劳动过程中有一定的操作规范性，这是保证职业活动的专业性要求。当不同职业在对外展现其服务时，还存在一个伦理范畴的规范性，即职业道德。这两种规范性构成了职业规范的内涵与外延。

(3) 人们从事职业的目的是创造社会财富和获取劳动报酬。人们从事职业的一个重要原因是要通过劳动获取满意的报酬，以满足自己的物质生活和精神生活需求。在实际生活中，很少有"不劳而获""天上掉馅饼"的事情，人们清楚地知道，社会交换是一个永恒的社会定律，要想生存，以及生活得更好，只能不断地通过各种工作来创造财富，进行交换，才能满足自己所需、所要、所想。同时，我们生活的社会也需要每一个人不断地创造

[①] 王晓平，张浩，陈祝林，等. 职业发展概述[M]. 上海：同济大学出版社，2004：4.
[②] 百度百科. http://baike.baidu.com.

财富，以使整个社会更加富有。把这种职业的个人功利与社会功利结合起来，职业活动及职业生涯才具有生命力和意义。

(4) 职业具有鲜明的技术性和时代性。职业的技术性指不同的职业具有不同的技术要求，每一种职业往往都表现出一定的技术要求。职业的时代性指由于科学技术的变化，人们的生活方式、习惯等因素的变化，导致职业被打上时代的"烙印"。[①]

3. 职业的分类

1) 国外的职业分类

国外的职业分类主要有3种：一是按照脑力劳动和体力劳动的性质、层次，把工作人员分为白领和蓝领两类；二是按照心理个别差异进行分类，其代表是霍兰德所创立的人格和职业类型匹配理论，将人格和职业对应划分为6种：现实型、艺术型、研究型、社会型、企业型和传统型；三是按照各个职业的主要职责或从事的具体工作进行分类，如加拿大的《职业岗位分类词典》将职业分为23个主类。

另外，由美国学院测验项目(american college testing program，ACT)于1985年发展的"工作世界地图"(world-of-work map)，目前在生涯辅导中得到普遍应用，它依据"资料—思维"和"事物—人群"两个维度把职业分为12大类。

2) 我国的职业分类

我国于1999年由中国国家劳动和社会保障部、中国国家质量技术监督局、中国国家统计局颁布了能全面反映中国现阶段社会职业结构状况的《中华人民共和国职业分类大典》，把中国的职业分为8个大类、66个中类、413个小类，如表4-1所示，包括国家机关、事业单位、商业企业、农林牧副渔等国民生活的各个方面。其中，颁布了职业标准的有505个。

国家职业标准是在国家职业分类的基础上，根据职业的活动内容，对从业人员工作能力的规范性要求，也是衡量劳动者从业资格和能力的重要尺度。了解职业标准对我们认识职业准入要求、认识自身与该职业要求的距离有很大的帮助。此后每年都会根据我国的社会经济发展公布一些新兴的职业及职业标准。

表4-1　中华人民共和国职业分类

第一类	国家机关、党群组织、企业、事业单位负责人
第二类	专业技术人员
第三类	办事人员和有关人员
第四类	商业、服务业人员
第五类	农、林、牧、渔、水利业生产人员
第六类	生产、运输设备操作人员及有关人员
第七类	军人
第八类	不便分类的其他人员

[①] 向阳生涯. 中国职业规划师(CCDM)认证教程. http://www.xycareer.com.

【思考与练习】拓展职业范围的头脑风暴

1. 课前准备好几张A3白纸。

2. 请同学们用头脑风暴法尽可能多地列举出与手机有关的职业，并将所有联想到的职业都记录下来。完成任务后，各组进行讨论。

【讨论】

(1) 你从这个活动中得到什么启示？

_____

_____

_____

(2) 这么多职业，它们之间的联系是什么？

_____

_____

_____

4. 职业、工作与职位的概念辨析

(1) 职业是在不同的专业领域中一系列相似的工作的总称。例如教师职业，可分为幼儿教师、小学教师、中学教师和大学教师等；警察职业，可分为治安警察、武装警察、交通警察等；会计职业，可分为工业企业会计、农业企业会计、上市公司会计、涉外会计，等等。

由此，我们看到职业包含若干个工作种类或劳动对象。虽然从事这些职业都有相似的工作内容，但区别很大，尤其对一个人的能力和教育知识有很强的专业要求，甚至跨度很大，如工业企业会计、农业企业会计等。因此，中国职业规划师协会提出"职业=职能+行业"。如会计，按这个定义理解，就能更好地区分这个职业的工作内容和工作领域。人们在选择这份职业时，就能根据个人的兴趣、能力、知识，来确定是否适合及愿意从事这份职业。

(2) 职业不等于工作，职业包含工作。工作的概念是劳动生产，主要是指劳动，确切地说，是指具体的劳动内容[①]。比如有人问"你的职业是什么"，回答"中学教师"，又问"你教什么(具体的工作)"，回答"数学教师"。这时，"数学教师"就是这个人的工作。有时在交谈时，别人会问"您是做什么工作的"，回答"教师"。这其实是一种模糊的回答，混用了概念，同时又是一种礼貌的敷衍，表示不愿做深入具体的回答。

(3) 职位与分配给个人的一系列具体任务直接相关。因此，职位和参与工作的个人相对应，有多少参与工作的个人，就有多少个职位。

人们要进行一定的活动，或者说要从事一定的工作，就必须有一定的选择范围，或明确具体的工作职位。无论是相对于具体的工作内容，还是相对于某一个具体的劳动者而

_____

① http://baike.baidu.com/subview/10614/11101789.htm.

言，职位都是具体的，具有非常鲜明的外在表现形式和内涵。如车间主任、班组长，再如车间维修维护、生产调度等。无论一个人从事何种工作，最终都有一个体现这种工作的载体，具体来讲，就是某个职位，职位是对劳动者的工作活动或工作位置的称谓。

【思考与练习】

学习正文内容，请回答以下问题。

1. 职业是参与社会分工，利用专门的知识和技能，为社会创造物质财富和精神财富，获取合理报酬，作为物质生活来源，并满足精神需求的工作。下面说法中，正确的有(　　)。

A. 职业起源于社会分工，自古以来就有很多职业

B. 职业没有任何限制，人们只要愿意，什么职业都可以做

C. 只要有了知识和技能，就可以获得报酬

D. 职业强调的是利用所学、所会创造物质和精神财富来获得合理报酬

2. 职业的特征是(　　)。

A. 劳动的等价交换　　　　　　　B. 具有规范性

C. 目的只是获取劳动报酬　　　　D. 具有技术性和时代性

3. 按照中国职业规划师协会对职业的定义"职业=职能+行业"，下列选项中不是职业的有(　　)。

A. 国家主席　　　B. 焊工　　　　C. 会计　　　　D. 销售

4. 下列选项中，属于职位的是(　　)。

A. 警察　　　　　B. 客房服务员　C. 处长　　　　D. 主持人

E. 经理　　　　　F. 校长

5. 下列选项中，属于工作的是(　　)。

A. 国家公务员　　B. 教师　　　　C. 志愿者　　　D. 文秘　　　E. 汽车维修

(答案：1. D；2. A、B、D；3. D、E；4. B、C、E、F；5. E)

● 如果你愿意继续探索，可登录http://www.jobsoso.com/occtype.aspx（jobsoso网站的职业分类)搜索自己感兴趣的职业，获取更加专业的职业资讯。

5. 职业对人生的作用

在现今社会，人们完成学业后一般都要投入社会，选择和开始一份职业，一直到退休。在这段人生历程中，人们有可能始终从事一份职业，也可能从事多份职业。职业生活是人生重要的组成部分，在人生中发挥着重要的作用。那么，它到底有什么作用呢？

【活动】探讨职业对人生的作用

运用头脑风暴法，在下面的横线上尽可能多地列出"职业对人生的作用"。

_____

_____

_____

_____

在课堂上，将学生分成小组，以小组为单位，发挥集体的力量，列出职业对人生的作用。

评量标准

条理清晰、内容全面并能逐条阐述列出理由的，为满分10分；不能列出理由和完成任务的，为0分。衡量自己能够达到的分数，把自己的得分和得分理由填写在下面的横线上(课堂小组可填写集体分数和列出理由)。

分数_____ 理由_____

通过上面的练习，你会发现职业对人生的作用，主要是为了满足人们物质生活和精神生活的需求。你所列出的内容都能归纳到"马斯洛的需求层次理论"中，见图4-1。

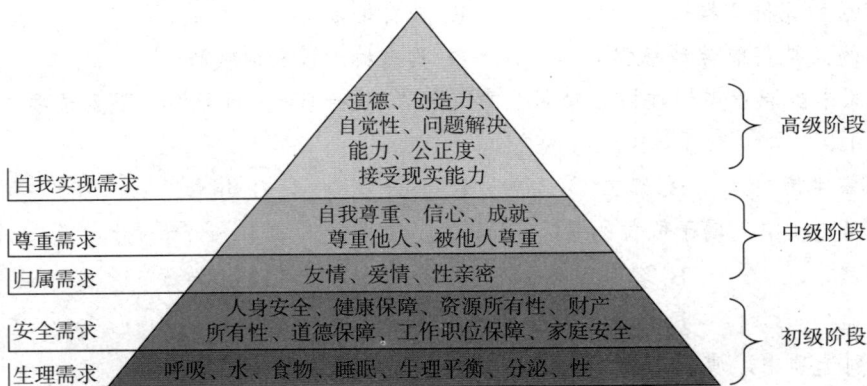

图4-1 马斯洛的需求层次理论

马斯洛需求层次理论的基本观点

(1) 5种需求像阶梯一样从低到高，按层次逐级递升，但这个次序不是完全固定的，可以变化，也有种种例外情况。

(2) 一般来说，某一层次的需求相对满足了，就会向高一层次发展，追求更高层次的需求就成为驱使行为的动力。相应的，获得基本满足的需求就不再是一股激励力量。

(3) 5种需求可以分为高低两级，其中生理需求、安全需求和归属需求都属于低级的需求，这些需求通过外部条件就可以满足；而尊重需求和自我实现需求是高级需求，通过内部因素才能满足，而且一个人对尊重和自我实现的需求是无止境的。同一时期，一个人可能有几种需求，但每一时期总有一种需求占支配地位，对行为起决定作用。任何一种需求都不会因为更高层次需求的发展而消失。各层次的需求相互依赖和重叠，高层次的需求发展后，低层次的需求仍然存在，只是对行为的影响程度大大降低。

(4) 马斯洛和其他行为科学家都认为，一个国家多数人的需求层次结构同这个国家的经济发展水平、科技发展水平、文化水平和人民受教育程度直接相关。在不发达国家，生理需求和安全需求占主导的人数比例较大，而高级需求占主导的人数比例较小；而在发达国家，则恰好相反。在同一国家不同时期，人们的需求层次会随着生产水平的变化而变化[①]。

4.1.2 职业、产业与行业

1. 产业

产业是对各类行业在社会生产力布局中发挥不同作用的称谓。

2003年，根据《国民经济行业分类》(GB/T 4754—2002)，国家统计局印发了《国家统计局关于印发〈三次产业划分规定〉的通知》(国统字〔2003〕14号)。该规定在国民经济核算、各项统计调查及国家宏观管理中得到广泛应用。

2012年，根据国家质检总局和国家标准委颁布的《国民经济行业分类》(GB/T 4754—2011)，该局再次对2003年《三次产业划分规定》进行了修订。

2018年，根据《国民经济行业分类》(GB/T 4754—2017)，该局对《三次产业划分规定(2012)》中行业类别进行了对应调整。

三次产业的范围：

第一产业是指农、林、牧、渔业(不含农、林、牧、渔服务业)。

第二产业是指采矿业(不含开采辅助活动)，制造业(不含金属制品、机械和设备修理业)，电力、热力、燃气及水生产和供应业，建筑业。

第三产业即服务业，是指除第一产业、第二产业以外的其他行业。第三产业包括：批发和零售业，交通运输、仓储和邮政业，住宿和餐饮业，信息传输、软件和信息技术服务业，金融业，房地产业，租赁和商务服务业，科学研究和技术服务业，水利、环境和公共设施管理业，居民服务、修理和其他服务业，教育，卫生和社会工作，文化、体育和娱乐业，公共管理、社会保障和社会组织，国际组织，以及农、林、牧、渔业中的农、林、牧、渔服务业，采矿业中的开采辅助活动，制造业中的金属制品、机械和设备修理业。

2. 行业

行业是指从事相同性质的经济活动的所有单位的集合。

行业是采用经济活动的同质性原则划分的，即每一个行业类别都按照同一种经济活动的性质划分。行业是社会分工的大类，通过了解行业能让个人更好地了解职业世界。在给自己进行职业定位时，我们大致的顺序是：行业—职业—企业—岗位，所以了解"行业"

① http://baike.so.com/doc/2102592-2224471.html.

的概念和分类是十分必要的。

《国民经济行业分类》国家标准于1984年首次发布，分别于1994年和2002年进行修订，2011年第三次修订，2017年第四次修订。该标准(GB/T 4754—2017)由国家统计局起草，国家市场监督管理总局、国家标准化管理委员会批准发布，并将于2017年10月1日实施。

《国民经济行业分类》(GB/T 4754—2017)国家标准第1号修改单(以下简称第1号修改单)已经国家标准化管理委员会于2019年3月25日批准，自2019年3月29日起实施。

行业分类的主要目的是正确反映国民经济各行业的结构和发展状况，便于研究国民经济的各项比例关系。

关于《国民经济行业分类》的详细内容，可上网查询，限于篇幅，这里不再赘述。

4.2　职业环境认知

职业发展和变迁的规律不仅要求我们了解职业的种类，而且要求我们了解职业所处的环境。"知己知彼，百战不殆"，我们在全面认识自己的基础上，还应该充分了解职业所处的环境需求，清楚地认识职业所处的环境特征，从而谋求个人职业生涯发展的成功。对职业所处环境的认知，既包括对社会环境、行业环境、企业环境和岗位环境的认知，又包括对家庭环境和学校环境的认知。

4.2.1　社会环境分析

社会环境分析，就是对我们所处的社会政治环境、经济环境、科技环境、法治环境、文化环境等宏观因素的分析。职业始终处于社会环境中，职业的发展是以社会的发展和需要为前提的。个体进行职业选择时，要充分认识到社会环境对职业发展的影响。通过对社会大环境包括国际、国内与所在地区3个层次环境的分析，可了解和认清国际、国内和自己所在地区的政治、经济、科技、文化、法制建设、政策要求及发展方向，以更好地寻求发展机会、规划发展路径。

1. 政治环境

政治环境主要涉及国家的职业方针和政策，对职业发展起导向作用。比如，国家为了促进大学生就业，从2003年开始实施了一系列引导高校毕业生到基层就业的项目，如"三支一扶计划""大学生志愿服务西部计划""农村义务教育阶段学校教师特设岗位计划"，以及公务员招录政策等，这使得我们进行职业选择的范围更加广泛。

2. 经济环境

经济环境是影响职业选择和发展的重要因素。一般来讲，经济发展形势越好，社会提供的职业种类越多，就业的概率就越大；相反，当经济处于萧条时期时，对人才的需求必然会降低，可供选择的职业会减少，职业的发展空间也会相应缩小。比如，2008年由美国"次贷危机"引发的全球金融危机，导致我国的金融行业、外贸行业和与出口有关的制造业受到严重影响，珠江三角洲甚至出现倒闭潮和失业潮，导致岗位需求紧缩，此时进行职业选择，发展空间就会大大缩小，势必导致个体生涯规划的调整和改变。

3. 科技环境

科学技术是社会生产力中最活跃的因素，它影响着人类社会的历史进程和社会生活的方方面面，对职业选择的影响更是显而易见。作为当代大学生，应把握科技发展趋势，不断学习新技术，使自己不断适应企业需求。

4. 法治环境和文化环境

法治环境和文化环境主要是指与职业相关的法律、法规、教育条件等因素。用人单位聘用人才要受到法律的约束，比如8小时工作制、最低工资水平等。而文化环境会影响人们的行为和基本信念。在中国，受传统文化的影响，很多人都希望自己能有一所安身立命的"房子"，希望自己所从事的工作"有面子"，所以在选择职业时会更多地考虑这些因素。

总的来说，我们现在面临一个非常好的宏观环境，社会安定，政治稳定，经济发展迅速，并与全球一体化接轨，法制建设不断完善，文化繁荣自由，尖端技术、高新技术突飞猛进。因此，在这个大前提下，我们需要特别注意的是职业环境的变化。

4.2.2　行业环境分析

行业环境分析包括对目前从事或拟从事的目标行业的环境分析。分析内容包括行业的发展状况，国际、国内重大事件对该行业的影响，目前行业的优势与劣势，行业发展趋势，等等。

行业与职业不同，行业是企业的集合。从事同类产品生产销售的企业或提供类似服务的企业达到一定的数量才会形成一个行业。例如，家电行业，包括生产电视机、空调、冰箱、洗衣机等不同类型产品的若干家企业。在同一行业内，可以从事不同的职业。例如，同在保险业，可以任职保险业务员，也可以任职人力资源部经理。

在分析行业环境时，一定要结合社会大环境的发展趋势。由于科学技术的飞速发展，某些行业将逐渐萎缩、消亡，而许多极具发展前途的朝阳行业将不断出现并发展起来。同时还要注意国家政策的影响，要了解国家对某一行业是支持、鼓励和引导，还是限制、控制和制约，要尽量选择那些有前景、发展空间较大的行业。例如，我国近年来狠抓环境保护，推行可持续发展战略，保护生物多样性，在农业生产中控制化学制品的使用，开发"绿色食品"等，使环境保护产业充满生机，进一步促进环保设备生产、环保技术咨询等行业迅速发展，提供了大量就业岗位。而这时如果不了解情况，为了一时利益，盲目进入那些污染严重的行业谋职，可能会阻碍自己的职业生涯发展。

此外，每个行业都有自己的行业标准和规范，这些规范有可能是明示的，也有可能是潜在的；标准有可能是国家制定的标准，也有可能是行业内部的标准。行业规范及标准代表了该行业的人才准入门槛以及从业人员基本守则，掌握行业规范和标准，能够为进入该行业奠定坚实基础。

4.2.3　企业环境分析

企业环境分析尤为重要。个人在选择企业时，有必要通过个人可能利用的一切渠道来获取信息。比如，个人可以通过公司所在地的新闻出版机构提供的新闻线索，来了解该企业产品及服务的详细情况；可以通过有关书籍和企业发展史、当地各种商业活动、企业人物获奖的细节，了解可供参考的资料信息；可以通过公司网站，了解公司价值观和企业文化；可以通过参观企业或参加面试时的谈话资料和知识背景，了解公司的发展前景、管理规范等。

企业环境分析包括以下3个方面。

1. 企业实力

企业在社会中的地位和声望如何？企业目前的产品、服务和活动范畴是什么？企业有哪些发展领域？发展前景如何？战略目标是什么？技术力量和设施是否先进？在本行业中是否具备很强的竞争力？企业处于发展扩张阶段还是倒退紧缩阶段？谁是企业的竞争对手？企业目前的财务状况如何？企业是真正在"做大""做强"还是徒有其表？企业有没有长久的生命力？企业的组织结构是怎样的？有扁平化的发展趋势吗？等等。

2. 企业领导人

企业主要领导人的抱负及能力是企业发展的决定性因素，而且个人在职场的发展很大一部分受领导人影响。很多成功的大企业都有一位出色的企业家作为掌舵领航人。当然员工炒老板鱿鱼也是职场的一道"家常菜"。我们要了解企业主要领导人是真心要干一番事业，还是想捞取名利？管理是否先进开明？他有足够的能力带领员工开创新天地吗？他有没有战略眼光和科学规划？他尊重员工吗？

3. 企业文化和企业制度

除了优厚的福利、吸引人的薪酬、舒适的工作环境和出色的管理之外，优秀的企业还会创造积极的企业文化，让员工感到快乐和受尊重，这样会使员工工作更有创造性。员工与企业的配合情况与企业文化息息相关。因此，我们在求职时选择让自己觉得舒服的企业文化氛围至关重要。

企业制度涉及的范围比较广，包括管理制度、用人制度、培训制度等。我们在求职时应尽可能了解这些信息，了解企业组织结构的特征与发展趋势，分析这种安排对自己未来的影响，特别要注意：企业用人制度如何？能否提供教育培训机会？提供的条件是什么？自己将来有没有可能在该企业担任更高级的职务或担负更大的责任？个人待遇提升的空间有多大？是基于能力还是工作年限？企业的标准工作时间是怎样的？是固定的还是可以变通的？企业提供的薪酬和福利待遇与行业内其他公司比较处于一个什么样的位置？

通过以上分析，应理出一条清晰的线索，确定自己在这个企业中有没有足够的发展空间，衡量自己的生涯目标能够在该企业得以实现的可能性。

4.2.4　岗位环境分析

岗位环境分析是职业环境分析中比较具体化的部分。岗位即我们选择的职业是干什么的，简单来说就是职位。对岗位进行环境分析主要是为了了解以下方面：该岗位的工作内容是什么？工作岗位及其工作环境条件如何？需要具备怎样的素质和能力？在企业部门中的地位和作用如何？同事有哪些？晋升的渠道是什么？晋升通道是否畅通？等等。

对岗位信息有了详细的了解之后，一方面可以评估自己是否喜欢该岗位，另一方面可为就业做好心理准备，以免上岗之后产生较大的心理落差，出现焦虑或倦怠的情绪，影响职业发展。

4.2.5　家庭环境分析

个体的成长离不开家庭，因此人格面貌等不可避免地会打上家庭的烙印。从小时候开始，父母就不断教导我们要好好读书，期望我们长大后能够找到一份好工作。这里的"好"包含多层含义，可能是指有声望、有地位、有好待遇，也可能是继承父母的衣钵，进入相同的行业，还有可能是进入家族企业。

父母的职业类型和期望往往会影响子女对职业的选择。比如，父母的职业是医生，他们可能更期望自己的子女也能在医学领域内工作，因此会在日常生活中向子女灌输与医学有关的职业信息。我们在进行职业生涯规划时，应根据自己的成长经历，分清楚哪些是父母期望的、哪些是自己想要的、哪些是自己擅长的，从而对自己的职业规划进行修正和调整，确立合理的职业目标。

4.2.6　学校环境分析

学校环境分析主要是为了了解所在学校的性质、优势和所学专业的特色。学校的性质不同，培育学生的方向就不同，其所指向的职业类型也会因此不同。比如，工科类院校和师范类院校的学生会因为学校培养目标的差异而表现出能力的差异，师范类院校的学生获得的更多是专业理论知识、人际交往、言语表达等方面的教育，因此更擅长从事与人打交道的教学工作；而工科类院校可能更注重对学生动手操作能力和逻辑推理能力的培养，所以学生的实践操作能力较强，更擅长从事和物打交道的工作。

另外，大学是对学生进行专业化培训的场所，而用人单位在选聘人才时也往往会提出专业要求。所以，我们应立足于自身的专业，结合学校的优势，综合分析，做好自我定位。

4.3 职业世界的探索

4.3.1 职业世界探索的作用

1. 促进正确的生涯决策

清晰、全面地了解职业世界，了解企业用人要求及工作发展的普遍路径和规律等，有助于我们结合自己的特点找到适合自己的工作，从而做出合理的生涯决策，而不是盲目跟风追逐所谓的"好工作"，最后迷失在求职大军中。

在探索职业世界的过程中，有的同学往往会陷入两难的境地。比如，前往大城市找一份不稳定也不很理想的工作，但是未来的学习、发展机会可能会很多；回到家乡小城镇找个待遇不错、稳定的工作，但是自己将来的发展前景非常有限，缺乏挑战性。世间的事没有完美的，外部条件总是给我们设立这样或那样的限制，让我们感觉到沮丧，但是深入地思考，我们就会发现，正是在这种两难的选择当中，我们越来越知道什么才是真正重要的，也越来越清楚自己是谁，从而调整自己的行动，走出属于自己的生涯道路。

2. 培养和提升职业能力

很多同学寄希望于学校、职业辅导老师或其他专业的职业辅导工作人员能告诉他们职业世界是什么样的，但结果常常令人失望，因为个人(包括专业的职业辅导人士)由于知识、经验的局限，不可能完全掌握所有职业世界的信息，所以职业世界的探索更多地需要同学自己来完成。在这个探索的过程中，同学们可以培养和提升自己的很多能力，比如自我管理能力(为自己负责任)、可迁移技能(沟通、搜集、观察)等。

4.3.2 职业世界探索的方法和内容

1. 工作世界地图测评法

20世纪末，美国大学考试中心(ACT)结合各种职业兴趣的研究成果，在兴趣的两维基础上，将职业群体的具体位置标定在坐标图上，从而得到工作世界地图，如图4-2所示。

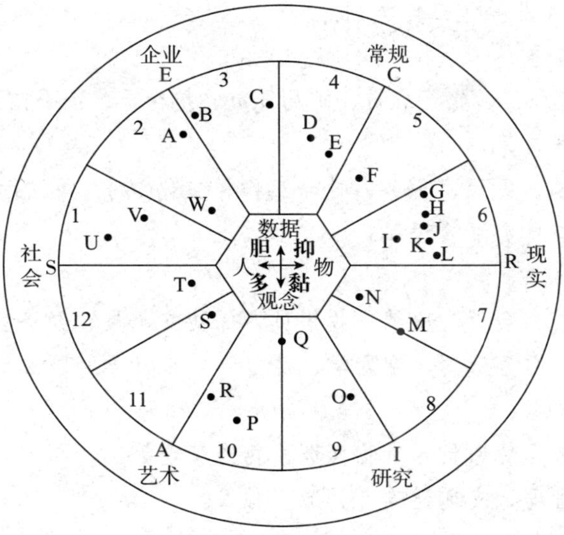

图4-2 工作世界地图

工作世界地图把霍兰德的六边形与两个维度，即将"人—物"维度、"数据—观念"维度组合在一起，使职业类型和职业性质得以有机地结合起来。通过进一步分析，我们可以看出，这基本是将霍兰德职业兴趣理论和气质与职业选择关系组合在一起，这使得我们可以通过气质测评和霍兰德职业兴趣倾向测评，来直观地判断适合我们的职业类型。

在霍兰德六边形的外部共分为12个区域，共有23个职业群被标定在图中。在具体应用时，如果受试者知道了自己的兴趣类型和气质类型，就可以通过该图较准确地确定自己的职业兴趣在该图中的位置，再通过与不同职业群的远近位置的比较，可以进一步扩展职业兴趣的搜寻范围。

在下文中，我们将列举这23种职业类型及对应的典型职业、适合专业，以供参考。

1. 企业型(E)——商业交际工作类别

1) A——市场与销售(交易工作)

典型职业：商店店员、采购、销售(房地产、保险、股票经纪人等)、工业和农业产品销售和代售、办公及医疗用品销售等。

适合专业：主要适合高职高专的一线销售类专业，包括市场营销、贸易经济、工商管理等专业，以及与具体销售对象相关的专业，如金融学、药学、房地产经营管理、汽车技术服务与营销(专)等。

2) B——管理与规划

典型职业：营销经理、办公室主任、代理商、企业经理、营销策划、行政主管等。

适合专业：市场营销、行政管理、工商管理、人力资源管理、商务策划管理、特许经营管理等大部分管理类专业。

2. 常规型(C)——商业操作工作类别

1) C——记录与沟通

典型职业：办公室职员、银行职员、邮局职员、接待员、图书馆计算机编目员、秘书、法院书记员、档案管理员等。

适合专业：金融学、保险、税务、社会工作、文秘(专)、司法助理(专)、书记官(专)、图书馆学、档案学、信息资源管理等。

2) D——金融交易

典型职业：记账员、会计、出纳、收银员、保险交割员、经济分析师等。

适合专业：会计、财务管理、金融学、经济学、审计学、国际经济与贸易等。

3) E——仓储与货运

典型职业：报关员、快递员、货物代理、物流管理等。

适合专业：物流管理、交通运输、物流工程等。

4) F——商业机器/电脑操作

典型职业：计算机操作员、打字员、录入员、统计员、办公设备操作员等。

适合专业：主要适合高职高专类专业，如计算机网络与安全管理、计算机信息管理、计算机网络技术、计算机多媒体技术等。

3. 现实型(R)——技术工作类别

1) G——交通工具的操作与修理

典型职业：各类运输设备驾驶员、飞行员、飞机维修技师、汽车修理工、船长等。

适合专业：主要适合交通行业专业，本科类有车辆工程、轮机工程、飞行技术、航海技术、海洋与船舶工程、飞行器动力工程、飞行器制造工程等；高职高专类有汽车运用技术、汽车制造与装配技术、汽车检测与维修技术、汽车电子技术、汽车运用与维修等。

2) H——建筑与维护

典型职业：各类建筑行业职业，如建筑师、铺路工、起重工、建筑监理等。

适合专业：各类建筑业专业，以高职高专类应用型专业为主。

3) I——农业与自然资源

典型职业：各类农、林、牧、渔业职业，如宠物店店员、园林工等。

适合专业：各类农、林、牧、渔业专业，以高职高专类应用型专业为主。

4) J——手艺与相关服务

典型职业：厨师、面包师、裁缝、屠夫、鞋匠、调音师、珠宝加工师等。

适合专业：主要适合高职高专类提供个性化服务的技术性专业，如乐器修造技术、服装工艺技术、服装养护技术、烹饪工艺与营养、西餐工艺、珠宝首饰工艺及鉴定、钢琴调律等。

5) K——家庭/商业电器修理

典型职业：家用电器维修人员、复印机和办公设备维修人员、电脑维修人员等。

适合专业：计算机科学与技术、计算机软件、通信工程等，主要以高职高专类的电器电子产品维修类专业为主，如应用电子技术、音响工程、通信技术、计算机硬件与外设、计算机系统维护等。

6) L——工业设备操作与修理

典型职业：各类机械工、纺织工、印刷工、矿工、消防员，以及各类机械维修人员等。

适合专业：高职高专类与机械电子设备操作与维修有关的各类专业，如数控技术、数控设备应用与维护、焊接技术与自动化、机电设备维修与管理、冶金设备应用与维护、新型纺织机电技术、食品机械与管理、印刷设备及工艺等。

4. 研究型(I)——科学工作类别

1) M——工程及其他应用科技

典型职业：各类工程技术人员、生物化学实验室技术人员、程序设计人员、食品技术人员、科技展示人员、制图员等。

适合专业：以本科为主的各类工程技术类专业。

2) N——医疗专业与科技

典型职业：牙医、牙医助理、药剂师、各类医疗设备操作人员、验光师、义肢技术人员、兽医等。

适合专业：以本科为主的各类医疗类专业。

3) O——自然科学与数学

典型职业：各类自然科学家。

适合专业：以本科为主的各类自然科学和数学类专业。

4) P——社会科学

典型职业：人类学家、经济学家、社会学家、心理学家、政治家等。

适合专业：以本科为主的各类哲学和人文社会科学类专业。

5. 艺术型(A)——艺术工作类别

1) Q——应用艺术(视觉)

典型职业：花艺设计、室内设计、摄影师、装饰设计、橱窗设计、时尚设计、景观设计、建筑设计等。

适合专业：各类视觉设计类专业，如艺术设计、戏剧影视美术设计、摄影、书法学、园林、室内设计技术(专)、环境艺术设计(专)等。

2) R——创作/表演艺术

典型职业：演员、歌唱家、作曲家、作家、文学家、艺术与音乐教师等。

适合专业：汉语言文学、作曲与作曲技术理论、音乐表演、舞蹈编导、表演、导演、戏剧影视文学、广播电视编导、播音与主持艺术等。

3) S——应用艺术(写作与演讲)

典型职业：广告文案、法律助理、记者、翻译、公共关系人员、律师、科技作家、广告策划等。

适合专业：汉语言文学、广告学、新闻学、出版编辑学、传播学等。

6. 社会型(S)——社会工作类别

1) T——一般健康护理

典型职业：护士、理疗师、心理咨询人员、营养师、语言矫正人员等。

适合专业：心理学、应用心理学、营养学、妇幼保健医学、康复治疗学、护理学、假肢矫形工程等。

2) U——教育与相关服务

典型职业：各类教师、教练员、职业指导师、特殊教育教师等。

适合专业：以本科为主的各类教育专业、体育运动类专业等。

3) V——社会与政府服务

典型职业：各类警察、各类公务人员、社会服务人员等。

适合专业：社会学、社会工作、行政管理、公共事业管理、劳动与社会保障、土地资源管理、公共政策学、城市管理、公共安全管理等，以及公安警察类各专业。

4) W——个人/消费者服务机构

典型职业：服务员、空姐、美容师、美发师、管家、保姆等。

适合专业：以高职高专为主的各类服务类专业，如空乘服务、导游、酒店管理、旅游服务与管理、家政服务、老年服务与管理等。

例如，某考生的气质测评结果为：胆汁质=10分，多血质=15分，黏液质=4分，抑郁质=-3分。霍兰德职业兴趣倾向测评结果为：SEC。根据测评结果，该考生的气质为一般多血质和倾向胆汁质，结合霍兰德职业兴趣倾向测评结果，利用ACT工作世界地图可以判断出较适合该考生的职业类型为：T型、U型和V型，具体分析如下所述。

T型——一般健康护理

典型职业：护士、理疗师、心理咨询人员、营养师、语言矫正人员等。

适合专业：心理学、应用心理学、营养学、妇幼保健医学、康复治疗学、护理学、假肢矫形工程等。

U型——教育与相关服务

典型职业：各类教师、教练员、职业指导师、特殊教育教师等。

适合专业：以本科为主的各类教育专业、体育运动类专业等。

V型——社会与政府服务

典型职业：各类警察、各类公务人员、社会服务人员等。

适合专业：社会学、社会工作、行政管理、公共事业管理、劳动与社会保障、土地资源管理、公共政策学、城市管理、公共安全管理等，以及公安警察类各专业。

该生可以在以上专业范围内，结合其他因素，如性别、文理科、就业难易程度、地域、经济发展趋势等，进一步确定自己报考的专业。

此外，在确定职业和专业时，还应注意以下事项。

(1) ACT工作世界地图只列举了各类别的若干职业和专业，并没有也不可能列出所有的职业和专业。大家可以所列出的职业和专业为线索，来判断未列出的职业和专业是否属于这个类别。

(2) 专业不等于职业，因此有一些专业可能会属于不同的职业类别，遇到这种情况，大家可以进一步了解该专业信息，以便做出判断。

(3) 如果自己的职业倾向尚未明确，在选择专业时可根据主要的性格特点和爱好选择应用范围较宽的专业，即遵循宜粗不宜细的原则。

(4) 如果遇到自己难以定位的情况，可以向专业人员求助。

2. 文案调研法(网络搜索了解)

专业和未来职业的关系还是非常密切的，有调查研究表明，大部分学生未来还是从事了与所学专业相关的工作。那么，了解所在专业对口的原则是探索职业过程中必不可少的步骤。你可以通过网络搜索该专业就业的状况追踪、调研报告。例如，查询 http://www.eol.cn(中国教育在线)"高考栏目"，按照教育部《全国普通高校本科专业目录》对各专业培养目标、培养要求、毕业生应获得的能力、主要课程、授予学位、开设该专业高校等进行了解。有些网站在发布招聘信息时，按职位或职能进行分类，比如职位类有"销售经理""客户经理""前台""文员""人事助理"；职能类有"销售管理""行政/后勤""人力资源"等，这样我们就可以比较快速地掌握某类职位对求职者的通用技能要求。各人才门户网站，如前程无忧、智联招聘、中华英才网、搜狐招聘频道、新浪求职频道、中青在线人才频道等相关信息也较多，另外一些论坛也值得关注。以上这些都是静态的方法。

此外，我们也可以展开个人或团体调研来获取相关信息，调研内容包括：这个专业毕业后都能做什么工作？学这个专业的成功人物都有谁？成就怎么样？这个专业领域的权威企业、机构有哪些？学这个专业的毕业生目前状况如何？怎样才能学好这个专业？学习的圈子和资源有哪些？等等。这是动态体验方法。例如，天涯社区中的职业交流版块，有很多在职人士分享工作经历；还有一些由人力资源经理组成的论坛，了解他们的需求，了解他们的工作状态对我们也是很有帮助的。

3. 访谈探索法(了解生涯人物)

1) 访谈目的

(1) 信息采访的目标是收集能促使你做出明智的职业生涯决策的信息。

(2) 不要利用信息采访来找工作或开展职业面试，这样不但会使你陷入尴尬的境地，也会烦扰潜在雇主。

2) 访谈意义

获得详细的职业生涯信息的有效方法之一是对当下从事你感兴趣的职位的人进行信息采访。信息采访具有以下意义。

(1) 通过实地考察，可明确你的职业生涯目标。

(2) 有利于拓展职业人际关系网。

(3) 有利于树立工作面试的信心。

(4) 能够获取最新的职业信息。

(5) 能够确定你的专业实力和不足之处。

(6) 能够通过内部人员了解组织。

3) 访谈准备

在进行访谈前，做好准备工作是非常重要的，这不仅有助于你深入地开展信息访谈，而且能够提高信息访谈的专业性，从而有助于你找到满意的工作。

4) 安排采访

(1) 联系你感兴趣的组织，询问你欲调查的职位名称、工作人员姓名和电话号码。

(2) 采访前，打电话给你要采访的人，进行自我介绍(如某学校的学生)并说明通过何种途径获得有关他的信息。通常可用电子邮件或书信的方式，但电话联系的效果更好。

(3) 说明调研中你感兴趣的工作类型、原因以及进行采访所需的时间(通常为20~30分钟)。如果要采访的人不能和你见面，则询问他能否给出5分钟的时间进行电话采访；如果他还是很忙，就请求他介绍一位与他所做的工作相似的人。

(4) 感谢他能够接受采访并确认采访的日期、时间和地点。如果他无法接受采访，则礼貌地表示遗憾。如果获得了被推荐人的信息，则表示感激。

5) 开展采访

在开展采访时，可提问如下问题。

(1) 在这个工作岗位上，每天都做些什么？

(2) 最近，这项工作因科技、市场、竞争等因素发生变化了吗？

(3) 你是如何找到这份工作的？

(4) 你如何看待该领域将来的发展趋势？

(5) 你的工作是如何为实现组织总体目标或使命贡献力量的？

(6) 你所在的领域有"职业生涯道路"吗？

(7) 这个领域需要什么样的人？

(8) 到这个领域工作应具备哪些基本素质？

(9) 就你的工作而言，你最喜欢什么？最不喜欢什么？

(10) 在工作初期，从事哪类基础工作最有益于学到尽可能多的知识？

(11) 在该领域，初级职位和略高级别职位的薪水分别是多少？

(12) 在该领域，采取行动和解决问题的自由度如何？

(13) 该领域有发展机会吗？

(14) 工作的哪部分让你最满意？哪部分最有挑战性？

(15) 什么样的个人品质或能力对胜任本工作来讲是最重要的？

(16) 你认为将来该领域潜在的不利因素是什么？

(17) 结合你自己的经历，在该领域工作你遇到了哪些问题？

(18) 对于一个即将进入该领域的新人，你有什么特别建议吗？

(19) 胜任本工作需要特别的知识、技能和经验吗？

(20) 胜任本工作需要具备怎样的教育或培训背景？

(21) 公司对刚进入该领域的员工提供哪些培训？

(22) 能帮助我深入了解该领域的途径有哪些？

(23) 你的熟人中有谁能够成为我下次的采访对象吗？当我打电话给他/她的时候，可以提及你的名字吗？

(24) 根据你对我的教育背景、技能和工作经验的了解，你认为我在做出最终决定之前还应对哪个领域、什么工作进行深入调查研究呢？

6) 注意事项

在进行采访时，应注意以下事项。

(1) 是你请求他人接受采访，因此应注意语气和态度。

(2) 提问一定要简洁，不要浪费他人时间。

(3) 给采访对象留出提供其他信息的机会。

(4) 为自己准备一段30秒的"广告"，因为在信息采访过程中，对方可能会问你的职业兴趣和目标。

(5) 用一张纸或电子日记记录采访过程，或在采访的过程中做笔记。

(6) 如果你还不了解该工作领域的相关信息，可详细询问访谈对象。

(7) 在采访过程中，尽可能详细地记录更多信息。

(8) 一定要迅速发送感谢信(采访结束后一天之内)。

7) 职业通用素质要求及入门具体能力要求

结合人物访谈的内容，列出10项基本能力要求，然后与自己一一对照，进一步认识自我。

第1项：_____与自己对照_____

第2项：_____与自己对照_____

第3项：_____与自己对照_____

第4项：_____与自己对照_____

第5项：_____与自己对照_____

第6项：_____与自己对照_____

第7项：_____与自己对照_____

第8项：_____与自己对照_____

第9项：_____与自己对照_____

第10项：_____与自己对照_____

4. 实习探索

相比前几种探索方法，实习可深入职业环境，你能直接获得工作经验，获得方方面面的直观感受，因此实习是了解职业世界最为有效的方式。同时，实习过程也是锻炼能力的过程，可以提高自己的职业能力和职业素养，甚至在实习期间还能获得更多的就业机会。目前，有越来越多的机构把实习作为选拔人才的一个途径。

正是由于实习的高附加值，使得大学生非常重视它。但是，在实习过程中需要清楚自己实习的核心目的，是因为这个单位我非常喜欢，要好好表现获得就业机会，还是对这个职业非常不了解，希望进行更深层次的了解。

【思考与练习】职业探索整理

请根据以下问题整理你获取的有关职业资料。

(1) 你已经了解的职业有哪些？

_____

_____

_____

(2) 这些职业符合你哪些方面的需求？

_____

_____

_____

(3) 还有哪些需求你觉得没有满足？这些需求可以通过哪些途径来满足？

_____

_____

_____

(4) 你还需要探索的职业有哪些？

_____

_____

_____

(5) 完成职业探索后，你增进了哪些方面的了解？

_____

_____

_____

4.4 个人职业库的构建

职业世界的信息浩如烟海，对于向社会观望的大学生而言，确实会存在搞不清应该从哪入手的情况，更谈不上如何进行职业生涯规划。如果有一个探索范围，则会容易很多。通过自我探索，可以帮助个人初步形成一个探索范围，如图4-3所示。

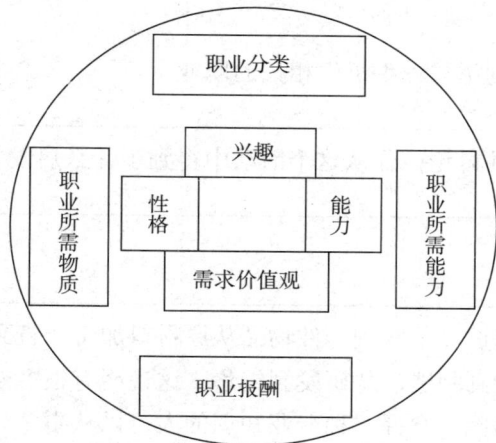

图4-3　职业探索范围

自我探索中的兴趣、性格探索，都对应了适合的职业。此外，个人还有自己心目中理想的职业，可以把它们也列出来，这样就获得了一个职业清单。寻找这些职业的共同点，可能会启发你发现更多值得探索的职业。结合你的能力和价值观再次从职业清单中筛选，最终就会得到适合你的职业库。

例如，学生小A期待做商业方面的工作，但是因其对社会还不太了解，难以决定具体选择什么工作。性格探索的结果是他适合做人力资源管理、咨询顾问、教师等，兴趣探索的结果是他应该做社工、教师、培训人员，能力探索的结果是他可以做教育、销售、客户服务等工作，价值观探索的结果是他期待做服务、自由职业、护理等工作。从小A通过职业探索得出的各种结论中，我们可以看到，教师职业、教育工作出现的频次最高；社工、客户服务、服务、护理等虽然名称不同，但都明显体现了帮助他人的特点。所以可推断，适合小A的职业首先具有与人打交道、帮助他人的特点，其次还有沟通性、商业性等特点。由此他可以列出或搜索一些符合这些特点的职业，比如培训、咨询顾问、客户服务等，再进行详细调查。

研究表明，在做决策时，信息太多容易让人迷失，反而让人拿不定主意；而信息过少又起不到让当事人了解客观事实的作用。所以，在形成预期职业库的时候，应根据自己的情况对其规模进行适当的平衡，通常选择5～10个职业开展调查是比较适中的。在信息探索过程中，抛开自己固有的想法，保持开放的心态，会更容易获得客观的信息，也将有助于个人职业生涯构建。

4.5 职业探索练习

4.5.1 有关职业的一些基本事实

1. 活动：猜猜看

(1) 运用头脑风暴法列举与"手机"相关的职业。

_____

(2) 记录这些职业，并讨论：你从这个活动中得到了什么启发？

_____

(3) 总结。

通过这个活动，我们可以了解到一件物品从原材料加工一直到上市销售，会涉及许多人和职业。比如，从管理到制造，从研发到销售。这说明有很多专业和技能的应用在实际工作中是可以变通的。因此，掌握一种专业知识的人可以从事多种职业。比如，机械设计专业毕业的学生，可以从事助理、售前工程师等与人打交道的工作，也可以从事研发等与物打交道的工作。

大学生在探索职业世界时，应了解和自己专业相关的职业有哪些。学习专业知识的目的是帮助人们更好地发展自己，而不是限制人的发展。当我们用更广阔的思路来看待职业世界时，会更容易理解下文中的一些基本事实。

2. 应了解的相关职业事实

(1) 目前，现存职业超过20 000种，对大多数人来说，都有数种职业适合于他们。

(2) 并非各个经济收入阶层和各个行业领域的人都热爱自己的工作。

(3) 没有哪一种工作能够完全满足你所有的需要，所有的工作都有其局限性和令人失望之处。

(4) 工作市场和经济形势时常发生变化，甚至是急剧的变化。有的行业在目前可能充满机会，但会在数年内达到饱和。

(5) 变化是生活的一部分。我们很可能不会在自己最初选择的路上走完一生，需要不断调整方向才能保持较高的满意度。你需要学会如何应对工作变动，而不是避免变动的发生。随着经济的发展，不断会有新兴职业涌现。例如，2019年4月1日，人力资源社会保障部、市场监管总局、统计局正式向社会发布了人工智能工程技术人员、物联网工程技术人员、大数据工程技术人员、云计算工程技术人员、数字化管理师、建筑信息模型技术员、电子竞技运营师、电子竞技员、无人机驾驶员、农业经理人、物联网安装调试员、工业机器人系统操作员、工业机器人系统运维员等新职业信息。

因此，我们应做好随时调整自己的准备。找工作时，我们应告诉自己："我正在找的工作本质上是一份临时工作，能持续多长时间我并不知道，所以，这绝不是我最后一次求职。我要做好随时重新求职的思想准备。"——《你的降落伞是什么颜色？》(美国：理查德·尼尔森·鲍利斯)

4.5.2　可供选择的工作形式

运用头脑风暴法列出可供选择的工作形式。

可供选择的工作形式有如下几种。

1. 全职工作

全职工作是指每周为同一雇主工作30或30小时以上的工作，通常认为全职工作是个"铁饭碗"，具有相对的长期性。人力资源工作人员也经常提及职位具有长期性并以此为基础招聘人才。所以当公司裁员时，被裁掉的员工感觉非常痛苦的一个重要原因就是他们认定这个"铁饭碗"被打破了。

重视保障性和稳定性的人喜欢从事全职工作，他们认为维持保障性的最好方法就是加入组织。在当前的劳动大军中，有些人会认为组织有责任照顾他们。即使全职雇员必须"像给自己做事那样努力"，而且"要对得起自己的收入"，可是，他们把自己的将来交到别人的手上的做法反而会增加自身风险。

2. 兼职工作

兼职工作是指每周为同一雇主工作不足30小时的工作，这是目前增长较快的工作形式之一。尽管部分兼职工作有计时工资低、对技能水平要求低的特点，但在技术和专业领域中，这种工作形式也呈现上升的趋势。

擅长做兼职工作的人通常没有将一份工作作为生活的主要来源。部分兼职者和全职工作者持有相似的诉求，重视工作的保障性和可预测性。

3. 多重工作

多重工作是指一个人在社会中同时扮演两个或两个以上独立的工作角色。有时，有多重工作的人被叫做"兼职者"，因为他们除了做有规律的全职工作外，还会做不规律的兼职工作。

这种角色包括：为两个或两个以上的雇主工作，为一个雇主工作同时自己经营企业，或经营两家独立的企业。

这种人喜欢在具有多样性、灵活性和变化性的环境中工作。他们对自己的技能充满信心，愿意不断地更新技能，从而为自己提供"保障"。

4. 工作分享

工作分享是指两个人同意分享一份工作或一个职位的正式安排。要分享的职位通常是全职工作，工作特点是伙伴双方的责任相同，但工作时间不同，和换班工作的方式相似，即一个人开始工作以后，就承担起另一个伙伴的职责和责任。

现在，有越来越多的个人和组织选择这种方式，从而满足不同的家庭需要。加拿大会议局估计，20%的加拿大组织允许工作分享，多数针对女性。

选择这种工作形式的人看重保障和体制，认为自己履行的职责是重要的。他们力求在维系工作身份的同时，弥补不同的、重要的其他需求或价值。

5. 工作分工/团队模式

此类安排强调分享工作职能，而不是职位，通常成立一个团队承担包括管理在内的具体职能。团队为制定和执行某项特殊决定负责，诸如开发新产品或提供新服务。由于传统职位描述消失而被团队工作代替，工作分工的方法日渐增多。团队成员必须尊重彼此的贡献，把组织的成果看得比个人的荣誉更重要。他们了解也接受自己的实力和局限性，重视团队贡献，将个人的荣誉建立在以团队模式开展工作的基础之上。

6. 人才库

人才库是指那些为找工作和完成任务而形成战略同盟的个体的集合。一般来讲，人才库的成员兴趣相同且技能互补。在很多情况下，人才库类似于团队模式。然而，团队的特点是包括很多组织内部的人才，而人才库则存在于任一独立组织结构之外。经典的例子就是顾问(或培训师)。这些人在不同的专业领域都很有实力，一些个人无法解决的问题，可以通过团队成员的共同协作得到解决。

人才库中的个体非常尊重其他成员，认为自己能够在其他成员所具备的实力的影响下成长起来。他们在同盟中感觉很舒适，能够承认自己的实力和不足。如果企业希望在需要人才的时候永远有合适的人选，就必须明确企业现阶段及未来所需的人才种类，合理地从社会和企业内部予以引进、培养和储备，并定期对企业已聘人员进行评估和管理，调整、安排人才的职务，提拔有实力的员工，确保他们在适合自己的职位上工作，从而发挥其最大潜力。

7. 代理/经纪人

代理/经纪人特别指那些推销或代言其他个人或团体的产品或服务的人。代理代表客户就服务或产品的价值进行谈判，作为回报，代理会得到一笔佣金，通常按销售产品或服务价格的百分比来计算。代理为客户最有希望达成的合同而奔走，并根据自身的能力获取交易额的百分比作为佣金。另一种常见的代理形式存在于招聘领域，然而，这样的话，公司就成了客户。当代理成功地为公司招来一位员工时，会得到一笔酬金。这笔酬金是按照所招聘人员薪水的百分比来计算的。例如，如果你为公司招聘了一位薪水为100 000元的高级经理，那么你会获得10 000～15 000元的提成。

代理也能促成"人才库"等团体服务。他们能代表团体就大型合同的签订与公司进行谈判。代理的实力在于他们的沟通技巧及打造同盟的能力。他们是优秀的谈判代表，愿意承担相当高的风险。

8. 合同工作

合同工作是一种迅速增长的工作形式。一些公司选择保留骨干人员作为核心员工，然后与个体就那些要求全职但要规定具体工作时间的工作签订合同。通常根据薪水来发放补偿金，但没有福利。合同的有效期限为几个星期到几年不等。长期内，个人都会与不同的雇主签订一份又一份合同。

喜欢合同工作的个体是自立的。类似于多重工作者，他们对自己的技能充满信心，并能很快适应不同的环境。这些个体也能在家工作(work from home)，并能通过不断完善自己为组织创造价值。随着经济的发展以及技能的创新，这些合同工作者往往会因为不断完善自己以赢得竞争而成为组织内的关键角色，相较于那些选择稳定性和保障性较高的工作形式的个体，他们在规划自己的职业生涯时更有主动权。

9. 咨询工作

咨询工作的典型职业是顾问。顾问不同于合同工，因为顾问会同时和多个组织签订合同，同时管理多个项目。顾问合同的特点是在特定的期限(如3个月)内取得特定的成果。一个能在某一个领域提供咨询服务的人必须掌握一整套专门知识(如计算机系统、职业发展、培训和营销等)。

顾问具有提升他人价值的技能，而且他们非常清楚如何在特定的情境中应用这种技能。他们的特点是自信、自立，能够独辟蹊径地解决问题。咨询工作由于合同期短以及节奏变化迅速等特点，风险非常高。

10. 自雇工作

代理、顾问以及人才库的工作形式都可以看作自雇，自雇尤指那些开发、营销产品以及提供服务的人，这是一个人的经营模式。例如，健美教练、验房师、律师帮办、会议策划、公共关系专家、安全顾问、网页设计师等。这种工作形式被称为SOHO(单独经营者兼家庭办公室)，它折射出经济发展的大趋势。在加拿大等国家，自雇是增长最迅速的工作形式。

4.5.3 新生职业生涯信念

请你思考，从小到大，是否有令你感到好奇的事物？你是通过哪些途径了解它的？至少列举一个并进行说明。

　　如表4-2所示，传统职业生涯信念与新生职业生涯信念最大的区别在于：前者认为组织应当为员工的生涯发展负责；而后者认为员工应当为自己的职业生涯负责。在传统的职业生涯信念中，员工是从属于组织的，组织好像父母一样应当照顾员工，同时员工应当以组织为家，以组织利益为重，以被组织认可并获得升职为成功；而在新生职业生涯信念中，组织和员工的关系更像合作者，组织向员工提供职业发展路径，使员工在接受新的工作或任务时能够不断学习新的技术与知识，以适应组织的需要，同时提升自己的专业能力和就业竞争力。

　　新生职业生涯理念是经济和技术快速发展的产物，日趋激烈的市场竞争要求企业有更灵活和快速的适应能力，因此，组织更愿意采取一种期限更短、双方承诺更少的"交易型"心理契约。在这种契约下，由于雇佣的不稳定性、竞争的不确定性，员工更需要为个人的生涯规划负责，以便能主导个人的发展。新生职业生涯信念提醒大学生应更主动地为自己的生涯规划负责，以新视角来看待生涯规划，无论在哪个组织、从事何种工作都应该培养个人的就业竞争能力，以更积极地把握个人的发展。

表4-2　传统职业生涯信念与新生职业生涯信念对比

传统职业生涯信念	新生职业生涯信念
重视忠诚和工作任期 接受工作稳定的职业生涯模式 忠诚于公司，公司将以延长工作任期作为奖励 经常需要个人为公司利益做出牺牲	重视承诺和绩效 接受实现个人理想的职业生涯模式 忠诚于理想，认为人生的价值是做贡献和适应新的要求 认为团队协作和彼此忠诚是重要的
成长 成长就相当于晋升 逐级晋升就等于成功	成长 成长与个人发展和人生意义相关，尤其要扩大知识面，提高技能水平 从事个人认为有意义的活动就等于成功
员工发展 组织重视员工发展 个人重视组织所提供的职业生涯道路，通过掌握组织认为重要的技能寻求保障 组织对员工的职业发展负责	个人发展 组织重视个人发展 成功的工作环境会鼓励员工不断学习和进步 个人对自己的职业发展负责
绩效 个人保障与受雇时间长短有关 个人应该在同一家单位长久供职	暂时性 个人保障与个人能力和适应性挂钩 个人可能不在同一家公司长久供职
组织模式 组织相当于一个小家庭，高级管理人员扮演"父母"的角色	组织模式 组织相当于一个大家庭，重要的是伙伴关系和关系网络，服务是共享的
组织体制 以职位等级为基础，由具体的工作组成	组织体制 以要做的工作为基础，由合同、联盟和网络组成

4.6　锁定你的方向

4.6.1　城市

请依据前文内容，写出你的霍兰德职业兴趣倾向测评结果。

职业类型编号＿＿＿＿＿＿＿＿＿＿＿＿＿＿＿＿＿＿＿＿＿＿＿＿＿＿

你感兴趣的职业在ACT工作世界地图中的位置＿＿＿＿＿＿＿＿＿＿＿＿＿＿

＿＿＿＿＿＿＿＿＿＿＿＿＿＿＿＿＿＿＿＿＿＿＿＿＿＿＿＿＿＿＿＿＿＿

你的专业在ACT工作世界地图中的位置＿＿＿＿＿＿＿＿＿＿＿＿＿＿＿＿＿＿

＿＿＿＿＿＿＿＿＿＿＿＿＿＿＿＿＿＿＿＿＿＿＿＿＿＿＿＿＿＿＿＿＿＿

请确认你对霍兰德职业兴趣倾向测评结果的认同程度(在方块里打"√")。

非常认同□　比较认同□　一般认同□　不认同□　非常不认同□

请你确认将来要去哪个城市发展＿＿＿＿＿＿＿＿＿

在表4-3中，根据你自身的综合条件，选择你喜爱并可能留下发展的城市，在"选择"栏填写名称，可以多选，但要排序，并说明理由。

表4-3　2021城市商业魅力排行榜[①]

级　别	数　量	城市名称	选　择
一线城市	4个	上海　北京　深圳　广州	
准一线城市	15个	成都　杭州　重庆　西安　苏州　武汉　南京　天津　郑州　长沙　东莞　佛山　宁波　青岛　沈阳	
二线城市	15个	合肥　昆明　无锡　厦门　济南　福州　温州　大连　哈尔滨　长春　泉州　石家庄　南宁　金华　贵阳　南昌　常州　嘉兴　珠海　南通　惠州　太原　中山　徐州　绍兴　台州　烟台　兰州　潍坊　临沂	
三线城市	70个	廊坊　汕头　保定　海口　扬州　湖州　镇江　唐山　乌鲁木齐　洛阳　盐城　呼和浩特　江门　赣州　咸阳　揭阳　泰州　济宁　漳州　芜湖　银川　桂林　邯郸　遵义　湛江　阜阳　连云港　淮安　衡阳　莆田　柳州　三亚　绵阳　淄博　南阳　肇庆　上饶　沧州　宁德　新乡　宜昌　滁州　九江　清远　商丘　岳阳　信阳　潮州　威海　株洲　襄阳　马鞍山　宿迁　邢台　菏泽　周口　宜春　丽水　蚌埠　茂名　舟山　安庆　鞍山　大庆　驻马店　三明　秦皇岛　荆州　六安　德州	
四线城市	90个	略	
五线城市	128个	略	

回家发展固然好，但很多人心有不甘。那将如何选择呢？不妨把存在的现实问题列出来，简单评估，也许会有答案。

根据表4-3选择3个吸引你的城市，填写表4-4和表4-5。

---

① https://new.qq.com/omn/20210727/20210727A05VDZ00.html.

表4-4　城市吸引你的理由评估

城　市	理　由	分　数	总　分	大于一切的理由
	亲戚、朋友、同学			
	发展机会			
	信息、资源			
	地理位置、环境			
	文化氛围、教育资源			
	生活、工作节奏			
	经济发展程度			
	大都市有面子			
	亲戚、朋友、同学			
	发展机会			
	信息、资源			
	地理位置、环境			
	文化氛围、教育资源			
	生活、工作节奏			
	经济发展程度			
	大都市有面子			
	亲戚、朋友、同学			
	发展机会			
	信息、资源			
	地理位置、环境			
	文化氛围、教育资源			
	生活、工作节奏			
	经济发展程度			
	大都市有面子			
回家	亲戚、朋友、同学			
	发展机会			
	信息、资源			
	地理位置、环境			
	文化氛围、教育资源			
	生活工作节奏			
	经济发展程度			
	大都市有面子			
	其他理由			

　　通过总分的对比，可得到一个量化的结果，但也只是一个参考，大于一切的理由也许会成为影响你做出最后选择的关键因素，填完之后认真思考，看看还有没有其他因素被忽略。在表4-5中，评估并填写解决困难的分数，再与困难分数相减，最后得出总分。

表4-5 吸引你的几个城市及在未来面临的困难

城 市	困 难	分 数	解决困难的分数	总 分
	住房			
	工作竞争			
	婚姻			
	压力			
	学历和能力的提升			
	子女教育的投入			
	其他困难			
	住房			
	工作竞争			
	婚姻			
	压力			
	学历和能力的提升			
	子女教育的投入			
	其他困难			
	住房			
	工作竞争			
	婚姻			
	压力			
	学历和能力的提升			
	子女教育的投入			
	其他困难			
回家	住房			
	工作竞争			
	婚姻			
	压力			
	学历和能力的提升			
	子女教育的投入			
	其他困难			

通过表4-4和表4-5的练习，有助于你做出去哪里发展的决定，但要真正确定去哪个城市生活，建议你到那个城市住一段时间体验一下。你可以为自己制订一个城市体验计划，真正去感受你心仪的城市。

4.6.2 行业

确定城市之后，接下来，你应确定选择在这个城市的哪个行业发展。

1. 选择正确行业的目的

(1) 了解社会分工。行业作为社会分工的大类，可以在一定层面上反映国家和社会发展轨迹，每个行业在国家和社会中都有特定的职能和作用，通过了解行业，可以很好地把握国家和社会的发展方向。

(2) 确定职业发展方向。确定行业是确定职业发展方向(定向)的关键，每个人只能在有限的领域内发展，及早确定日后的发展方向，就可以集中有限的时间和资源去为目标努力，这样成功的概率也比较大，而且有利于自己找到适合的职位。

(3) 了解职业发展领域。当你初步确定在一个行业发展时，通过行业探索可以全面、细致地了解这个行业，也会更明确此行业的发展空间和发展方向，这样选择与努力的空间会更大，同时也能为日后的求职、跳槽做好调研。

(4) 弥补个人职业差距。行业探索可以明确整个行业的发展趋势和通用素质要求，这就为个人补充入门和通用能力提出了具体要求，从而可以指导大学生有效地规划大学生活，缩小个人能力与职业要求的差距，从容地进入这一行业。

2. 我国行业分类

我国国民经济行业分类可上网查询，限于篇幅，此处不赘述。

3. 行业探索

(1) 你的专业属于哪个行业_____

如果没有专业限制，你有可能从事哪个行业_____

(2) 目标城市的行业细分领域_____

目标城市行业内标杆企业(著名企业)_____

目标城市的哪些行业具有优势_____

目标城市有哪些有潜力的行业_____

(3) 你最喜欢的行业_____

(4) 你最喜欢的行业的通用素质和从业资格_____

_____

_____

(5) 有哪些名人做过或正在做这个行业_____

_____

_____

(6) 行业内著名的公司老总或人力总监的介绍和言论_____

_____

_____

4.6.3 企业

确定城市和行业后，接下来，你应确定选择在这个城市的哪个企业发展。

1. 企业探索的好处

(1) 争取实习及实践机会。目前，企业在招聘时很关注有社会实践、企业实习经验的学生，因为这样的学生能更深入地了解社会和企业，具备企业所需要的一定能力，能缩短企业的员工培训周期，更快地适应企业节奏，从而能够有效地投入生产劳动，为企业尽快地创造利润和价值。了解企业是获得企业实习机会的有效途径，每个企业都希望员工能够了解企业、认同企业并能和企业一起成长，因此这样有准备的员工是深受企业喜欢的。

(2) 为日后就业奠定基础。其实，大学生就业就是找到一家企业接受你，如果你能在大学期间一直关注与研究一个企业，为其默默地积累经验、储备知识，那么在你毕业你会比其他人更容易进入这家企业工作；即使你去不了目标企业，去目标企业的竞争对手以及目标企业的下游企业也是很轻松的，所以想去500强企业工作的大学生现在就要做准备了。

(3) 有助于了解自我。缺乏与外界互动的自我了解是不科学的，当我们和职业世界不断接触时，我们才会在变化中、冲突中加深对自己的了解。也就是说，当你还没有上路时，你是无法确定喜欢哪类企业、不喜欢哪类企业的。你必须有所了解、有所实践，才能确定自己的职业锚。

(4) 有效规划大学生活和明确学习方向。当我们刚上大学时，或当我们对大学生活无从规划时，选择一个自己喜欢的企业为求职目标有助于你有效安排大学生活。即便这个目标企业选择得并不合理，也可以促使你发现自己的能力和企业、职业、职场要求的一些差距，当你为弥补这些差距而努力时，你就是在塑造职业能力。就算你最后没有去目标企业工作，你的努力方向对自己未来的职业生涯也是有所支持的。

(5) 建立人际关系。千里马常有而伯乐不常有，职场发展在一定程度上离不开贵人的提携，所以在校时通过探索企业去主动结识一些企业人士是有好处的。也许你现在访谈的职员就是你未来职业发展道路上的贵人，即便不是，这些企业人际关系也会给予你实习、就业等方面的指导和支持。

2. 了解目标企业的内容

在你选定的城市里，锁定目标行业里的一些企业，逐个了解它们，具体包括以下方面。

(1) 企业的简介及发展历史(企业何时成立，对外是怎样介绍的)；

(2) 企业的产品和服务(企业的核心产品、产品线或服务是什么)；

(3) 企业的经营战略(企业的发展战略、经营策略是什么)；

(4) 企业的组织机构(企业的规模有多大，企业的部门设置是怎样的，企业都有什么岗位)；

(5) 企业文化(企业的文化和人际关系是怎样的，企业的工作方式是怎样的)；

(6) 企业的招聘情况(企业的人力资源战略和规划是什么，企业校园招聘的途径和职位有哪些)；

(7) 企业的薪酬福利(企业各级员工的待遇是怎样的)；

(8) 企业员工(企业的创始人、现任领导、现任高层、核心员工、目标部门主管和员工、以往员工的情况)。

3. 企业调查的方法和步骤

企业调查的方法和步骤如图4-4所示。

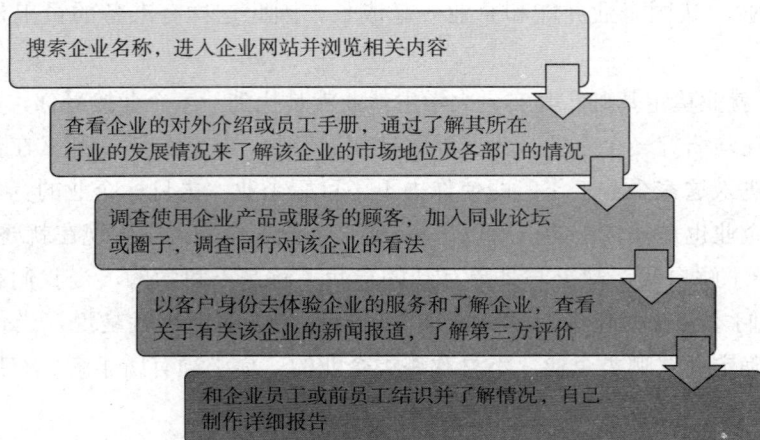

搜索企业名称，进入企业网站并浏览相关内容

查看企业的对外介绍或员工手册，通过了解其所在行业的发展情况来了解该企业的市场地位及各部门的情况

调查使用企业产品或服务的顾客，加入同业论坛或圈子，调查同行对该企业的看法

以客户身份去体验企业的服务和了解企业，查看关于有关该企业的新闻报道，了解第三方评价

和企业员工或前员工结识并了解情况，自己制作详细报告

图4-4 企业调查的方法和步骤

4.6.4 职业

至此，我们已经列出自己可能从事的职业，这是基于自己的愿望、初步的理解并结合量表的推荐得出来的结果。下面，我们将从现实的角度进一步探讨你将要从事的职业。

1. 职业的名称

写下你要从事的职业的名称和定义。

_____

_____

_____

2. 核心工作内容

_____

_____

_____

每个职业都有核心的工作职责，职责背后对应的就是工作内容，也就是这个职业一般都干什么活、什么工作是这个职业必须要做的。了解职业的核心工作内容，有利于你了解胜任工作所必需的工作能力，这样就很容易明确自己的不足并能有针对性地完善自己、提高自己。对工作内容的了解程度，是衡量一个人对工作的熟悉程度和喜欢程度的重要标准。

3. 薪资待遇及潜在收入空间

_____

_____

_____

4. 岗位设置及不同行业、企业间的差别

_____

_____

一个职业通常有一系列岗位分类，如人事岗位分招聘、考核等具体岗位，这就是岗位设置。而不同行业、不同性质、不同规模的企业对岗位的划分和理解也有很大的不同，很可能同样都叫一个名字，但工作内容完全不一样。了解职业的岗位设置，有助于你加深对职业外延的了解，明确职业的具体岗位，从而可以有针对性地与自己做比较，找到差距所在。不同行业对职业(岗位)的理解和要求也是有差异的，而具体的企业更是千差万别。一般来说，我们可通过比较权威的人事网站、职业分类大典、业内资深人士等途径来了解某个职业的具体岗位设置情况。

5. 入门岗位及其职业发展路径

_____

_____

_____

入门岗位是指针对应届毕业生的工作，企业中的一些中低端岗位是面向大学生开放的。此外，还要了解一个岗位对应的职业发展路径是什么，这个岗位有哪些发展途径，最高端岗位是什么，等等。入门岗位主要针对大学毕业生，所以，你一定要知道你能通过哪些岗位进入这个企业。一般来说，企业的校园招聘信息中会列明哪些岗位是针对应届生的，我们可通过一些校园招聘网站找到这些信息。

6. 职业标杆人物

职业标杆人物是谁(在这个领域谁做得最好)_____

_____

他是怎么做到的_____

他取得了哪些成绩_____

_____

他遇到过哪些困难_____

_____

他是怎么解决困难的_____

_____

他具备什么素质_____

_____

7. 亲身体验

亲身体验一天某职业的工作流程是判断自己是否适合这个职业的重要方法，如果你无法适应该职业的工作节奏或对工作内容没有兴趣，就不必再做相应的准备工作，应尽快寻找新的发展方向，所以这个过程是很关键的。在此过程中，你应重点确认自己是否能够接受从事此职业可能给生活带来的影响。

4.7 我的生命线

生命线是指个人走过的路线。通过下面这个游戏，可帮助你画出你的生命线。

首先，在图4-5中的横线左侧起点处标注"0"，表明你生命的起始点；在线条右方箭头处认真标明你预计的寿命，多大都可以；在横线上写上你的名字。

其次，请认真观察这条线，它就是你未来发展的蓝图。无论你走到哪里，都走不出它的坐标系。你是你自己的人生规划师，没有人能替代你。

再次，请按照为自己规定的生命长度，找到你目前所在的那个点。比如，你打算活到75岁，你现在只有20岁，你就在整条线段的三分之一处，留下一个标记。之后，请你在标记的左边，即代表过去的那部分，把对你有重大影响的事件用笔标注出来。比如7岁的你上学了，你就找到和7岁相对应的位置，写上"上学"这件事。注意，如果你觉得是件快乐的事，就写在生命线的上方；如果你觉得非常快乐，就把这件事标注得更高一些；反之亦然。例如，9岁的时候，有一件让你特别伤心或受到极大创伤的事，你就在9岁位置的生命线下方画一条垂直于生命线的线，根据你伤心或受创伤的程度决定线的长短。然后，按这种方式分别写出两到三件积极的事和消极的事，在相应的年龄位置，根据积极和消极的程度画出垂直于生命线的长短不同的线，直至将今天之前的生命历程记录完毕。

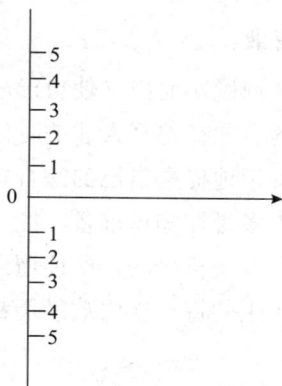

图4-5 生命线

然后，你要看一看、数一数，在影响你的重大事件中，是位于横线之上的多，还是位于横线之下的多？上升和下落的幅度怎样？你应从自我感受出发，而不要过多顾及世俗的评判标准。

最后，你对未来进行规划。在你的生命线上，把你这一生想做的事，比如参加工作、升职加薪、恋爱结婚、买车买房、周游世界、生小孩、当老板等都标注出来，如果有可能尽量把时间也标注出来，根据事件给你带来的快乐程度确定线的长短，如果某件事能给你带来最多的快乐，就标注在横线的最上方。

当然，在将来的生涯中，你还会遇到挫折和困难，如父母逝去、孩子不上进、生病、事业不如意等，可用笔在生命线上一一画出，这样我们的生命才称得上完整。

4.8 职业探索实践

4.8.1 专业与职业的关系

职业生涯好比一场马拉松比赛，选择专业，就像比赛刚刚开始。在不同行业工作，收入相差可高达几倍甚至几十倍，为此，对于热门专业人们总是趋之若鹜，形形色色的"热门""高薪"职业排行榜也是层出不穷。但无数事实证明：一个人无论是主动还是被动选择某一专业，他都无法保证那个专业与自己将来要从事的职业或经营的事业相关。

1. 专业与职业对口

学以致用，可以充分发挥大学毕业生的专业特长，使毕业生在工作中如鱼得水、脱颖而出，从而取得事业成功，同时也能避免人才浪费。所谓学以致用，狭义上是指"专业对口"，广义上则是指毕业生无论从事何种类型的职业，其工作性质与所学专业都有密切的联系，可以是本专业范围内的工作，也可以是与相近专业相关的工作。

2. 从事的职业可以不限于本专业

如今，人才竞争日趋激烈，如何脱颖而出、使自己成为社会需要的人才，已经成为大学生普遍关注的问题。越来越多的企业在选择人才的时候，注重的是综合素质。这就需要我们在学习专业知识的同时，有意识地提高自己的综合素质。那些走出校门能很快融入社会、被企业认可和接受的学生，大多是在知识准备、能力准备、观念和心理准备都相对充足的基础之上，才获得职业选择和发展机会的。即便遭遇挫折，不少人也能依靠自身调整心态，重整旗鼓寻求机会，甚至人生的每一次失败经历都会成为他们成长和发展道路上的财富。

3. 专业与职业变动

读书期间的专业选择只是职业生涯中的一次选择。外在的环境条件时刻处于变化之中，外部的机会也是很难预测的，关键问题在于你是否在上学期间积累了足够的知识，你的能力、观念、心态、心理素质、经验都有了多大程度的改进，你是否为自己的内在成长做好了科学的规划，你是否为自己的职业选择做好了充足的准备。

4. 选择适合自己的职业

没有最好的职业，只有适合自己的职业。职业选择的出发点首先应该是符合自己的个性、能力、兴趣爱好、价值观。为一个不适合自己的"完美"职业拼搏再长时间，恐怕也很难有出头之日。就拿"IT工程师"这个所谓的"香饽饽"职业来说，被很多人列为目标职业，然而在这些人中有相当一部分其实并不适合在这个行业里发展。举个简单的例子，让一个天性浪漫、善于交际的人从事IT工作，整天面对程序逻辑，显然是不合适的。IT工程师这个职业本身也并非十全十美，由于其职业特性，很多超过35岁的工程师往往必须考虑转行的问题，如转行到相关管理、销售岗位上去，这是IT工程师难以避免的发展瓶颈，IT工程师的职业满意度比较低。

5. 职业无好坏之分

在选择专业和发展方向时，职业排行榜究竟能起到多少作用呢？职业排行榜能成为就业指南针吗？其实，职业并无好坏之分，职业优劣的排名只能作为参考，不能当作择业的标准。任何职业发展都有高峰期与低谷期，很多职业人士抱着天真的想法：通过跳槽让自己一直处于发展较好的行业中，哪个行业赚钱，就转行到哪里去。但是，职场人不要忘了职业发展的两条基本规律：第一，跳槽、转行、职业发展都需要一定的职业资本。如果缺乏这个职业所需要的技能、经验，想跳也很难跳进去，即使千方百计跳进去了，干不了多久就会被淘汰。第二，随着信息技术的高速发展，劳动力严重供大于求。从热门职业到冷门职业，往往只要三五年的时间，也就是说，或许你根本来不及积累职业资本，"热门"就已经变成"冷门"了。热门职业就像天上的云彩，变幻莫测。盲目跟风，非但不现实，到头来可能会使自己迷失。一个人的职业生命是有限的，如果能够沿着一条自己选择的、适合自己的路走下去，咬定青山不放松，以平常心态对待职场风云，或许，最后到达成功顶点的人就是你。

4.8.2　受用人单位青睐的学生类型

什么样的学生受用人单位欢迎？通常以下8类求职学生更容易获得用人单位的青睐。

1. 在最短的时间内认同企业文化

"企业文化是企业生存和发展的精神支柱。员工认同企业文化，才能与公司共同成长。"壳牌公司人力资源部的负责人介绍说："我们公司在招聘时，会重点考查学生的求职心态与职业定位是否与公司要求相吻合，以及个人的自我认识与发展空间是否与公司的企业文化与发展趋势相吻合。"

有关专家提示："学生求职前，要着重对所选择的企业的企业文化有一些了解，并考虑自己是否认同该企业文化。如果想加入这个企业，就要使自己的价值观与企业倡导的价值观相吻合，以便进入企业后，能自觉地把自己融入团队中，以企业文化来约束自己的行为，为企业尽职尽责。"

2. 对企业忠诚，有团队归属感

问卷调查显示，国有企业、外资企业、民营企业的人力资源人士一致认为，宁可要一个对企业足够忠诚、哪怕能力差一点的员工，也不愿意要一个能力非凡但朝三暮四的员工。

一家企业的人力资源经理认为，员工对企业忠诚，表现在对企业管理的积极参与以及对企业形象的努力维护，不管老板在不在场，他都能认认真真地工作，踏踏实实地做事。有归属感的员工，他的忠诚，最终会促使他达到理想的目标，从而成为一个值得信赖的人，一个老板乐于雇佣的人，一个可能成为老板得力助手的人。

一位企业高管如是言："企业在招聘员工时，除了要考察其能力水平外，个人品行是最重要的评估方面。品行中最重要的一个方面是对企业的忠诚度。那种既有能力又忠诚于企业的人，才是每个企业最需要的理想人才。"

3. 不苛求名校出身，只要综合素质好

某网络通信股份有限公司的人力资源人士表示："我们公司不苛求名校和专业对口，即使是比较冷僻的专业，只要学生综合素质好，学习能力和适应能力强，遇到问题能及时看到问题的症结所在，并能及时调动自己的能力和所学的知识，迅速释放自己的潜能，制定可操作的方案，同样会受到欢迎。"

问卷调查分析报告指出："随着企业竞争的加剧，企业更加关注人才的质量。因为人才是创造产品、提供服务并为企业创造利润的主要因素。有些企业，尤其是技术含量不高

的企业，不仅看重学生的学习成绩，更看重学生的综合素质，这是现代企业的用人特点，个人综合素质比学历更重要。"

4. 有敬业精神和职业素质

"现在有些年轻人职业素质比较差，曾经有一个年轻人，早晨上班迟到的理由居然是前一天晚上看电视节目看得太晚了。还有些新来的毕业生在工作中遇到问题或困难，不及时与同事沟通交流，等到领导过问时才汇报，导致耽误工作的进展。这些都是没有敬业精神和职业素质差的表现。"某人寿保险公司人力资源管理人士说："我们把高素质、忠诚负责的员工视为企业宝贵的财富。敬业精神体现在责任感、主人翁意识、为做好工作而主动学习、注重细节、先付出后回报等方面。"

5. 有专业技术能力

北京某科技股份公司人力资源部经理介绍说："具备专业技能是我们对员工的基本素质要求，IT行业招聘时更加注重应聘者的技术能力。在招聘时，如遇到具备同等能力的应聘者，相较于本科生也许会优先录取研究生。但是，进入公司后，学历高低就不是主要的衡量标准，公司会更看重实际操作技术，谁能做出来，谁就有本事，谁就拿高工资。"

一位人力专家这样说："专业技能是技术含量高的企业很看重的用人标准，对专业人才的选拔可以说是精挑细选。"

6. 沟通能力强、有亲和力

某科技集团人事部负责人说："我们公司认为，大学生最需要提高的能力是沟通能力。企业需要的是能够运用自己良好的沟通能力与企业内外有关人员接触，合作无间、同心同德、完成组织使命和达到组织目标的人。"

"企业特别需要性格开朗、善于交流、有好人缘的员工。这样的人有一种亲和力，能够吸引同事与他合作，给予他人帮助，通过他的努力，能够赢得更多的客户，使企业财源滚滚。"一位与企业打交道多年的商学院老师如是说。

7. 有团队精神和协作能力

"我们特别欣赏有团队精神的员工，因为在软件开发和使用过程中，如果有一名员工在一个环节上出现问题，将会影响整个项目的进程。"某软件股份有限公司人力资源管理人士说。

某汽车工业(集团)总公司的人力资源人士认为："从人才成长的角度看，个人是属于团队的，要有团队协作精神和协作能力，只有在良好的社会关系氛围中，个人的成长才会更加顺利。"

8. 带着热情去工作

"企业需要带着热情去工作的人。"某科技股份有限公司的人力资源人士表示，"我们在对外招聘时，特别注重人才的基本素质。除了要求求职者具备扎实的专业基础外，还要看他是否有工作激情。一个没有工作激情的人，我们是不会录用的。"

"热情是一种强劲的激动情绪，一种对人、对工作和信仰的强烈情感。"一位资深的生涯规划专家说，"一个没有工作热情的员工，不可能高质量地完成自己的工作，更别说创造业绩。只有那些对自己的愿望真正有热情的人，才有可能把自己的愿望变成美好的现实。"

4.8.3　职业探索的具体内容及途径

1. 就业市场的形势

内容：市场规模，供求关系，在各地区、各领域的分布情况。

途径：报刊，电视广播，网络。如《21世纪》《中国教育报》《中国大学生就业》及中央二台《劳动·就业》栏目。

_____

_____

_____

2. 继续教育方面的选择

内容：考研、在职研究生、学校保送、根据扶贫计划等优选、出国、研究生学历班、函授、自考、在职培训、实习、成人教育、夜大、其他培训、资格认证等。

途径：各高校网站、研究生招生通讯、留学网站、各校的保送或在职读研政策、支援西部计划、扶贫计划等。

_____

_____

_____

3. 专业与职业的关系

内容：我所学的专业可以从事什么职业？

途径：学长、校友及生涯人物访谈，本专业讲座。

_____

_____

_____

4. 具体职业

内容：工作性质，职业要求的学历、技能，薪酬福利，工作条件、地点，发展趋势和晋升前景等。

途径：生涯人物访谈，实习，相关讲座，人才市场。

_____

_____

5. 公司/机构/学校

内容：机构的愿景、文化、管理，提供的条件，工作要求和工作内容等。

途径：公司网站，面试，实习等。

_____

_____

_____

课后作业

1. 你对自己目前的专业满意吗？为什么？如何提高自己对专业的满意度？请列出几点来与同学一起分享。

2. 大学毕业后我该去何方？

根据自身的特点以及所处环境中的各种资源和限制，仔细思考自己毕业后该去何方，并写下至少3条让自己比较信服的理由。

(1) 我去_____，因为_____

(2) 我去_____，因为_____

(3) 我去_____，因为_____

第5章　职业生涯决策

章节描述

> 本章旨在引领读者学习职业生涯决策风格、决策类型以及职业生涯决策分析的方法，初步了解自己的决策风格、决策类型；通过学习探索出自己的决策风格与类型，掌握职业生涯决策分析方法，能利用生涯决策平衡单、SWOT分析等方法；更好地认识自己，收集整合影响决策的因素，能做出符合自己实际情况的职业生涯决策。

学习目标

知识目标

1. 了解职业生涯决策的概念及类型；
2. 了解职业生涯决策的风格；
3. 了解职业生涯决策的原则与方法。

能力目标

1. 能够运用SWOT分析，正确认识自己，找到自己与职业要求的差距；
2. 能够运用决策平衡单，分析并权衡选择不同职业的利弊，树立内心认同的职业生涯目标。

素养目标

1. 能够通过职业生涯决策，培养职业生涯决策能力，成功就业；
2. 能够通过职业生涯决策原则和方法，确定基于社会需求的发展方向和目标，树立个人使命感。

伯恩曾说过："人生本无忧，唯有做决定。"人生的很多苦恼来自日常生活中必须做决定的压力。

个人在职业生涯中经常会面临各种选择，但其中只有几步是关键。正如下棋，一步之差，可能满盘皆输。生活就是由一系列选择组成的，在做出选择之前有一个很重要的心理过程——决策。生活中的很多决策，如专业的选择、升学的选择、职业的选择、伴侣的选择等，往往在不经意中就完成了，但职业生涯决策不能一蹴而就，需要谨慎对待。

职业生涯决策是一个高度复杂的过程，常常令人左右为难，很难用简单的方式来概括。人不可能完全理性，但学会把一些理性的方法引入职业生涯决策中，培养理性决策的能力，将使你受益终身。

例如，对一名高职学生来说，基本有三种路线可以走：就业求职；专升本；创业。不管哪条路线，都还有很多选择，都需要做出决策。正确的决策，能指引一个人沿着正确的方向、合理的路线前进，实现目标并取得成功；而错误的决策，会使一个人走上错误的道路，导致目标偏移，甚至人生失败。

5.1　职业生涯决策概述

5.1.1　决策与职业生涯决策的概念

"决策"一词的意思就是做出决定和选择，具体是指为了达到一定目标，采用科学的方法和手段，从两个以上方案中选择一个满意方案的分析判断过程。生涯决策是指对生涯事件的选择和决定的过程。

做决定是人成长过程中的重要环节，一些重要决定甚至可能影响人的一生。随着年龄的增长，我们不得不自行决定一些重大事情，例如升学、交友、就业、结婚等，一些日常生活中的琐事也需要我们做决策。

职业生涯决策是个人对所从事的职业进行选择的行为，它是综合了个人对自我的认识，以及对教育与职业等外在因素的判断，在面临职业生涯抉择时所做出的各种反应。它的构成要素包括：决策者个人目标、可供选择的方案和结果，以及对结果的评估。它的过程与结果受到机会、文化等社会因素，以及个人价值观与其他内在因素的影响。

5.1.2　决策的过程

职业生涯决策非常重要，不同的生涯理论从不同的视角提出了不同的看法。

职业生涯决策是一个复杂的认知过程，为了更好地完成职业生涯决策过程，美国职业生涯理论家里尔登(Reardon)等人在认知信息加工理论(CIP)中提出了CASVE决策模型，对我们理解职业生涯决策过程有参考意义。

CASVE循环包括5个阶段：沟通、分析、综合、评估和执行，CASVE就是这5个词的英文单词首字母。CASVE循环可以在整个职业生涯中为个人提供决策指导，如图5-1所示。

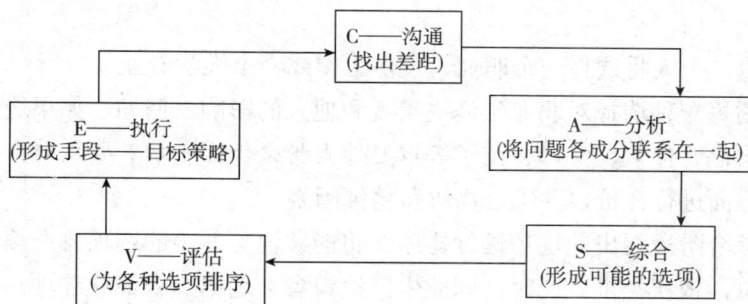

图5-1 CASVE循环

1. 沟通

在这个阶段，我们收到了关于职业理想与现实之间存在差距的信息。这些信息可能通过内部或外部交流途径传达给我们。内部沟通包括：情绪信号，如不满、厌烦、焦虑和失望；身体信号，如昏昏欲睡、头痛、胃部疾病等。外部沟通包括：父母对你的职业规划的关切；同事、朋友对你的职业评价；杂志上关于你的专业逐渐没落的文章，等等。

这是意识到自己需要做出选择的阶段。在这个阶段，我们通过各种感官和思考充分发现问题、明确差距。

2. 分析

在这个阶段，问题解决者需要花时间去思考、观察、研究，从而充分了解差距，了解自己有效地做出反应的能力。好的生涯决策者不会以冲动行事来减小在沟通阶段所体验的压力或减少痛苦，因为他们知道，这是无效的，甚至可能令问题恶化。他们会弄清楚，要解决这个问题需要了解自己的哪些方面，了解环境的哪些方面，需要做些什么，为什么自己有这样的感受，家庭会怎看待自己的选择，等等。

这是了解自己和各种选择的阶段。在这一阶段，生涯问题解决者通常会改善自己的知识结构，不断了解职业世界和家庭需要。简单说，在分析阶段，生涯决策者应尽可能了解造成在第一阶段发现的差距的原因。

分析阶段还需要把各种因素和相关知识联系起来。例如，把自己具备的知识和职业选择联系起来；把家庭需要和个人需要融入职业选择中。

3. 综合

在这个阶段，主要是综合和加工上一阶段提供的信息，从而制定消除差距的行动方案。这一阶段的核心任务是确定我可以做什么来解决问题。

这是一个先增加而后减少选项的过程。

首先，尽可能多地找到消除差距的方法，发散地思考每一种办法，可以采用头脑风暴法启发创造性思维。

其次，减少有效方法的数量，通常缩减到3~5个选项，这是人的大脑最有效的记忆和工作容量。

4. 评估

在评估阶段，个人将选择一个职业、一份工作或一个大学专业。

首先，评估每一种选择对职业生涯决策者和他人的影响。例如，如果选择服兵役，这一选择将会给自己、伴侣、父母、孩子等重要他人带来什么影响？要从对自己和对他人的坏处和益处两方面进行评价，并综合物质和精神因素。

其次，对综合阶段得出的选项进行排序。将能够消除差距的选项排在第一位，次好的选项排在第二位，依次类推。此时，职业生涯决策者会选出一个最佳选项，并且做出承诺去实施这一选择。

5. 执行

这是实施选择的阶段，把思考转换为行动。很多人都觉得在执行阶段制订行动计划是令人兴奋和有价值的，因为他们终于可以开始采取积极行动去解决问题了。

CASVE循环是一个不断重复的过程，在执行阶段之后，职业生涯决策者又回到沟通阶段，要确定已经做出的选择是不是最好的，以及是否能有效消除理想与现实间的差距。

CASVE决策技术可用于解决个人职业规划问题，也可用于解决团体问题。用系统的方法思考这5个步骤，有助于你做出有效的决策，使你成为一个更有效率的人。

5.1.3 决策的风格及类型

不同个体之间存在一定的差异，差异之一表现为做事风格不同。例如，有的人豪放，有的人细腻；有的人给你温暖的感觉，有的人让你感觉难以接近等。在做决策时，有的人深谋远虑、运筹帷幄，有的人冲动草率、意气用事，有的人思前想后、左右为难等。这些行为特点就是个人风格的体现，包括决策风格。

1. 决策风格的定义

所谓决策风格，是指个体在长期决策过程中形成的比较稳定的决策倾向。决策风格对决策效果具有重大的影响，主要表现是：不同决策风格的人对决策制定的方式与步骤有不同的偏好，不同决策风格的人对行动的迫切性有不同的反应，不同决策风格的人对待风险的态度与处理办法互有差异。

正是各种理性和情感的结合使人们形成了各种不同的决策风格，使我们做出这样那样的选择，从而使生活产生了或欢喜或遗憾的结果。这种在后天的学习经验中逐渐形成的，并且在决策情境中采用的一致的、习惯性的行为方式就是决策风格。

2. 决策风格的类型

美国职业生涯专家斯科特(Scott)和布鲁斯(Bruce)于1995年提出，决策风格是在后天的学习经验中逐渐形成的。他们将决策风格划分为5种类型：理智型、直觉型、依赖型、回避型和自发型。

1) 理智型

理智型决策者以周全的探求，对选择的逻辑性评估为特征。决策者常具备深思熟虑、分析、逻辑的特性。这类决策者会评估决策的长期效用，以事实为基础，强调综合、全面地收集信息，理智地思考，冷静地分析判断，是其他决策风格的个体需要培养的一种良好的思考习惯。

但是这类决策者执拗于理性和计划，有可能产生僵化的局面。例如，他们每次决定去哪旅游，都要先做攻略，完全计划好才行动，反而会失去很多生活中的乐趣。

2) 直觉型

直觉型决策者以依赖直觉和感觉为特征，比较关注内心的感受。直觉型的决策风格以自我判断为导向，在信息有限时能够快速做出决策。由于直觉型决策者以个人直觉而不是理性分析为基础，决策时发生错误的可能性较大，易造成决策的不确定性，导致外界容易丧失对直觉型决策者的信心。

3) 依赖型

依赖型决策者以寻求他人的指导和建议为特征。依赖型决策者往往不够承担自己做决策的责任，更愿意采纳他人的建议和支持，允许他人参与决策并共同分享决策成果，会受到他人的正面评价，但也可能因为简单地模仿他人的行为导致负面反应。依赖型决策者需要考虑生活中重要的他人对自己的影响程度。

4) 回避型

回避型决策者以试图回避做出决策为特征，具体表现为拖延、不果断。面对决策问题会产生焦虑情绪的决策者，往往会因为害怕做出错误决策而采取这样的做法。这类决策者不能承担做出决策的责任，倾向于不考虑未来的方向，不去做准备，不知道自己的目标，也不思考，更不寻求帮助。不管是犹豫还是拖延，其背后都隐藏着完美主义倾向，他们担心做错，不允许自己犯错，会采取各种方式来避免失败，同时他们也是悲观主义者，他们认为错了就完了，因而犹豫不决。

5) 自发型

自发型决策者以渴望即刻、尽快完成决策为特征，他们往往不能容忍决策的不确定性以及由此带来的焦虑情绪，具有强烈的即时性，对快速做决策的过程有兴趣。自发型决策者常会基于一时的冲动，在缺乏深思熟虑的情况下做出决策，此类决策者通常会给人果断或过于冲动的感觉。

结合生涯决策过程，看看你符合哪个决策风格。其实，我们在不同的情境中会采用不同的风格，了解自己的决策风格可以让你在收集信息的基础上，灵活地做出更好的选择。

那么，有没有最优决策风格呢？从字面上看，理智型的决策风格最有吸引力，直觉型风格最不科学。荷兰阿姆斯特丹大学的科学家们发现，就做简单的决定而言，经过思考做出的抉择通常比较合理；而当遇到比较复杂的抉择时，采取直觉的方式可能效果更优。

我们的大脑也在努力做出最优的选择，在面临重大决定时，在收集尽可能多的信息的基础上，大家可以尝试以直觉来做决定。

【思考与练习】了解你的决策风格

对于如何做决定，每个人都有自己独特的方式，或者说独特的决策风格。下面，让我们来测一下自己的决策风格吧！

你平时是如何做决定的呢？表5-1中的"情景陈述"栏列出了一般人在处理日常事务及做生涯决定时的态度、习惯及行为方式，请阅读这些句子并填写右边的选项。每一个选项无所谓对错，符合你的真实情况即可。当你填写完毕后，将得分计算出来，看看你属于哪一类决策风格。

表5-1 生涯决策风格类型测试

序号	情景陈述	符合	不符合
1	我常仓促、草率地做判断		
2	我常冲动行事		
3	我经常改变决定		
4	做决定之前，我从未做任何准备，也未分析可能的结果		
5	我常不经慎重考虑就做决定		
6	我喜欢凭直觉做事		
7	我做事时不喜欢自己出主意		
8	我做事时喜欢有人在旁边，以便随时商量		
9	我发现别人的看法与我不同，不知该怎么办		
10	我很容易受到别人的影响		
11	在父母、师长或亲友催促我之前，我并不打算做任何决定		
12	我常让父母、师长或亲友来为我做决定		
13	碰到难做决定的事情，我就把它放在一边		
14	每当需要做决定时，我就紧张不安		
15	我做事总是想东想西，下不了决心		
16	我觉得做决定是一件痛苦的事情		
17	为了避免做决定的痛苦，我现在并不想做决定		
18	我处理事情经常犹豫不决		
19	我会多方收集做决定所必需的一些个人及环境资料		
20	我会将收集的资料加以分析比较，列出可供选择的方案		
21	我会衡量各个可行方案的利益得失，判断此时此地最好的选择		
22	我会参考其他人的意见，再斟酌自己的情况来做出适合自己的决定		
23	经过深思熟虑之后，我会明确做出决定，制定最佳方案		
24	确定方案后，我会开展必要的准备行动并全力以赴做好		

计分方法：选择符合的记1分，选择不符合的不计分。得分最高的一组代表自己的主要决策风格，见表5-2。

表5-2　职业生涯决策风格类型测试结果

题号组	1～6 题组	7～12 题组	13～18 题组	19～24 题组
得分				
决策类型	直觉型	依赖型	犹豫型	理性型

你发现：

1. 根据上述结果，在日常生活中你做决定时倾向于：_____。这个风格
类型的优点是：_____。

2. 你的决策风格对你的影响是：_____。

3. 你觉得_____类型对你在日常生活中解决问题的帮助最大。

4. 在以后的学习、工作、生活中，你将如何有效地发挥你做决策时的优点？如何克服
缺点？

_____

_____

_____

5.1.4　决策的反应方式

在人生众多决策中，每个决策对个人的重要程度不同，所以决策者在面对决策及其后
果时的态度或反应也会存在差别，这就形成了不同的决策反应方式。

1. 冲动式

决策者在决策时出于冲动选择了第一个想到的方案，即马上反应。表现方式可能为
"先做决定再说，以后再想后果"。

2. 宿命式

决策者明白自己必须要做决策，不过将决策的主导权交给命运，他认为无论选择什么
都是一样的结果。表现方式可能为"该怎么样就怎么样，反正命中注定"或"船到桥头自
然直"。

3. 顺从式

决策者遵照他人制订的计划，而非自己做决定。表现方式可能为"如果您说没问题，
我就没问题"。

4. 延迟式

决策者知道问题所在，却一直拖延着不做决定。表现方式可能为"急什么？明天再
说吧"。

5. 直觉式

决策者无法解释他为何做这样的选择，他只是凭感觉认为自己是对的。表现方式可能为"嗯！感觉好像不错，就这么定了"。

6. 痛苦式

决策者花费太多的时间和精力去收集资料，结果面对繁多的资料却无法处理并做出决定。表现方式可能为"烦死了，这么多选择，叫我如何处理"或"我不能轻易做决定，万一做错了怎么办"。

7. 无力式

决策者知道自己该做些什么事，却感到无力、不知如何进行。表现方式可能为"我知道该怎么做，可是我办不到"。

8. 计划式

决策者会理性地去做决策，会了解自己的价值需求，收集、分析信息，并做出适当的决策。表现方式可能为"一切尽在掌握之中，我是命运的主宰，我是人生的主人"。

【思考与练习】了解你的决策方式

请你试着思考一下自己在平时做选择和决策时，上述8种反应出现的情况如何，完成表5-3。

表5-3　决策习惯和方式自评

类型	出现频率				
	总是	经常	偶尔	极少	从不
冲动式					
宿命式					
顺从式					
延迟式					
直觉式					
痛苦式					
无力式					
计划式					

【思考】

1.上述决策反应方式中，你最常出现和最少出现的分别是哪一种？为什么？

_____

_____

_____

2. 每种反应方式有什么优缺点？

3. 上述哪一种反应方式你经常出现？哪一种你希望能避免？为什么？

5.2 影响职业生涯决策的因素

影响职业生涯决策的因素有很多，既有外在的，也有内在的。这些因素相互作用，产生了生涯阻隔，从而造成了困境。

1. 个人因素

我们要做出有效的生涯决策，必须有健康的身体、情绪、精神状态作为保证。就像我们要参加田径比赛，我们的身体必须处于巅峰状态且准备充分，才能有机会在比赛中获胜。而疲惫不堪、紧张焦虑或是无法集中精力专注于决策过程，都不能保证决策的成功。这听起来非常浅显，但职业生涯咨询师发现，那些在职业生涯决策中存在困难的人，通常都没有处于"良好的决策状态"之下。他们缺少"生活管理技能"，无法为有效的决策打下基础。

2. 家庭因素

当我们需要在职业生涯中做出重大决策时，我们都希望能按照自己的想法来安排人生，并希望父母亲人多给些鼓励和支持，而不是横加干涉。研究家庭系统和生涯决策的学者观察到，那些与家庭成员关系过于密切的人，在进行决策时，往往很难保持情绪和心理上的独立。例如，当家人认为你应该从事的职业与你认为自己应该从事的职业不一致时，困境就会出现。父母所受的教育、所从事的职业及他们的价值观、态度、行为、人际关系会对孩子的职业决策产生直接或间接的影响，如果父母无法就义务、责任、价值观等与孩子达成共识，孩子的决策很容易出现问题。

3. 社会因素

社会因素对每个人的事业发展都有重大影响。通过对社会环境进行分析，了解国家或地区经济和法制建设的状况，寻求各种发展机遇。影响职业发展的社会因素包括：社会阶层、经济发展水平、社会文化环境、政治制度。

【思考与练习】职业生涯决策影响因素探析

在你做职业生涯决策的过程中，如果分值总分是100分，因素影响力越大，分值越高，你会怎么分配这100分？请将结果填入表5-4中(根据自身情况增加项目，可以有0分的项目)。这个练习的目的是确定哪些因素会影响你做出决定，最大的影响因素是什么，以及这些因素之间是否存在某种规律性。完成后，小组成员进行分享和讨论。

表5-4　职业生涯决策影响因素探析

影响因素	项　目	请写明具体情况	分　值
个人因素	个人的兴趣爱好	例如：我非常看重自己的兴趣	50
	个人能力和自我效能感		
	结果预期(经济和精神两方面)		
	其他(请写明)		
社会因素	社会地位		
	社会政治因素		
	性别角色		
	其他(请写明)		
家庭因素	家庭经济状况		
	家庭价值观念		
	家庭社会关系		
	其他(请写明)		

5.3　职业生涯决策的原则和方法

5.3.1　职业生涯决策的原则

1. 社会需求原则

职业生涯决策应与社会需求相结合。把握社会对人才的需求，以社会需求作为出发点和归宿，这样的职业生涯决策才有现实性和可行性。

2. 兴趣发展原则

了解社会大背景之后，第二个重要原则是兴趣发展原则。相关研究表明，当人在做一件自己喜欢的事情时，即使很忙很累，遇到困难，也不会感觉到压力，反而会呈现充实和有动力的状态。

3. 能力胜任和发展原则

在职业生涯决策过程中，我们不仅要找自己感兴趣的工作，更重要的是找到自己擅长的工作。每个职业都需要相应的知识和技能，这样才能满足职业需求，同时也会让人有成就感。

4. 选择范围由多至少原则

在职业生涯规划过程中，特别是前期，如大一、大二阶段，还处于探索阶段，这个阶段不宜直接确定某一个目标，而是应确定一个目标范围，这个范围在前期越大越好，这样可以在前期做比较广泛的探索，逐渐缩小范围之后，再做比较深入的探索。

5. 利益整合原则

职业生涯决策是一个整合的过程，不仅涉及个人的兴趣、特长和性格等因素，还涉及职业的报酬、发展等因素。

6. 动态目标原则

生涯决策是一个动态的过程，你会发现你现在做的决定可能和几年前做的决定完全不一样。动态目标并不是说要随时变化，有的时候也需要坚持，但时代的快速发展要求人们适应社会的变化，动态目标原则因而变得越来越重要。

5.3.2 职业生涯决策的方法

在了解自己和职业的基础之上，我们可以开始学习职业生涯决策的方法，下面介绍几个帮助我们了解自己和整理资料的有效方法。

1. SWOT分析法

SWOT分析法(也称TOWS分析法、道斯矩阵)即态势分析法，是指个体通过分析自己的性格、能力、爱好、长处、短处、所处环境的优势和劣势，以及一生中可能会面临哪些机遇，职业生涯中可能会面临哪些威胁，将自身条件和需求与外部环境结合起来，制定职业生涯目标。

SWOT分析法于20世纪80年代初由美国旧金山大学的管理学教授韦里克提出。SWOT分析中的S代表strength(优势)，W代表weakness(弱势)，O代表opportunity(机会)，T代表treat(威胁)。其中S、W是内部因素，O、T是外部因素。一般来说，决策者在进行SWOT分析时，应遵循以下4个步骤。

1) S(strength)——优势分析

优势分析主要是分析自己出色的地方，特别是相对于其他竞争者的优势。每个人都有自己独特的技能、天赋和能力。在当今分工细致的市场经济社会里，大多数个体往往擅长从事某一个领域的工作，而不是样样精通。比如，有些人擅长与人打交道，不喜欢坐在办公桌旁处理事务性工作；有些人一想到不得不与陌生人打交道，就心里发麻、惴惴不安。寻找职业方向，往往要从自己的优势出发，以己之长立足于社会。

在SWOT分析表里，应先列出你自己喜欢做的事情和你的长处所在(如果你觉得界定自己的长处比较困难，你可以找一些测试题做一做，做完之后，就可以明确你的长处)，主要包括以下几个方面。

(1) 你在学校学到了什么？在学校期间，你获取了哪些专业知识？接受过什么培训？自学过什么？有什么独到的想法和专长？参加过什么社会实践活动？提高和升华了哪方面知识？获得何种证书？在未来的工作中专业也许并不起决定性作用，但在一定程度上会影响自身的职业方向，因而尽自己最大努力学好专业课程是达成理想职业目标的前提条件之一。

(2) 你曾经做过什么？自己有哪些人生经历和体验？例如，你在大学期间担任过什么学生干部？曾经参与或组织哪些实践活动？取得哪些成就？积累了什么经验？获得过什么奖励？等等。经历是个人最宝贵的财富，往往可以从侧面反映一个人的素质、潜力，因而备受用人单位的关注，不可掉以轻心。在自我分析时，要善于利用过去的经验选择，来推断未来的工作方向。

(3) 你最成功的经历是什么？你可能做过很多事情，其中最成功的是什么？为何成功？是偶然还是必然？是否是自己能力所为？通过对成功事例的分析，你可以发现自我性格方面的优势，比如坚强、果断，以此作为个人的能力闪光点，这也是职业规划的有力支撑。

2) W(weakness)——劣势分析

劣势分析主要是分析经验与经历中欠缺的方面，尤其是落后于竞争对手的方面。"人无完人，金无足赤。"由于经历的不同、环境的局限，每个人都无法避免一些经验上的欠缺。但经验欠缺并不可怕，可怕的是自己没有认识到这一点或即使认识到还一味地不懂装懂。正确的态度是：认真对待，善于发现，努力克服劣势，不断提高自己。找出你的劣势与发现你的优势同等重要，因为你可以基于自己的优势和劣势做两种选择：一是努力改正你常犯的错误，提高你的技能水平；二是放弃那些对你不擅长的技能要求很高的职业。

劣势分析主要包括以下两个方面。

(1) 性格弱点，如不善交际、感情用事等。人无法避免与生俱来的弱点，必须正视自己的不足，并尽量降低其对自己的影响。例如，一个独立性强的人可能很难与他人默契合作，一个优柔寡断的人恐怕难以担当组织管理者的重任。卡耐基曾说，人性的弱点并不可怕，关键要有正确的认识，认真对待，尽量寻找弥补、克服的方法，使自我趋于完善。找出自己的弱点并想办法克服，将有助于自我提高。

(2) 经验或经历中所欠缺的方面。例如，学管理专业的学生，却没有当过学生干部，没有管理经验；学中文或新闻专业的学生，没有到报社或杂志社实习，缺乏实践经验；学市场营销专业的学生，没有营销策划和实践体验；等等。这些都是经历欠缺的表现。

3) O(opportunity)——机会分析

机会分析是指分析有利于职业选择和发展的机会，并在SWOT分析表中列出，主要包括对以下几个方面的分析。

(1) 对社会大环境的认识与分析。具体分析当前社会政治、经济、科技、文化的发展趋势是否有利于所选职业的发展，以及在哪些方面有利。

(2) 对所处环境和以后所选择的单位的外部环境的分析。具体分析目前哪些因素对自己有利，将来所选择的单位在本行业中的地位和发展趋势如何，以及市场竞争力如何。

(3) 人际关系分析。具体分析哪些人对自己的职业发展会起到帮助作用，这种帮助能持续多久，以及如何与他们建立并保持联系。

4) T(threat)——威胁分析

威胁分析是指分析外部环境中存在的潜在危险。你需要对所处环境和以后所选择的单位的各种内部危机进行分析。例如，行业规模是否萎缩，单位是否重组或改制，有无空缺职位，竞争该职位需要满足哪些具体条件，有多少人和自己竞争这个职位，目前有哪些因素对自己不利，等等。不同的行业会面临不同的外部机会和威胁，找出这些外界因素对确定一个理想的职业生涯目标是至关重要的，因为这些机会和威胁会影响你今后的职业发展。

下面介绍4种组合战略。

S-O战略：寻找与自己优势相匹配的机会，这是一种理想的战略模式，能够最大限度地发挥内部优势和充分利用外部机会。

W-O战略：克服自身的弱点去寻找发展机会，即利用外部机会来弥补内部劣势，使劣势方面有所改善。这种战略一般运用在由于难以避免劣势而制约了利用一些外部机会的情况下。

S-T战略：利用自己的优势来降低外部环境造成威胁的可能性，即可以通过合理安排内部资源，利用自身优势将外部威胁对自身发展造成的不利影响降到最低。

W-T战略：应付危机的战略，通常运用于面临内忧外患的情况，通过制订一套防御性计划来克服内在劣势，同时回避外在威胁。

SWOT分析是评测你的技能、能力、职业、喜好和职业机会的有力工具。通过SWOT分析，你能知道自己的优势和劣势是什么，评估自己感兴趣的职业存在哪些机会和威胁。

SWOT分析如表5-5所示。

表5-5 SWOT分析

	优势(个体可控并可利用的内在积极因素)	弱势(个体可控并努力改善的内在消极因素)
内部因素	工作经验 教育背景 丰富的专业知识和技能 特定的可转移技巧(如沟通、团队合作、领导能力等) 人格特质(如职业道德、自我约束、承受工作压力的能力、创造力、性格乐观等) 广泛的个人关系网络 在专业组织中的影响力	缺乏工作经验 学习成绩差，专业不对口 缺乏目标，对自我的认识和对工作的认识不足 缺乏专业知识 较差的领导能力、人际交往能力、沟通能力和团队合作能力 较差的寻找工作能力 负面的人格特征(如职业道德败坏、不自律、缺乏工作动机、害羞、情绪化等)

(续表)

	机会(个体不可控但可利用的外在积极因素)	威胁(个体不可控但可弱化的外在消极因素)
外部因素	就业机会增加 再教育的机会 专业领域急需人才 目标带来的机遇 专业晋升机会 专业发展带来的机会 地理位置的优势 强大的关系网络	就业机会减少 由同专业的大学毕业生带来的竞争,具有丰富技能、经验、知识的竞争者,掌握寻找工作技巧的竞争者,名校毕业的竞争者 缺少培训、再学习造成的职业发展障碍 工作晋升机会十分有限或专业领域发展有限 公司不再招聘与你同等学力或同样专业的员工

【案例】SWOT分析运用

毕业于师范大学心理学专业的男研究生××,在校期间专业成绩优秀,曾多次获取奖学金,发表论文若干,且一直担任学生会干部。但是此人性格急躁,容易冲动,而且没有直接的工作经历,唯一的工作经历是二年级时在一家大型电子公司的人力资源部门实习了半年。在实习中,他感觉很好,喜欢人力资源工作,打算在此领域发展。现在,他想找一份人力资源管理工作。

下面是他的SWOT分析(见表5-6)。首先,进行自身优势、劣势分析,以及周围职业环境的机会和威胁分析;其次,在这些分析的基础上制定应对策略并进行整合,最终确定谋取一份大中型外资企业的人力资源管理部门的工作。

表5-6　　××同学的SWOT分析

		内部环境	
SWOT分析 职业目标:人力资源管理		S(优势): 1. 硕士学位,成绩优秀 2. 学生会干部管理经验 3. 大型公司半年实习经历 4. 具有心理学的知识背景	W(劣势): 1. 师范院校毕业 2. 没有丰富的工作经验 3. 专业不对口 4. 性格急躁,容易冲动
外部环境	O(机会): 1. 人力资源管理部门逐渐受到企业重视 2. 人力资源管理人才需求量增加 3. 心理学在人力资源管理中的重要性逐渐突显	S-O策略: 1. 深入学习心理学知识,将心理学知识用到人力资源管理中 2. 发挥担任学生会干部时历练的管理特长	W-O策略: 1. 利用较强的学习能力,自学人力资源管理课程,加强英语学习 2. 继续加强自己在师范院校培养的口语交流、文字书写等优势
	T(威胁): 1. 人力资源管理方向的毕业生多 2. MBA数量剧增 3. 人力资源管理在很多企业中仍然处于起步阶段,运作不规范 4. 比起学历,我国许多企业更重视工作经验	S-T策略: 1. 强调自身心理学背景的优势 2. 强调大型企业半年实习经验 3. 强调较强的学习能力和适应能力	W-T策略: 1. 训练克制自己的冲动个性 2. 结合两个不同的专业,拓宽视野,提升创新能力 3. 积极寻找重视员工潜力的企业

分析后的整体结论:职业目标定位于大中型外资企业人力资源管理部门

【思考与练习】

为了了解自我、了解职业，了解自己与职业要求的差距，找出自我学习改进的最佳方法，请你模仿表5-6的分析过程，在表5-7中完成自己的职业生涯决策SWOT分析。

表5-7　SWOT分析练习

个人SWOT分析		内部环境	
		S(优势)：	W(劣势)：
外部环境	O(机会)：	S-O策略：	W-O策略：
	T(威胁)：	S-T策略：	W-T策略：

分析后的整体结论：

【思考】

(1) 你为自己做了SWOT分析之后，是否对自己的认识更加深刻？

_____

_____

(2) 与小组其他成员分享分析结果后，你学到了些什么？

_____

_____

2. 生涯决策平衡单

"决策平衡单"(decision-making balance sheet)经常被应用于职业咨询中，用以协助咨询者系统地分析每一个可能的选项，判断分别执行各选项的利弊得失，然后依据利弊得失的加权计分排定各个选项的优先顺序，以执行最优或咨询者偏好的选项。

通过决策平衡单法，能够系统地分析每一个选项，依据每一个选项对个体自身影响的大小进行加权，根据加权后的计分排出各项的优先顺序，执行最优选项。

生涯决策平衡单将重大事件的思考方向集中到4个主题上：个人物质方面因素，他人物质方面因素，个人精神方面因素，他人精神方面因素，主要指标如表5-8所示。

表5-8　生涯决策平衡单

考虑因素		重要性的权重分(1～5倍)	选择1		选择2		选择3	
			权重分(+)	权重分(−)	权重分(+)	权重分(−)	权重分(+)	权重分(−)
个人物质方面因素	1. 收入 2. 工作难易程度 3. 升迁机会 4. 工作环境 5. 休闲时间 6. 生活变化 7. 对健康的影响 8. 就业机会 9. 其他							
个人精神方面因素	1. 生活方式的改变 2. 成就感 3. 自我实现的程度 4. 兴趣的满足 5. 挑战性 6. 社会声望 7. 其他							
他人物质方面因素	1. 家庭经济 2. 家庭地位 3. 与家人相处时间 4. 其他							
他人精神方面因素	1. 父母 2. 师长 3. 配偶 4. 其他							
合计								

1) 使用步骤

(1) 列出可能的职业选项。求职者首先需在平衡单中列出3～5个有待深入评量的潜在职业选项。

(2) 判断各个职业选项的利弊得失。求职者可依据重要的得失方面，逐一评估各个职业选项，并以"+5"至"−5"的11点量表(+5，+4，+3，+2，+1，0，−1，−2，−3，−4，−5)，来衡量各个职业选项。

(3) 各项考虑因素的加权计分。求职者对各个选项的利弊得失，会因身处不同情境而有不同的考量。因此，在详细列出各个考虑层面之后，须再进行加权计分，即对个人而言，重要的考虑因素可乘1～5倍分数，依次递减。

(4) 计算出各个职业选项的得分。求职者须逐一计算各个职业选项的"得"(正分)与"失"(负分)，进行加权计分，并计算各个职业选项的总分。

(5) 排定各个职业选项的优先顺序。最后依据各职业选项总分的高低，排定优先次序，职业选项的优先次序即可作为咨询者进行职业生涯决策的依据。

2) 注意事项

(1) 总分次高的方案中选。研究决策历程的学者发现，分数最高的选项往往不是最终选项，而分数次高的选项却成为最终选择，这种现象称为"局部优化现象"(Janis & Mann, 1977)。这是因为决策者可能会有意夸大选项中有利条件的优势，而忽视其他可能造成损失的重要条件。

(2) 最优方案同分。在使用平衡单的过程中，还有一种现象，即分数最高的方案有两个。这种现象一般与权重分值有关，你可以重新考虑各项因素，往往起决定性作用的就是一两个关键因素。

(3) 难以抉择。做完平衡单以后，你会陷入左右为难的境地，无法做出决定。出现这种难以抉择的情况也是正常的，如果两个选项的条件过于接近，可能需要直觉来帮你做决定；也可以进一步探究原因，比如自己是否受情绪的困扰。当然，暂时不做决定也是一种选择，可能当下并不是做决定的好时机。

【案例】小李的生涯决策平衡单

基本情况：小李，男，哈尔滨某大学教育技术学专业三年级学生，性格外向，开朗活泼，喜欢与人交往，口头表达能力很强，是学院学生会干部，组织能力强。还有一年他就要毕业了，他考虑自己有三个职业发展方向：中学信息技术教师、市场销售总监、考取计算机专业硕士研究生。以下是他的具体想法。

(1) 中学信息技术教师。小李认为这个职业是他的本专业，存在最大的专业优势，工作也比较稳定，但目前社会需求量并不大。

(2) 市场销售总监。小李希望用10年的时间实现这个目标，他认为这个职业符合自己的性格、兴趣，同时他曾利用暑期和课余时间兼职做过一些销售工作，有一定的经验。他认为自己的专业知识能够辅助销售工作的开展。

(3) 考取计算机专业硕士研究生。小李的父母都是高校老师，他们希望小李能够继续深造，以后到大学任计算机专业教师。小李认为，虽然高校教师工作稳定，收入也高，但他不喜欢计算机专业的教学工作，且考研也有一定的困难。

具体分析见表5-9。

表5-9 小李的生涯决策平衡单

考虑因素		重要性的权重分(1～5倍)	选择1 中学教师		选择2 销售总监		选择3 考研	
			+	−	+	−	+	−
个人物质方面因素	1. 符合自己的理想生活方式	5		3(15)	4(20)			4(20)
	2. 适合自己的处境	4	2(8)		4(16)		3(12)	
	3. 有较高的社会地位	3	5(15)			3(9)	5(15)	
	4. 工作比较稳定	5	5(25)			3(15)	4(20)	

（续表）

考虑因素		重要性的权重分(1～5倍)	选择1 中学教师		选择2 销售总监		选择3 考研	
			+	−	+	−	+	−
他人物质方面因素	1. 优厚的经济报酬	4	3(12)		4(16)		4(16)	
	2. 足够的社会资源	5	3(15)		5(25)		3(15)	
个人精神方面因素	1. 适合自己的能力	4	2(8)		5(20)		2(8)	
	2. 符合自己的兴趣	5	2(10)		4(20)			3(15)
	3. 符合自己的价值观	5	2(10)		5(25)		4(20)	
	4. 适合自己的个性	4	2(8)		4(16)		3(12)	
	5. 未来发展空间	5	2(10)		4(20)		4(20)	
	6. 个人就业机会	4	3(12)		4(16)		5(20)	
	7. 其他							
他人精神方面因素	1. 带给家人的声望	2	4(8)		5(10)		5(10)	
	2. 有利于择偶以建立家庭	3	4(12)		4(12)		4(12)	
合计			153	15	216	24	180	35
加权后得失差数			138		192		145	

小李运用生涯决策平衡单所得到的方案得分排序为：市场销售＞教研＞中学教师。综合评量后，市场销售总监较为符合小李的职业生涯目标。在进行职业选择时，小李较为看重是否符合自己的兴趣、是否符合自己的职业价值观、是否有发展空间、是否是自己的理想生活等几个方面。

【思考与练习】决策平衡单

会展专业学生××，女生，聪明伶俐，活泼可爱，善于组织管理。入学后，她积极参加大学各项活动，每天过得充实快乐。

大学一年级时，她在职业生涯规划课上做了霍兰德职业兴趣倾向测评，代码是ERC，所对应的职业是邮政局局长、渔船船长、机械操作领班、木工领班、瓦工领班、驾驶员领班等。她看到这些职业后，很不喜欢。

经过进一步分析ERC对应的职业的共同特征，然后结合本专业对应的职业群，具备这些共同特征的职业有：会展执行领班(负责管理各种杂物、具体操作执行会展运输、搭建展台等)、会展后勤领班、会展迎宾领班、会展前台领班和会展策划主管。(注：这几个岗位都是中层管理岗，待遇相同，表面工作相差不大，实际工资保密)

经过价值观自测，她选择职业时不可缺少的五个因素是管理权力、社会交际、人际关系、工作环境、追求新意。再次做选择时，她表示能够去掉后三项(以后再追求)，前两项不愿意去掉(难以抉择)。

结合上述材料，帮助这个同学完成她的决策平衡单(见表5-10)。

表5-10　决策平衡单练习

影响因素	选择项目权重	选择一		选择二		选择三	
	(1～5)	(1～+5)	(-5～1)	(1～+5)	(-5～1)	(1～+5)	(-5～1)
1. 收入							
2. 工资/五险一金							
3. 家庭经济							
4. 兴趣							
5. 性格							
6. 社会声誉							
7. 提升空间							
8. 管理权力							
9. 社会交际							
10. 人际关系							
11. 工作环境							
12. 追求新意							
13. 风险							
14. 爸爸							
15. 妈妈							
16. 亲戚朋友							
17. 恋人							
18. 个人健康							
19. 照顾家庭							
合计							
加权后得失差数							

3. 五"What"法

对许多大学生来说，职业生涯规划也许是一个比较模糊的概念，也就谈不上对自己进行职业生涯规划。职业生涯规划并不像某些书上所说的那样玄机无限，只要你对自己有一个基本的认识，同时掌握一定的方法，就能为自己的职业生涯发展勾勒一张蓝图。

五"What"法共有5个问题：What are you? What do you want？ What can you do？ What can support you？ What you can be in the end？一个人回答这5个问题，找到它们的共同点，就能做出自己的职业生涯规划。该方法尤其适合即将毕业的大学生朋友。

1) 五"What"法运用步骤

(1) What are you？

针对第1个问题"我是谁"，应该对自己进行一次深刻的反思，以清醒地认识自己的优点和缺点，并将其罗列出来。

(2) What do you want？

第2个问题"我想干什么"，是对自己职业发展的心理趋向的测查。每个人在不同阶段的兴趣和目标并不完全一致，有时甚至是完全对立的，但会随着年龄的增长和阅历的增加而逐渐固定，并最终锁定自己的终生理想。

(3) What can you do？

第3个问题"我能干什么"，是对自己的能力与潜力的全面总结。一个人的职业定位归根结底取决于他的能力，而其职业发展空间的大小则取决于潜力的大小。了解一个人的潜力，应该从几个方面着手，如对事的兴趣、做事的韧性、临事的判断力以及知识结构是否全面、知识更新是否及时等。

(4) What can support you？

第4个问题是"环境支持或允许我干什么"。这种环境支持在客观方面包括经济发展、人事政策、企业制度、职业空间等；在人为主观方面包括同事关系、领导态度、亲戚关系等。两方面的因素应该综合起来考虑。有时我们在做职业选择时常常忽视主观方面的因素，没有将一切有利于自己发展的因素调动起来，从而影响了自己对职业切入点的选择。在国外，通过同事、熟人的引荐找到工作是很正常也是最容易的，当然我们应该知道这和一些不正常的"走后门"等现象有着本质的区别，前者的环境支持是建立在自己的能力之上的。

(5) What you can be in the end？

明晰前面4个问题，有助于我们找到对实现职业目标有利和不利的因素，从而列出不利因素最少、自己想做而且又能够实现的职业目标，那么第5个问题"自己最终的职业目标是什么"自然就有了一个清楚明了的框架。

2) 五"What"法运用实例

下面我们以某高校计算机专业的女生的职业选择和职业目标为例进行分析，或许能够启发许多和她们一样的同学。

某高校计算机专业的女生，在临近毕业时常常对自己的职业方向感到迷茫。目前，计算机专业属于热门专业，找一份相关工作并不难，但女生的就业难度往往高于男生，且该女生对教师这一职业比较喜欢。在这种情况下，我们不妨和她一起认真地进行一次有关职业规划方面的思考，并通过对其职业前途的规划确定其就业方向。

(1) What are you？

某高校计算机专业毕业生；优秀学生会干部，学业成绩优秀，英语通过国家六级考试；辅修过心理学、管理学；参加过高校演讲比赛，拿过名次；家庭经济状况一般，既不富裕也不拮据，父母工作稳定，身体健康，暂时还不需要有人照顾；自己身体健康；性格不属内向，但也不是特别活跃，喜欢安静。

(2) What do you want？

很想成为一名教师，这不仅是儿时的梦想，而且一直以来都比较喜欢这个职业；也可以成为公司的一名技术人员；如果出国读管理方面的硕士，回国成为一名企业管理人员也是可以接受的。

(3) What can you do？

做过家教，虽然不是教授自己的专业知识，但与孩子交流有天生的优势，做家教时学生成绩有进步；当过学生会干部，与同学们相处比较融洽，组织过几次有影响力的大型活动；实习时在公司做过一些开发工作，虽然没有大的成就，但感觉还行。

(4) What can support you?

家里亲戚推荐去一家公司做技术开发；GRE考得还可以，已经申请了国外几所高校，但能不能提供奖学金还很难说，况且现在签证比较困难；去年曾有几家学校来系里招聘教师，但工作内容不是授课，而是去学校做技术维护，今年不知会不会有学校再来招聘教师；有同学开了一家公司，希望自己能够加盟，但自己不了解这个公司的具体业务，也不知道发展前途如何。

(5) What you can be in the end? 最后的选择可能有以下4个。

① 到一所学校当教师。自己有这方面的兴趣和理想，在知识和能力方面并不欠缺，在素质教育的大趋势下，与师范类专业相比，自己有专业方面的优势，授课时可以让学生了解更多的前沿知识，特别是现在计算机在中学阶段的普及率较高，自己有信心成为学生心目中的好老师。不足之处在于缺乏授课技巧，但可以通过专业训练逐步提高。

② 到公司做技术人员。收入会好一些，但通过近几年的发展来看，这一行起伏较大，同时由于技术发展较快，自己须随时进行知识更新，压力较大，信心不足，兴趣也不是很大。

③ 加盟同学的公司。丢掉专业从底层做起，风险较大，这与自己求稳的心理及性格不符，同时也会面临来自家庭的阻力。

④ 如愿获得奖学金，出国读书，回国后还是去做一名企业管理人员。不确定性因素较多，且可把握性较低，自己始终处于被动状态。

单纯从职业发展来看，这4种选择都有其合理性，但如果从个体的角度而言，第一种选择显然更符合她本人的职业取向。从心理学的角度看，第一种选择能够使她获得满足感，在工作中也更容易投入，做出一定的成绩后会有很大的成就感。从职业前途的角度看，教师这个职业日益受到社会的尊重，社会地位呈上升趋势。从性格的角度看，教师这一职业比较符合她的职业取向。主要困难是非师范生从事这个职业的门槛比较高，如果她能在确定自己的最终目标后，努力去弥补与师范生相比在职业技巧方面的差距，那么她实现自己的职业理想指日可待。

5.4 职业生涯决策的风险

1. 决策风险的内涵

决策风险，是指在决策活动中，由于主、客体等多种不确定因素的存在，而导致决策活动不能达到预期目的的可能性及其后果。

决策本身意味着风险和责任，在我们生活中出现的问题，很多没有标准答案。在解决这样的问题时，我们需要在考虑不确定性因素的情况下做出选择和决策。降低决策风险，减少决策失误，一直以来都是人们关注和探讨的问题。我们做职业生涯规划的目标之一是尽可能降低这种风险，但是无法完全规避这种风险。

许多成功人士都在自己的职业生涯中至少冒过一次适度的风险。不冒险，就意味着更大的风险，可能会阻碍职业生涯发展。著名管理专家史蒂芬·柯维(Stephen R. Covey)告诉我们："当我觉得非常恐惧能否成功时，我就在意识中提醒自己，恐惧是好事。它意味着我正在从事新颖而且与众不同的工作，我只能接着做下去。"

2. 决策中可能面对的问题

对大学生来说，决策就是不断地评估和妥协的过程，但是在实际操作过程中，也可能面临这样那样的问题。

1) 未充分考虑各种可能性

决策的前提是掌握全面的信息。收集信息需要时间和精力，这可能和你的日常安排产生冲突。另外，职业探索过程非常容易受到情绪的影响，比如当你非常忙和没有自信的时候，你可能会使用捷径，比如上网浏览一下，而不去真正深入探索。这样会影响你的判断，甚至导致你做出错误决策。

2) 执行中的后悔

做出决策后，我们可能会感到遗憾，甚至觉得自己做错了。个人在预选阶段做出选择后，一般不会立即付诸实施，而是要经历一个沉淀期。在此期间，你开始患得患失，已选目标的缺点开始突显，而放弃选择的优势分量开始增加。这是一种正常的认知过程，我们需要接纳这种二度挣扎。不管你后悔是因为结果真的比预期差，还是对自己做的"坏决策"感到自责，在此，我们都要提醒你：我们的行动可能会在短期内让人遗憾，但是如果不采取任何行动，最终会造成更多遗憾，尤其从长期视角来看，我们更容易为没有采取行动而后悔。人们不采取任何行动而产生遗憾和自责要高于因事情本身带来的遗憾。另外，决定的好坏是相对的，当时看起来是错误的选择，如果认真对待很可能会开拓新的领域，使其成为正确的选择。

3) 生涯决策的中断

在日常生活中，我们都是在行动之前做好决策和选择的。比如，周末到底是去图书馆学习还是去看电影？但是如果站在生涯发展的角度思考，或者站在更高的系统角度思考，你就会发现，我们的过去决定了现在，而现在决定了未来。

4) 决策中的不合理信念

生涯信念是人在成长发展过程中，逐渐形成的关于自我、职业以及未来发展等与生涯相关的想法或者观念。生涯信念影响着我们生涯的发展。生涯信念可以有意识地评估和观察，可以具体化和量化，任何一个绝对的、以偏概全的信念都是不合理的。不合理的信念会引发负面情绪，从而限制我们的主动行动。比如，当我们发现机会与自己擦肩而过时，偏激的生涯信念会使我们变得消沉，从而陷入挫败情绪中。

课后作业

1. 你的决策风格是哪种？如何让你的决策更加高效、明智？

2. 使用生涯平衡单分析自己的职业生涯决策。

3. 假如你是一名即将毕业的大学生，面临职业选择决策，请你分析你的优势和劣势。

第6章 规划成功人生

章节描述

　　本章内容旨在引领读者，学习目标的作用、确定目标的方法以及如何评估与调整目标，并初步了解达成目标的方法；通过学习能对自己的目标进行评估和调整，掌握目标确定、评估与调整的有效方法；能根据本人实际情况和社会发展需要，确立发展目标，制定发展规划。

学习目标

知识目标

1. 了解目标的作用和确定目标的方法；
2. 了解规划的方法与作用。

能力目标

1. 能够根据本人实际情况和社会发展需要，确立发展目标，制定发展规划；
2. 能够对自己的目标进行评估和调整。

素养目标

1. 树立"适合自己的发展目标是最好的目标"的发展理念，形成脚踏实地实现发展目标的态度；
2. 能够形成根据外界变化适时调整规划的应变意识。

6.1 确立目标

6.1.1 成功与目标的关系

　　成功的基本定义就是达成预期目标。到底什么是成功？我们对成功的解释有无数种。人们常常认为成功是件说不清楚的事情，其实，成功的定义十分简单且明确，成功就是达成预期目标，它至少包括4层基本含义。

第1层含义

我们在谈论成功之前一定要有一个预期的目标，这是成功的第1层含义。没有目标，成功无从谈起。人们常说成功是件说不清楚的事情，其实只是目标说不清楚而已。不同的人所预期的目标是不同的，同一个人在不同时期的目标也是不一样的，而成功的内容或其现实的含义也会因此而改变。

第2层含义

第2层含义就是预期的目标一定要达成，才算成功，没有达成就不能称之为成功。当然，我们也不一定要将未能达成目标的情况定义为失败，以免产生消极心理，误导自己的情绪。例如，你的目标是年底存10 000元，但到年底你只存了9999元，对你而言这仍然是不成功，但别人觉得你已经很成功了。

第3层含义

第3层含义就是成功具有明显的个性化特征。成功的标准因人而异，可划分为自己的标准、他人的标准、团体的标准。人们往往为了什么是成功而争得面红耳赤，就是因为各自的标准互不兼容。人们往往习惯于按照自己的标准或自己的成功来衡量别人的成功，这是不客观的。因为一个组织与另外一个组织的标准也会不一样，有时甚至完全相反，无法断定哪一种标准是绝对正确的。因此，我们必须确立自己的成功标准，否则会盲从于他人，在社会的大潮中随波逐流。此外，我们还应知道这个世界允许存在与我们不一致的标准，否则我们就无法理解他人、理解社会。

第4层含义

第4层含义就是成功是个数学概念。所有的目标都应是可量化的。许多人常常将目标定义为更上一层楼、跃上新台阶、挣更多的钱、钱越多越好、过上幸福的生活等。对于这些目标，我们会发现它们有个共同的特征就是没有被量化，以至模糊不清、无法衡量。所以，这类所谓的目标充其量只能算是一种愿望，不能算作真正的目标。许多人常说成功说不清楚，也可能是因为他们只有一个模糊而没有量化的目标。

一切成功追根溯源，都应归结为目标的达成。由此可见，研究目标是研究成功的核心。成功的核心也许可以简化为两大问题：第一个问题就是如何确立一个好目标；第二个问题就是如何高效地达成该目标。

6.1.2　目标的作用

在讨论如何确立一个好目标之前，我们先来弄清楚一个问题——为什么要确立目标？

哈佛大学曾做过一个关于目标对人生影响的跟踪调查。研究对象是一群智力、学历、成长环境都差不多的年轻人。结果发现，有27%的人没有目标，60%的人有较模糊的目标，10%的人有清晰的短期目标，只有3%的人有清晰的长期目标。

长达25年的跟踪结果显示，那些有清晰的长期目标的人，25年来几乎不曾更改过自己的目标，25年来他们朝着同一个方向不懈地努力，25年后他们几乎都成为社会各界的顶尖成功人士。

那些有清晰的短期目标的人，大多生活在社会中上层，他们的共同特点是那些短期目标不断达成，生活质量稳步上升，最终成为各行各业不可或缺的专业人士，如医生、律师、工程师、高级主管等。

那些有较模糊的目标的人，他们几乎都生活在社会中下层，他们能够安稳地生活、工作，但几乎没有取得特别的成就。

而那些没有目标的人，25年后他们都生活在社会最底层，生活并不如意，经常失业，依靠社会救济，平日常常抱怨他人、抱怨社会、抱怨世界。

调查者因此得出一个结论——目标对人生有巨大的导向作用。一开始，目标仅是自己的一个选择，但你选择什么样的目标会影响你取得什么样的成就，继而影响你拥有什么样的人生。

那么，你有目标吗？你的目标清晰吗？你的目标是长期的还是短期的？结合哈佛大学的跟踪调查，你属于哪个群体？将来你想成为哪一类人？

今天的生活状态不由今天决定，它是我们过去生活目标的体现；明天的生活状态也不由未来决定，它是我们今天生活目标的体现。目标是行动的导航灯，没有目标我们就不会努力，因为我们不知道为什么而努力。正如大海中的航船，如果不知道自己靠岸的码头在哪里，开足马力只会让自己更茫然。此外，没有目标，我们几乎同时失去了机遇、运气、别人的支持。因为不知道自己到底想要成为什么样的人，也就没有办法得到他人的帮助。因此，目标的确定，可使其发挥强大的推动作用，从而促使我们获得成功。具体来说，目标具有以下作用。

(1) 给自己的行为设定明确的方向，使自己充分了解每一个行为的目的。

(2) 使自己知道什么是最重要的，有助于合理安排时间。

(3) 迫使自己未雨绸缪，把握当下。

(4) 可以帮助自己评估每一个行为的进展、每一个行为的效率。

(5) 使自己把重点从工作本身转移到工作成果上来。

(6) 使自己在获得结果之前，就能看到结果，从而产生持续的信心、热情、行动力。

6.1.3 影响目标达成的因素

许多人都有明确的目标，但一部分人能够达成，而另一部分人则不能达成，具体结果主要受以下几个因素的影响。

1. 期望的强度

人人都想成功，都有自己期望的目标，但期望的强度是不一样的。当某人期望的强度为0%时，表示他根本就不想要，当他不想要的时候，当然就得不到；当他期望的强度为50%时，表示他可要可不要，对于很想要的，他常常会努力一阵子，一旦遇到困难就会退缩，他常幻想不付出代价就获得成功，结果自然不会成功；当他期望的强度为99%时，表示非常想要。然而，在现实生活中，达成目标常常会遇到很多难关，有些难关是不可逾越的。99%和100%在数学上的差别就是1%，可是对成功而言，特别是对成功的结果而言它们的差别就是100%。期望强度为100%，表示一定要，会不惜一切代价排除万难，获得成功的结果。

现在，试着找到自己的目标，自问对这个目标的期望强度到底是百分之几，继而确定这一期望强度是否足以让自己走到成功的终点。

2. 成功的成本

成功是需要付出代价的，这个代价称为"成功成本"。实现越大的梦想，往往需要越高的成本。一个人能取得多大的成就，与他能付出多高的成功成本有关。

3. 成功的动力

个体确立目标之后，比如目标是赚更多的钱，接下来他最关心的就是如何达成目标。可当他遇到瓶颈的时候，他可能会自我宽慰"何必那么辛苦，赚这么多钱干嘛呀"。一开始他就不知道自己为何要赚更多的钱，所以一旦遇到困难，他很容易选择放弃。行为科学研究结论表明，人不会持续地去做自己都不知道为什么要去做的事情。其实"为何"常常比"如何"来得更重要。我们每设定一个目标，尤其是具有挑战性的目标，务必要列出10条以上的实现它的理由或好处，这就是成功的动力。好处越多、越清晰，对我们达成目标会越有帮助。因为对我们没什么好处的目标，我们在潜意识里会认为没有必要为它付出那么多，也就意味着目标被实现的可能性已经不大了。

现在请大家写下一个对自己有意义的目标，然后写下达成该目标的18条理由，应确保理由充分，从而促使自己努力实现目标。

6.1.4 确立目标的方法

不妨想象一下，自己退休的时候会取得怎样的成就？我们的同事、朋友、家人会怎样评价自己？离开人世以后人们会怎样评价自己？自己离开这个世界10年以后、50年以后、100年以后，人们还会不会记得自己？人们又会怎样评价自己？在这些问题的答案背后，蕴藏着人生的意义，有我们的人生终极目标，有我们真正的梦想。

找到梦想之后，接下来要做的是，如何将梦想变成一个个具有可操作性的目标。梦想与目标之间的差别在于，梦想可以是概括的、抽象的，但目标应是具体且可以量化的。目标是一个数学概念，不能量化的目标其实不能称之为目标，充其量就是一个想法。目标就是可以量化的梦想。

1. 有效目标的核心条件

如果一个目标能用数字来描述，一定要用准确的数字来描述，数字要具体化；同样，一个目标如果不能用数字来描述，而要用某种形态来描述，那么这个形态一定要指标化。

在生活中，我们常常听到这样口头禅式的目标：找一份好工作，成为有钱人，有一个幸福的家庭，尽最大的努力做好这件事情，让公司的业绩跃上新台阶，平平淡淡过一生等。这些都是想法，不是真正的目标。之所以把它们归为无效目标是因为它们具有共同的特征，就是模糊，没有量化，让人不知道如何操作。如果我们要买一辆车，就应该补充描述什么牌子的车、什么型号、价格是多少，从而将模糊的目标量化。

确立任何目标都必须限定达成时间。时间限制可以具体到某年某月某日某时某分。没有时间限制的目标，即使量化得再具体，也可能会使目标实现之日变得遥遥无期。因为你可以轻而易举地为自己找到拖延懈怠的借口，而且不知道该采取什么样的行动、用什么样的力度去追求。例如，对于同一目标，两人确定的达成时间分别是3年和13年，那么两人制订的行动计划是完全不一样的。任何无法量化以及不设定时限的目标，都是无效的目标。模糊的目标，就像打靶一样，如果连靶子都看不清楚，则命中是偶然，打不中是必然。

理想的人生，是一种平衡且和谐的人生。目标可以是关于事业的、金钱的、名誉的，也可以是关于家庭的、健康的、享受的，以及心灵成长等各方面。今年你的十大目标是什么？其中的核心目标是什么？在未来的3年、5年、10年内，自己期望达成的目标又是什么？有些目标可能需要我们用毕生精力去追求，如健康的身体、美满的家庭、饱满的心灵。有些目标在我们人生的不同时期，会有不同的侧重，如学生时代侧重学习目标，青年时代侧重事业、爱情或金钱方面的目标。你不妨准备一些卡片，将3年、5年、10年或者一生的目标都写下来，你会发现，人生将会从此变得更加精彩。

2. 确立目标的4个误区

(1) 将自己的目标建立在现实的可能性上，而不是将它建立在自己的憧憬上。

我们去任何目的地，都应考虑现实出发点；同样，建立任何目标，都必须考虑现实条件。但确立目标时，如果过分地强调现实条件，而不是强调对未来的憧憬，我们就会发现，我们所确立的目标，通常不会是远大的目标。没有远大目标的牵引，人的潜能就不会有太大的发挥空间。目标越高远，个人所取得的进步就越大。

(2) 根据自己现有的能力来确立目标，而不是先确立目标，再去逐一培养达成该目标所必备的能力。

如果我们先确立目标，然后去培养能力，我们就会发现能力提升的速度显而易见。根据自己现有能力来确立目标的人，他所确立的目标常常不会是远大的目标，他的能力也很难长进。能力是一个相对的概念，能力不是天生的，而是后天有计划地培养出来的。只有确立一个有挑战性的目标，能力才会在挑战中迅速提升。

(3) 将没有量化、很难实现的想法当成目标。

这样做的结果就是无法衡量进度，也无法衡量结果。同时会导致自己有意无意地压缩梦想，以适应残酷的现实。

(4) 根据现有的信息来确立目标，而不是先确立目标，然后再去找寻有助于目标达成的信息。

在我们的大脑生理结构中有一个网状系统，是专门用来过滤信息的。在这个系统中，有两种信息能够自动通过：一种是你认为重要的信息，另一种是你认为有危害的信息。例如，一位母亲可能对火车声充耳不闻安心睡觉，可是听到婴儿很小的哭声就能立即醒来，不是因为婴儿的哭声比火车声大，而是母亲的大脑网状系统在起作用。在她的潜意识里，她认为婴儿的哭声更重要，火车声相对不重要，因此即便哭声再小，母亲的大脑网状系统也会让她立即醒过来。再如，我们坐在摇摇晃晃的车厢里也能睡着，但如果我们坐在摇摇晃晃的机舱里则很难睡着。这是因为，汽车摇摇晃晃并不危险，但飞机摇摇晃晃就危险得多，大脑网状系统会让我们立即醒过来。

目标一旦确立，你就相当于给自己的大脑潜意识下了一道指令，与之相关的信息就是重要的信息，然后你的网状系统就会自动地帮助你筛选一些有用的信息。就像一个球迷很容易获取球赛的相关信息，记者随时都能发现一些新闻线索，但如果你不是球迷，不是记者，你就会对相关的信息视而不见。其实不是这些信息不存在，而是你的网状系统认为这些信息不重要。

先确立目标，与目标相关的信息就会自动地向你涌来。没有目标，我们常常会得到一些随机的、凌乱的信息。很多人都抱怨没有机遇，其实每个人每天都面临成千上万的机遇，只是因为他没有目标，所以什么机遇都看不到。据专家统计，全世界在一天之内正式发表的论文，如果让你一个人全部看完，大概需要1100年的时间，可见信息如此之多，不是没有信息，而是我们不知道到底需要什么样的信息。如果依据现有的信息来确立目标，我们很容易坠入信息陷阱，过不多久就会发现，这并不是我们真正需要的信息，或者我们会轻而易举地受到另一种信息的诱惑而放弃现在的追求。许多人经过无数次的跳槽还是找不到如意的工作，许多人一辈子忙忙碌碌但一直没有成就，许多人一辈子都在找赚钱的生意却一辈子赚不到钱。没有目标，可能就是产生这些现象的重要原因。

6.1.5 分解目标的方法

目标确立之后，我们需要将它分解成一个个阶段性的小目标，这样有利于一步步达成目标。

分解目标的有效方法有剥洋葱法和多叉树法。

1. 剥洋葱法

剥洋葱法是指像剥洋葱一样，层层分解，将大目标分解成若干个小目标，再将每一个小目标分解成若干个更小的目标，一直分解下去，直到明确当下应立即采取的行动。实现目标的过程，是由现在到将来、由低级到高级、由小目标到大目标，一步步前进的。但是，设定目标最高效的方法，却与实现它的过程正好相反，即运用剥洋葱的方法，由将来到现在、由大目标到小目标、由高级到低级，层层分解。在我们进行职业生涯规划的过程当中，我们可以这样运用剥洋葱法。

首先，找到自己的梦想，然后将梦想明确化，变成我们人生的终极目标。

其次，将终极目标演化成人生总体目标，总体目标不要太多，最好只有一个，不要超过两个。

再次，把总体目标分解成几个5～10年的长期目标，再继续分解下去，把每个长期目标分解成若干个2～3年的中期目标。

然后，把2～3年的中期目标分解成若干个6个月到1年的短期目标。

再者，将每个短期目标分解成月目标、周目标、日目标。

最后，落实当下应采取的行动。

所有的目标，不管它有多大，一定要分解到你现在应采取的行动，你现在所做的每一件事情，都应该与梦想相关联，否则这个梦想实现的可能性很小。

2. 多叉树法

我们可以想象一下，有一棵大树，从树干开始，会有若干个分支，每个分支上会有小树枝，每个小树枝上又会有更小的树枝，直到叶子。我们用树干表示大目标，每个树枝代表小目标，叶子就是我们现在的目标，或是我们现在要去做的事情，以及应该达到的目标。多叉树法的运用步骤如下所述。

首先，要弄清楚大目标和小目标之间的逻辑关系，具体包括：①小目标是大目标的条件；②大目标是小目标的结果；③小目标如果全部实现，那么大目标就一定会实现。

其次，写下一个大目标，明确实现该目标的条件是什么。

再次，列出实现目标的必要条件和充分条件。每一个小目标，就是大目标的第一层树杈。

然后，明确要实现这些小目标的条件是什么，列出达成每一个小目标所需满足的必要条件与充分条件，这样就可画出各个小目标的第二层树杈。以此类推，直到画出所有的树叶(即时目标)，才算完成该目标的多叉树分解。

每个目标最后都可以被描绘成一棵枝繁叶茂的大树。从叶子到树枝，再到树干，不断自问：如果这些小目标均达成，那么大目标一定会达成吗？如果回答"是"，表示这个分解已经完成；如果回答"不一定"，则表明所列出的条件还不够充分，应继续补充被忽略掉的树枝(小目标)。一棵完整的目标多叉树就是一套完整的达成该目标的行动计划，因此目标多叉树又称为"计划多叉树"。

6.1.6 目标的评估

1. 目标大小的评估

目标评估包括目标合理性的评估、计划可行性的评估。两项评估的核心，是对目标大小的评估。

当完成目标多叉树分解后，如在单位时间内无法完成树叶所显示的工作量，则表明该目标太大。例如，销售员3年收入超过千万元，多叉树分解结果显示他每天要打2000个电话，拜访500个客户，看50本书。显然，他在单位时间内无法完成这些工作量。这就表明这个目标太大了。

当完成目标多叉树分解后，如在单位时间内可以轻易完成树叶所显示的工作量，则表明该目标太小。例如，某人希望自己10年之内薪水翻一番，多叉树分解结果显示，他只需要准时上下班，不被炒鱿鱼就可以了，只要单位能容忍他这样混日子，他无须做任何努力，即使是通货膨胀也能让他的薪水翻一番。显然，他在单位时间内能轻而易举地达成该目标，这就表明他定的目标太小了。

梦想可以始于一时的灵感，一旦变成必须达成的目标，那么它就是一种有严密科学性的内心行为。因此，应系统评估自己的每一个目标，以免因目标太大最终无法达成，使自己遭受挫折，或者因目标太小而影响自己的前途。

2. 判断目标能否达成的两种方法

1) 充要判断法

将目标多叉树分解后，如果列出的条件仅仅是必要条件，则表明即使小目标全部达成，大目标也不一定会达成，只是可能会达成。如果列出的条件是充分必要条件，除了必要条件外，还有各种辅助条件，则表明只要小目标全部达成，大目标一定会达成。如果小目标全部达成，而大目标不一定达成，则表明分解时忽略了其他条件。这时应立即予以补充，直到条件完全充分为止。

2) 直接判断法

针对每一个目标，直接问自己下面的问题，答案有助于我们判断该目标是否能达成。

(1) 为何要达成这个目标？

(2) 达成这个目标的意愿到底有多强烈？

(3) 达不成目标怎么办？

(4) 愿意付出怎样的代价？

以下为标准答案。

(1) 至少10条理由。

(2) 意愿强度是100%。

(3) 不成功，便成仁。

(4) 愿意付出任何代价。

如果我们的答案与上述答案一致，那么表明我们达成目标的可能性很大。有任何一个答案不一样，都会影响我们达到目标。如果意愿强度不是那么强烈，如果我们不愿意付出那么多代价，那么建议大家现在就放弃该目标，立即更换可让我们做出上述明确答案的目标。

6.1.7 目标的调整

唯一不变的，就是变化。在实现目标的过程中，当我们遇到种种没有预测到的变化时，我们必须立即做出调整，以适应变化。以下是修正目标时应遵循的基本法则。

1. 修正计划，而不是修正目标

如果更改目标成为习惯，那么这个习惯很可能会让我们一事无成。目标一旦确立，不可以轻易更改，尤其是最终目标，可以不断修正的是达成目标的计划(过程目标)。有这样一句谚语："目标刻在水泥上，计划写在沙滩上。"

2. 修正目标的达成时间

一天不行，可以改成两天；一年不行，可以改成两年。坚持到底永不放弃，我们才能获得成功。

3. 修正目标的量

三思而后行，不要轻易地压缩梦想来适应这个残酷的现实。应有的思维模式是："不惜一切努力，寻找新方法以改变现实，达到目标。"

4. 不要轻易放弃目标

虽然屡战屡败，但仍然可以屡败屡战，对于成功者而言，这个世界上没有失败，只是暂时还没有成功。只要不服输，失败就不会成定局。

需注意面对新目标，切勿重复上述过程，重复修正法则的第一条即可。不断修正计划，并最终达到目标。

想要快速达到目标，可参考以下9个步骤。

步骤1：做一个决定，告诉自己要获得成功。

步骤2：写下已经量化的目标，给每个目标列出10条以上要实现它的理由。

步骤3：运用多叉树法制订计划，分解目标，倒推至当下，设定行动时间表。

步骤4：列出所有必要条件和充分条件，注明解决问题的方法。

步骤5：要实现什么样的目标，自己必须变成什么样的人，因此，适当改变自己。

步骤6：运用潜意识的力量，进行正面的自我暗示，使自己一直处于积极思考之中。

步骤7：立即采取行动，让自己忙起来，让自己每一分、每一秒，都在做最有生产力的事情。

步骤8：每天睡觉之前做一次自我检讨，衡量进度，积极修正自己的行动。

步骤9：坚持到底，永不放弃，直到达成目标！

6.2 编制大学生职业生涯规划

6.2.1 大学生职业生涯规划的结构

大学生职业生涯规划通常包括以下项目。

(1) 题目，包括姓名、年限、年龄跨度、起止日期。

(2) 引言，主要写规划的目的以及自己对规划意义的认识。

(3) 自身条件及潜力测评结果。

(4) 发展环境分析，包括对政治环境、经济环境、学校环境的分析，还包括专业发展前景分析、相关的职业与行业环境分析、所在班级与院系的情况分析。

(5) 大学生职业生涯发展方向及总体目标。

(6) 目标分解及目标组合。

(7) 目标的评估。听取老师、亲人、同学、朋友以及其他一些可能了解或能够帮助自己的人的意见，征询他们对自己的职业生涯目标的建设性意见。

(8) 目标与现实的差距分析，即分析自身现状与目标要求之间的差距。

(9) 确定目标实现或成功的标准。

(10) 明确目标实现方法及实施方案。

(11) 后记。

不管是大学生职业生涯规划还是员工职业生涯规划，其实都没有固定的内容与结构，当事人应当从实际出发，实事求是，以使其发挥积极的导向作用。

6.2.2 大学生职业生涯规划的类型

撰写大学生职业生涯规划没有必须遵循的固定格式，它其实是对职业理想、生活理想的文字化和条理化，常见的类型有文字型、图表型。

1. 文字型

文字型职业生涯规划主要以叙述的方式按照某种逻辑编写，具体写作方法可参考如下实例。

例1：大学生×××的职业生涯规划

1. 引言

在当今这个人才竞争日趋激烈的时代，职业生涯规划已成为我们赢得竞争的利器。对企业而言，职业生涯规划是一种有效的手段，可以体现公司"以人为本"的理念，关注员工的持续成长；对个人而言，职业生命是有限的，如果不进行有效的规划，势必会造成生命和时间的浪费。作为当代大学生，若是带着一脸茫然踏入这个竞争激烈的社会，怎能满足社会的需要，使自己占有一席之地？因此，我为自己拟订一份职业生涯规划，以确立目标，获得前进的动力。

2. 自我盘点

我叫×××，男，是一名本科生，性格开朗、活泼，业余时间喜欢交友、听音乐、外出散步、聊天、上网。喜欢看小说、散文，尤其爱看杂志类书籍。心中偶像是周恩来。平时能与人友好相处，群众基础较好，深受亲人、朋友、老师的欢迎。喜欢创新，动手能力较强，做事认真、投入，但缺乏耐力、恒心，在学习上常"三天打鱼，两天晒网"，以至一直不能成为尖子生。有时多愁善感，没有成大器的气质和个性。在身高方面缺乏自信心，且害怕别人在背后议论自己。

3. 应对自身的劣势

我的恒心不够，但我会充分发挥自己性格中积极的一面，努力改变自己，虚心向同学、老师、朋友请教，及时发现自身存在的各种问题并制订相应的计划以求尽快改正。我会经常锻炼身体，增强体质，以降低"海拔"不够带来的负面影响。

4. 未来人生职业规划

根据自己的兴趣和所学专业，在未来我应该会向化学和英语两个领域发展。围绕这两个方向，本人对未来50年做出如下初步规划。

(1) 2009—2013年，学业有成期。充分利用校园环境及条件优势学好专业知识，培养学习、工作、生活的能力，全面提高个人综合素质，为就业做好准备。

(2) 2013—2015年，熟悉适应期。利用3年左右的时间，不断地尝试努力，初步找到适合自身发展的工作环境、岗位。

在规划期内，主要做好以下方面。

① 学历、知识结构。提升自身学历层次，从本科走向研究生，不断熟练专业技能。英语四、六级争取获得优秀成绩，普通话过级，努力获得英语口语等级证书，把握机会接触社会，以熟悉工作环境。

② 个人发展、人际关系。在规划期间，主要做好职业生涯的基础工作，加强与老师、前辈的交流，虚心求教。

③ 生活习惯、兴趣爱好。尽量养成有规律的生活习惯，积极参加健身运动，如散步、跳健美操、打羽毛球等。

(3) 2015—2060年，在工作岗位上踏踏实实地贡献自己的力量，并创建一个完美的家庭。

5. 结束语

计划固然重要，但更重要的是要付诸实施。任何目标，只说不做到头来都会是一场空。然而，现实是未知且多变的，目标和计划随时都可能遭遇变数，这就要求我们保持清醒的头脑。

每个人心中都有一座山峰，雕刻着理想、信念、追求、抱负；每个人心中都有一片森林，承载着收获、芬芳、失意、磨砺。一个人若要获得成功，必须拿出勇气，付出努力，不断地拼搏、奋斗。成功,不相信眼泪;成功,不相信颓废;成功,不相信幻影。未来,要靠自己去打拼!

例2:大学生××的职业生涯发展规划

1. 引言

踏着时光的车轮,我20岁了。驻足观望,网络铺天盖地,电子产品日新月异,知识信息飞速发展,科技浪潮汹涌而来,人才竞争日益激烈。我不禁感叹,这世界变化好快。

身处信息世界,作为一名电子信息专业的当代大学生,我不由得考虑自己的未来。在机遇与挑战并存的未来社会里,我究竟该扮演什么角色呢?

水无点滴量的积累,难成大江河;人无点滴量的积累,难成大器。没有兢兢业业的辛苦付出,哪来成功的喜悦?没有勤勤恳恳的刻苦钻研,哪来震撼人心的累累硕果?只有付出,才能有收获。未来,掌握在自己手中。

由此,想起自己过往的点点滴滴,我不禁有些惭愧。我对自己以往在学业、文体、社团活动中的表现不是很满意。我发现自己惰性较大,平日里总有些倦怠、懒散,学习、做事精力不够集中,效率不高,态度也不够端正。倘若不改正,这很可能会导致我最终庸碌无为。不过还好,我还有改进的机会。否则,岂不遗憾终生?

有一本书中这样写道:一个不能用自己的能力改变命运的人,是不幸的,也是可怜的,因为这些人没有把命运掌握在自己的手中,反而成为命运的奴隶。

生命就像一张白纸,等待着我们去描绘、去谱写。身为大学生的我们,与其一天天消磨时光,不如抓紧时间多学一些知识来充实自己。大学时光在人的一生中也许只能经历一次,如果不好好把握,将来自己一定会追悔莫及。于是,经过一番深思熟虑之后,我决定规划自己的未来。因为有目标,才会有动力。

2. 自我盘点

2.1 兴趣爱好

业余爱好:读书、听音乐、无线电维修、画画;喜欢的文学作品:《红楼梦》《战争与和平》《老人与海》《平凡的世界》;喜欢的歌曲:《爱拼才会赢》《红日》《流年》;心中偶像:周恩来、比尔·盖茨。

2.2 优势与优点

学习成绩优秀,担任班干部,群众基础好,深受父母、亲人、班主任、任课老师的关爱,动手能力较强。踏实,友善待人,做事锲而不舍、仔细认真,勤于思考,考虑问题全面。

2.3 劣势与缺点

目前的经济状况较为窘迫,身高不够,体质偏弱。性格偏内向,交际能力较差,偏执,胆小,思想上属于保守派,缺乏自信心和冒险精神,积极主动性不够,做事爱拖拉,惰性较大。

2.4 生活中的成功经验与失败教训

成功经验:成功竞选成为班支委一员,成功组织过学习研讨主题班会并获年级组评选第一名,个人学习成绩、综合积分均为班级第一名,通过考核以较大优势加入系学生实验室,工作中全班同学的悉心支持是我最大的财富。

失败教训:高考失利打击较大,一位好朋友因对我产生误解而形同陌路,竞选系学生部长失利,与人交流能力不强。

江山易改,本性难移。内向并非全是缺点,它使我少一分张扬,多一点内敛。以后,我会相应加强与他人的交流沟通,积极参加各项有益的活动,使自己多一分自信、激扬,少一分沉默、怯懦。充分利用一直关心支持我的庞大的亲友团的优势,悉心向同学、老师、朋友请教,及时发现自身存在的各种不足并制订相应的改进计划。

此外,还将加强锻炼,增强体质,提高体育成绩,以降低身高不足带来的负面影响。积极争取参加校内外各项勤工俭学活动,以解决短期内的生活费不足问题,同时增加社会工作阅历,为以后创造更多的精神财富和物质财富打下坚实的基础。

2.5 职业取向分析测试

为了进一步认清自己属于何种类型的社会人,初步确定个人未来数年内更适宜从事的工作岗位究竟是什么,我查找了多种测试工具,最终选择霍兰德职业兴趣倾向测评量表,通过认真测评初步确定自己的未来职业取向,以下为测验结果。

心目中的理想职业(专业):公务员、科技工作者、医生。

感兴趣的活动类型排序:H型、I型、S型、C型、A型、R型。

职业能力倾向测试:

① R(实际型)。木匠、农民、操作X光的技师、工程师、飞机机械师、鱼类和野生动物专家、自动化技师、机械工(车工、钳工等)、电工、无线电报务员、火车司机、长途公共汽车司机、机械制图员、机器修理师、电器师。

② RIS。厨师、林务员、跳水员、潜水员、染色员、电器修理师、眼镜制作工、电工、纺织机器装配工、服务员、装玻璃工人、发电厂工人、焊接工。

结合所学专业,测试结果显示,本人适合的职业主要有:无线电修理工,电工。

综上所述,本人适宜的职业类型主要为工程技术类,即无线电服务、电工类。

3. 未来职业规划

3.1 确定职业道路

根据已确定的职业发展领域,确定自己何时开始内部发展、何时重新选择以及选择怎样的发展道路。

职业类型:工程技术型。

典型特征:性格内向,喜欢独立思考,做事谨慎细致。选择职业时,主要关注工作的实际技术应用程序。即使获得提升,也不愿从事全面管理的职位,而且希望在技术职能领域获得提升。

成功标准:在本技术领域达到最高管理位置,保持自己的技术优势。

主要职业领域:工程技术、电类专业。

个人职业道路设计:一线操作员→技术维修技术员→助理工程师→工程师→高级工程

师→副总工程师→公司总工程师。在担任高级工程师两年后，如果在本企业发展不佳，则跳槽到大中型企业发展。

培训和准备：3年内取得助理工程师资格，7年内取得工程师资格，成为工程师后5年内取得高级工程师资格。在业余时间进修管理学知识，提高处理信息的能力，保持积极的心态。

3.2　未来人生职业总规划

围绕可能的职业发展道路，本人特对未来20年做出如下初步规划。

第一阶段：2008—2010年，学业有成期

充分利用校园环境及条件优势，认真学好专业知识，培养学习、工作、生活能力，全面提高个人综合素质，并做好专升本或就业准备。

第二阶段：2011—2013年，熟悉适应期

利用3年左右的时间，努力找到适合自身发展的工作环境、岗位。

在此期间，主要做好以下方面。

(1) 学历、知识结构。提升自身学历层次，从专科走向本科。途径：参加进修、自学或函授、夜大或脱产等。熟练专业技能，达到助理工程师技术水平。途径：专业学习、培训，熟悉工作环境。

(2) 个人发展、人际关系。在这一时期，主要做好职业生涯规划的基础工作，与同事友好相处，获得领导认同，打好基础，职位升迁暂不考虑。途径：加强沟通，虚心求教。

(3) 婚姻家庭。暂不考虑，有缘分可顺其自然，不强求。

(4) 生活习惯、兴趣爱好。在适宜的交际环境中，尽量养成规律的个人习惯，并积极参加体育活动，如跑步、打球等。途径：编制生活时间表，约束自己更好地执行。

第三阶段：2014—2019年，稳步发展期

在5年左右的时间里，争取在本单位、本岗位上达到业务精湛的要求，并小有成就。

在此期间，主要做好以下方面。

(1) 学历、知识结构。在原有基础之上进一步提升学历层次，达到本科或研究生水平。途径：参加进修、自学或函授、夜大或脱产等。熟练掌握本专业领域内的技术技能，达到工程师或高级工程师的技术水平，并积累一定的生产技术管理经验。途径：参加专业培训，加强学术交流。

(2) 个人发展、人际关系。在与同事友好相处的基础上，使自己逐步成为单位的技术骨干，并充分发挥自身技术优势，在技术管理岗位上有所小成。途径：努力工作，敢于创新，充分利用网络、图书馆等不断学习新技术、新方法。

(3) 婚姻家庭。寻找另一半，关注其品行、学历、家庭背景等因素，结婚生子，购买住房，承担家庭责任，教育好下一代。

(4) 生活习惯、兴趣爱好。在此阶段，生活工作压力最大，养成良好的个人习惯尤为重要，必须调整好自身状态，以保证能更好地投入到事业发展中去，定时参加体育活动，以增强体质。途径：编制生活时间表，由家庭成员督促执行。

第四阶段：2020—2028年，事业有成期

此阶段为职业生涯发展的黄金时期，应好好把握，以达到个人事业的顶峰。

在此期间，应做好以下方面。

(1) 学历、知识结构。重点加强知识更新，熟练应用本专业领域的技术技能，并成为技术权威，积累丰富的生产技术管理经验。途径：加强学术交流，虚心向年轻人学习新技术。

(2) 个人发展、人际关系。成为单位的中流砥柱或中层领导，注意管理方法的学习总结，加强对年轻人的指导帮助，带动新一代快速成长。

(3) 婚姻家庭。在工作时注意处理好家庭与工作的关系，保证家庭和睦。

(4) 生活习惯、兴趣爱好。前些年养成的良好生活习惯将成为现阶段的宝贵财富，注意继续保持。

3.3 短期目标规划

千里之行，始于足下。本人计划先把目前在校的3年短期规划作为自己职业生涯总规划的起始点。希望能够走好第一步，为以后的长期规划打下坚实的基础。

第一，在校期间总的目标规划

(1) 思想政治及道德素质方面。以马列主义、毛泽东思想、邓小平理论、"三个代表"重要思想为指导，树立正确的人生观、价值观、道德观、奋斗观、创业观，坚持正确的人生价值取向。定期递交对党的章程的学习、认识及实践的体会，以及有关自己的言、行、感受的材料，争取早日通过审核，加入中国共产党。积极参加党团活动、"三学"活动等。

(2) 社会实践与志愿服务方面。积极参加社会调查活动、下厂参观实习等。积极参加无偿献血、植树、青年志愿服务等公益活动。

(3) 科技学术创新及创业方面。扎实学习专业技能，同时充分利用校内图书馆、校外购书城以及网络等途径，开阔视野，扩展知识范围，以此激发、拓展思路，开展学术创新、科技创新活动。

(4) 文体艺术、社团活动与身心发展方面。积极参加校内外文体艺术活动、校内社团活动、演讲赛、辩论赛、书画比赛等，以此锻炼胆量、提高能力，展示个人风采。积极参加校运动会，锻炼身体，每周平均参加体育活动3次，每次半小时左右。

(5) 技能培训方面。为后期踏入社会、参加工作积累一定的基本能力，培养较为扎实且全面的专业基本技能，力争实现以下目标。

① 大二上半学期通过二级计算机考试；

② 大二上半学期通过英语三级(B)等级考试；

③ 大三上半学期参加四级英语考试并力争通过；

④ 大三时期在技能培训方面注重对电子信息技术专业英语的学习、积累，通过发电调试工(高级)、通信终端维修工等专业考试。

(6) 学业方面。平时无特殊情况绝不迟到、请假，更不准旷课，保证学习听讲时间及学习质量。充分利用课余时间，除去必要且适量的身体锻炼、娱乐活动及休闲时间外，均

应安心、踏实、专注地攻读与职业相关的专业类书籍和其他类别的实用书籍。学习时应注意预习、听讲、复习、综合分析、对比联系，注意合理安排学习时间。知识积累不仅应做到广、博，更应做到专、精，博采众长。

第二，3年阶段规划

(1) 大学一年级试探期。初步了解职业，特别是自己未来可能从事的职业，即与自己所学专业——电子信息技术对口的职业，并通过参加选修课学习文学艺术类课程，努力提高本人的人际沟通能力。多和师长交流，多参加学校、院系组织的各种活动，以提高人际交流技巧，丰富社会阅历。

(2) 大学二年级定向期。做好两手准备：①继续学习深造，专业方向为电子信息技术类。②就业，在有合适单位、岗位的情况下，可以考虑先工作。围绕这两个方面，本学年本人一方面做好专转本考试的准备工作，了解与之相关的要求，做好迎考复习；同时注意提高自身的基本素质，通过参加学生会或社团等组织，锻炼自己的各方面能力，检验自己的知识技能。另一方面尝试参加兼职、社会实践活动，在课余时间从事与自己未来职业有关的专业类工作，以提高自己的责任感、主动性和受挫能力。

(3) 大学三年级分化、冲刺期。若大二专转本成功，则到新的学校继续学习专业知识；若不幸落第，则以成功毕业并找到合适的工作为主要目标。在此期间，首先，注意提高求职技能，收集就业信息；在平时的学习、研讨中，锻炼自己独立解决问题的能力和创造性；学习写简历、求职信，了解收集工作信息的渠道；尝试向已经毕业的校友了解往年的求职情况；开始毕业前的工作申请，积极参加招聘活动，在实践中校验自己的积累和准备情况。其次，预习或模拟面试。积极利用学校提供的条件，了解就业指导中心提供的用人公司资料信息，强化求职技巧，进行模拟面试等训练，尽可能地在准备充分的情况下进行演练，从而为自己的大学学习生涯交上一份令自己和所有关心我的人满意的完美答卷。

4. 结束语

制订计划固然重要，但更重要的是具体实施并取得成效，这一点时刻都不能忘记。任何目标，只说不做到头来只会是一场空。然而，现实是未知、多变的，目标和计划随时都可能受到各方面因素的影响。这一点，每个人都应该有充分的心理准备。当然，也包括我自己。因此，在遭遇变故时，要注意保持清醒冷静的头脑，不仅要及时面对、分析所遇到的问题，更应快速、果断地拿出应对方案。对所发生的事情，能挽救的尽量挽救，不能挽救的要积极采取措施，争取做出有效的矫正。相信即使将来的作为和目标相比有所偏差，也不至于相距太远。

其实，每个人心中都有一座山峰，雕刻着理想、信念、追求、抱负。每个人心中都有一片森林，承载着收获、芬芳、失意、磨砺。但是，无论计划制订得多完美，只要没有付诸行动，那么，成功便只是镜中花、水中月，可望而不可即。一个人，若要获得成功，必须拿出勇气，付出努力，不断地拼搏、奋斗。成功，不相信眼泪；成功，不相信颓废；成功，不相信幻觉。成功，只垂青于经受充分磨砺并充分付出的人。未来，掌握在自己手中。人生好比海上的波浪，有时起，有时落，三分天注定，七分靠打拼，只有爱拼才会赢。

2. 图表型

图表型发展规划可参考以下实例。

例：大一学生的大学生涯发展规划

第一、二、三部分(略)

第四部分：行动计划(见表6-1)

表6-1　行动计划

年　级	计划内容
大二	① 了解职业，参加学校举办的就业指导系列讲座 ② 认真学习辅修专业的知识(工商管理) ③ 每天抽出1小时来提高英语听、说能力，每天睡觉前15分钟背10个英语单词，增加词汇量，通过CET-4 ④ 每周一至周五晚上6点半至9点半，去图书馆自习，完成当天的作业并自学计算机VB语言，阅读《宏观经济学》《微观经济学》《管理学原理》《管理经济学》等书籍 ⑤ 在学校内参加勤工助学活动，担任学生助理，提高自己的交际能力 ⑥ 参加学校内的各种课外活动，如运动会、数学建模大赛等 ⑦ 成为中共预备党员 ⑧ 期末考试平均分要在80分以上 ⑨ 暑假学会汽车驾驶，拿到汽车驾驶证件
大三	① 坚持每天抽出1小时来提高英语听、说能力，每天睡觉前30分钟背20个英语单词，增加词汇量，通过GET-6 ② 主修专业和辅修专业各科考试成绩仍要保持在80分以上 ③ 每周一至周五晚上6点半至9点半，去图书馆自习，完成当天的作业并自学计算机数据库语言，阅读《会计学》《运筹学》《企业战略管理》等书籍 ④ 每天晚上9点到10点学习Auto CAD绘图软件 ⑤ 2009年4月通过计算机三级数据库考试 ⑥ 参加汽车学院主办的"汽车无限创意大赛" ⑦ 每个月的最后一个周末参加青年志愿者活动 ⑧ 成为中共党员 ⑨ 在学校内，继续参加勤工助学活动 ⑩ 在大三暑假，找汽车工厂实习
大四	① 学习本专业的选修课程，每门课程考试成绩在80分以上 ② 进一步学习管理方面的知识，阅读《人力资源管理》《资产评估》《物流管理学》等书籍 ③ 制作简历，掌握一些必要的求职技巧，每晚登录中国高校就业联盟网，留意最新发布的招聘信息 ④ 担任学校就业指导中心的学生助理 ⑤ 参加招聘会，应聘××汽车有限公司 ⑥ 完成毕业设计和毕业论文，完成自己的主修和辅修学业，取得学位证和毕业证

第五、六部分(略)

6.2.3 个人发展规划的论证

仅有计划或规划是不行的，编制大学生职业生涯规划后一定要进行先期论证，这样可以少犯错误。在论证时，可以从以下几个方面来考虑。

1. 具体性

具体与抽象相对。抽象是一种属性，即从具体事物中抽取的方面、特点、关系等；抽象也是一种方法，即在思想中抽取具体事物的本质属性。

个人职业发展规划必须具体，表现在自我探索、目标设定、行动方案等诸多方面。

此外，自己究竟有什么特点？长处在哪里？短处又在哪里？如何评价自己的兴趣与爱好、能力与技能、性格与气质、成长经历与价值观？近期、中期、远期的职业目标是什么？准备采取什么行动来保证计划的顺利实施？等等，所有这些内容均需具体化。

2. 可行性

可行性包括现实的主观条件、现实的客观条件、可创造的条件三个方面。职业生涯规划仅有具体的内容是不够的，还必须现实可行，否则只能是痴人说梦。

3. 发展性

社会在发展，职业的种类、内涵、前景处在不断变化之中，因而我们的知识水平、技能水平、社会适应能力、理想、价值观以及职业目标都应随之变化。我们要以发展的观点来看待职业生涯规划，将职业发展与生涯发展联系起来，在不断探索、不断进取和不断调整中实现自己的人生价值与社会价值。

课后作业

结合自己的实际情况，编制一份职业生涯规划书。

第7章　大学生活与学习

章节描述

　　本章内容旨在引领读者了解大学阶段的主要任务和学习方式，了解大学的学习特点以及基本职能；充分认识到大学对人生发展的重要性，珍惜大学美好时光，树立科学的学习观念。

学习目标

知识目标
1. 了解大学的学习特点；
2. 了解大学阶段的主要任务与学习方式。

能力目标
1. 能够明确大学阶段的主要任务和学习特点；
2. 能够掌握大学学习的方式方法，选择适合自己的学习方法。

素养目标
1. 能从各方面适应大学生活；
2. 确立发展目标，树立科学的学习观念。

7.1　大学生活概述

7.1.1　大学的作用

　　同样的环境往往造就不同的人生。大学并不像有的人说的那样，"耗费了我们的青春，却收获甚微"。大学并不是什么都没有给我们，关键是我们应该对它有一个比较现实的预期，并对自己的大学生涯做好科学、合理的规划。毕竟，大学是一个非常难得的自我修炼场。

1. 大学为我们提供了良好的成长环境

大学是什么？"大学者，囊括大典，网罗众家之学府也。"大学是高级知识分子的聚集地，在这里，他们不仅传播知识而且创造知识。这些掌握高深知识的学术精英，通过授课、讲座、报告、日常指导等多种方式向我们传授系统的专业知识和前沿的研究成果。

图书馆是大学的精髓。想了解一所大学怎么样，到校图书馆里看一看便可略知一二。也许有的大学的图书馆藏书量不是很丰富，期刊种类不是很多，数据库规模也不是很大，但其所蕴藏的资源满足我们的日常学习需要绝对是绰绰有余的，关键在于我们是否充分挖掘了图书馆的信息资源。求知若渴者会非常积极主动地利用校图书馆，他们会常来这里了解自己所学专业的前沿知识，汲取自己感兴趣的知识。在这里，他们学到了很多课堂上学不到的东西，拓宽了自己的知识面。

大学除了聚集学识渊博的老师，还汇聚了来自五湖四海富有激情、敢于挑战、思想开阔的同学。每个同学都是独特的，都可以成为别人学习的对象，而同学之间的相互学习会对个人的成长产生重要的影响。正是这些价值观念、兴趣爱好、为人处世风格完全不同的同学的存在，才使得我们的经历日益多元化，人生阅历日益丰富。

2. 大学为我们提供了比较高的职业发展起点

哈佛大学退学学生比尔·盖茨的创业神话，使得人们对大学有了新的认识。如今，越来越多没有受过大学教育的人最终成为千万富翁、亿万富翁的事迹，使得人们对大学教育的价值产生了怀疑。特别是现在每年都有很多大学毕业生找不到工作，更加剧了人们的怀疑。于是，人们纷纷发出"上大学又有什么用，到头来还不是替别人打工""读了大学，也有可能找不到工作，还不如不读大学呢"等消极言论。

很多人会有这样的想法，这是可以理解的。这种想法产生的根本原因是传统计划经济的惯性思维在作祟。在计划经济条件下，大学教育是精英教育，大学生是社会的精英，读大学意味着将来进机关、进大企业，等同于成功。但是，在市场经济条件下，特别是我国高等教育日益大众化之后，情况就不一样了。新的社会环境要求大学生必须完成从"天之骄子"到"有知识的普通劳动者"的角色转变。在这个转变过程中，很多学生、家长就出现了各种各样的不适应。

如今，虽然大学学历不再意味着进机关、进大企业，但是在大学里系统地学习知识、技能之后，相对于没有受过高等教育的其他劳动者来说，具备了从事起点更高的职位所要求的素质与能力。大学生的知识优势也会让大学生在未来的职业生涯发展中具备更大的潜力。将这种潜力发挥出来的关键是，必须转变过去那种"天之骄子"的心态，将自己定位为"有知识的普通劳动者"，从基层干起，通过在与其他劳动人口的职业竞争中慢慢地将自己的优势体现出来，使自身价值在为社会创造财富的过程中得以实现。

3. 大学帮助我们构建人脉网络

除了亲情关系外，在人的一生中有两种关系最为纯洁：战友关系和同学关系。在这两种关系中，掺杂的世俗利益最少。大学聚集了很多优秀的同学，在这里，我们可以通过各种途径去结识他们，拓展自己的人际关系网。而这种人际关系网的建立，对于我们今后的求职以及职业生涯发展都是一笔非常宝贵的财富。这就是我们常说的"人脉"或"社会资本"。

很多人喜欢建立关系，却不善于管理关系。人际关系不等同于短线的、工具性质的关系，抄短线搞关系也许能建立关系、促成合作，但是这种工具性的关系无法建立信任，无法长期又稳定地维持。而我们所说的"人脉"或"社会资本"是指通过正常的社交活动，与他人建立健康、长期、稳定的人际关系。它不是工具性关系，但是最终会为自己带来回报。至于"人脉"究竟会对一个人的职业生涯发展产生怎样的影响，在本书的第8章中会进行比较详细的介绍。

总之，大学是人生的一大宝库，也是一个很容易消磨意志的地方。大学是个自由的地方，善于利用这种自由汲取养分的人，可以在大学里学习到很多知识，为日后的职业生涯发展打下良好的基础；而在这种自由中放纵自己、丧失目标的人，则可能在这里空耗自己的青春。是放纵自己还是如饥似渴地汲取"养分"，完全取决于我们自己。其实，大学为我们解决的最大问题就是我们想要什么的问题。

7.1.2　大学学习的目标

在探讨该主题之前，让我们先看看一位大学生的自述。

近来我的心情很郁闷，不清楚自己上大学的目标。我经常逃课，因为老师上课不点名，逃课也无所谓，反正考前突击一下一般都能及格；寝室乱一些也无所谓，因为我是扫天下者，不必在乎一屋之乱；我通宵上网，早上、下午睡觉，因为只要运气不是太差，辅导员就不会发现……

有时我会感到特别恐慌，我上大学就是用父母的血汗钱和自己的宝贵青春换取一纸文凭吗？再这样下去，我拿什么来成就一番事业？有什么资格来谈论民族的复兴、国家的富强？

谁也不能告诉我大学毕业后将会怎样，一切都是未知数。苦恼、彷徨、无助的感觉时时萦绕在我的心头。谁能会诉我，到底为什么要上大学？

上大学的具体目的因人而异。有的人上大学可能是为了让父母在别人面前有面子；有的人上大学可能是为了改变现状，将来找一份好工作；有的人也许根本就不知道自己为什么上大学，仅仅是因为升学惯性，稀里糊涂地来到了大学。

对大多数人而言，上大学的直接目的就是学习知识、培养能力。那么，学习知识、培养能力的目的又是什么呢？为了将来找一份好工作。如果将我们上大学的目的往上推，就会发现其实上大学的终极目的主要有两个。

1. 获取较高的职业发展起点

虽然职业没有高低贵贱之分，但是社会职位是有高级低级之分的。从社会职位的分布来说，低级职位在社会上的分布最多，职位层次越高，相应的职位也就越少。在前面的章节中，我们了解到任何职业对从业者都是有入职资格要求的。同样，相应的职位也要求从业者具备相应的能力，高级职位要求从业者具备更高的能力。社会职位层次与个人能力之间的关系，如图7-1所示。

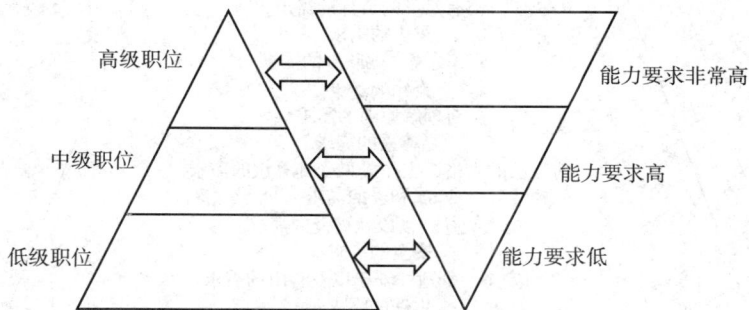

图7-1 社会职位层次与个人能力之间的关系

"人往高处走，水往低处流"，人的本性是追求更高层次的发展。无疑，上大学是我们获取较高职业发展起点的捷径。通过上大学，我们能在较短的时间内，系统地学习适合自己未来发展的相应领域内的现有知识，然后将这些知识转化为自己的职业能力，从而为个人的职业生涯发展创造一个比较高的发展起点。

2. 满足更高层次的人生需求

面对人生大舞台，每个人都渴望实现自己的价值，追求职业生涯的成功。我们上大学，不仅是为了学习知识，最终目的是通过找到一份适合自己发展的职业而实现自我价值，获取职业生涯的成功。从高校人才培养目标中也可以看出，高校旨在将受教育者培养成人才，而不只是让学生找一个"饭碗"。当一个人能被社会公认为"人才"时，他的高层次人生需求也必然得到满足，其职业生涯也是成功的。

美国心理学家马斯洛曾指出"人是永远不能满足的动物"，并提出了著名的"马斯洛需求层次理论"。马斯洛指出，人的需求由低级向高级逐层推进，即生理的需求→安全的需求→归属和爱的需求→受尊重的需求→自我实现的需求。

后来，马斯洛的学生补充了他的观点，增加了人生需求金字塔的层次，见图7-2。

相信每个人都希望在自己的人生中实现较高层次的需求，最终实现自我价值，达到"天人合一"的境界。人有实现高层次需求的愿望是好的，但并不是随心所欲就能实现的。实现人生较高层次的需求，对人的知识、素质、能力是有要求的。也就是说，实现较高层次的人生需求必须具备丰富的知识、较高的素质和能力。人生需求层次与个人能力、职业生涯发展的关系如图7-3所示。

我们在大学里学习知识、培养能力，绝不仅仅是为了获得一个职位，满足低层次的人生需求。如果单纯只是为了就业，不上大学照样可以实现。通过上大学，我们不仅可以获得较高的职业发展起点，而且在未来的职业生涯发展过程中，我们还可以将我们在大学里学到的知识应用到工作中去，为满足社会公众和他人的需求创造物质财富和精神财富，从而最终实现自己高层次的人生需求。

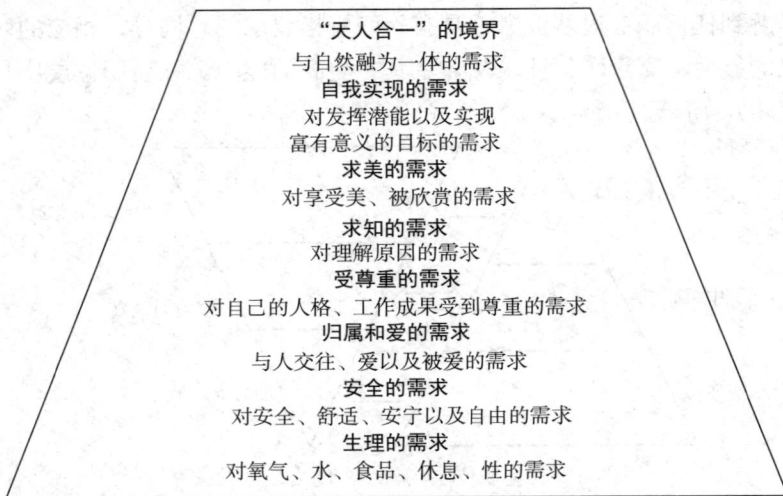

"天人合一"的境界
与自然融为一体的需求
自我实现的需求
对发挥潜能以及实现
富有意义的目标的需求
求美的需求
对享受美、被欣赏的需求
求知的需求
对理解原因的需求
受尊重的需求
对自己的人格、工作成果受到尊重的需求
归属和爱的需求
与人交往、爱以及被爱的需求
安全的需求
对安全、舒适、安宁以及自由的需求
生理的需求
对氧气、水、食品、休息、性的需求

图7-2　人生需求金字塔

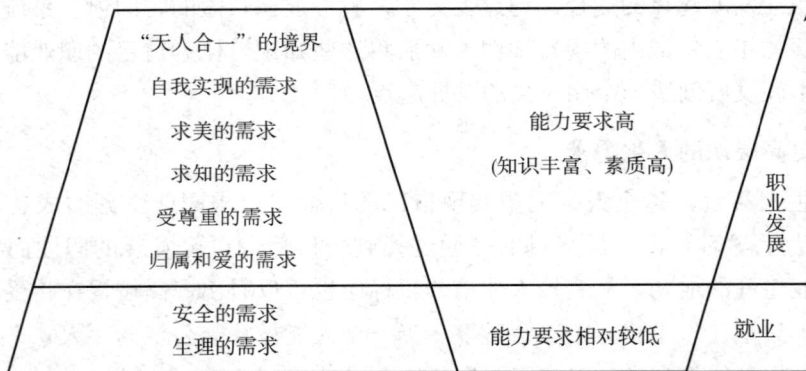

"天人合一"的境界
自我实现的需求
求美的需求
求知的需求
受尊重的需求
归属和爱的需求

能力要求高
(知识丰富、素质高)

职业发展

安全的需求
生理的需求

能力要求相对较低

就业

图7-3　人生需求层次与个人能力、职业生涯发展的关系

7.2　大学学习的特点及现代学习观

人生在世，总是在从事两类活动：一是改造客观世界的活动；二是改造人类主观世界的活动。前一类活动可以统称为工作，后一类活动可以统称为学习。大学是人类进行学习活动的重要场所。在这里，我们可以有更多的机会和更好的条件获取知识、提升素质、培养能力，实现个人的理想，从而更好地服务社会和完善人生。相对于小学、中学和高中的学习，大学的学习有着更高的要求。因此，完成大学学习就要认识有关规律，并掌握它的

主要特点。

"学习"一词如同"工作"一词，是人们日常生活中常用的词汇之一，似乎我们都懂得它的含义。但是，要给"学习"下一个科学的定义并不是一件容易的事情。经过漫长的争论后，现在人们倾向于把学习定义为"由练习或经验引起的行为或行为潜能的相对持久的变化"。从这个定义中，我们可以看出学习包含3个要点。

第一，主体身上必须发生某种变化。比如，两组儿童，一组进行游泳训练，另一组未予训练。到了水里，训练组的儿童会游泳；未训练组的儿童不会游泳，到了深水区会下沉。这种游泳行为的出现就是学习。

第二，这种变化相对持久。有些主体的变化，如适应、疲劳等不能称为学习。因为这种变化是暂时的，条件变化或经适当休息，这种暂时性变化就会迅速消失。

第三，主体的变化是后天习得的，由自然成熟或先天反应倾向所导致的变化不能称为学习。

学习要以应用为本。我们通过读书、听课、人际交流、实践等方式获得了知识，如果不把这些前人在实践中认识客观世界的成果应用于客观实践中，去发现和解决现实问题，知识就不会变成能力，这些知识也会随着时间的流逝而逐渐被遗忘。从某种程度上说，能力的大小相当于知识应用程度的高低，并且只有将知识转变为能力，我们所掌握的知识才可能对职业生涯发展产生积极的作用。

7.2.1　大学学习的特点

大学学习与高中学习相比较，无论是在学习目标、学习内容还是在学习方式上都发生了很大的变化。大学学习是一种与未来职业需要直接挂钩的、层次更高的、需要进一步发挥积极主动精神的学习。表7-1是大学学习特点与高中学习特点的对比。

表7-1　大学学习特点与高中学习特点的对比

项　目		高　中	大　学	对大学生提出的要求
学习目标		考上大学	成为社会需要的优秀人才	掌握专门知识，培养专门能力，提高综合素质
学习自主性		学习自主性差，依靠教师安排多	自主学习范围大，课外学习由自己安排	要求学习、生活的自我管理能力强
课程	数量、质量	少而浅	多而深	广泛学习，努力钻研
	时代性	粗浅的经典知识	深层的经典知识与现代科学前沿知识	不仅要掌握经典知识，而且要了解专业领域内的最新知识
	选修课	极少	多	要求独立自主能力强
实践教学		少	较多	将专业知识运用到实践中转变为专业能力
学习方法		少(主要是课程)	多(课程、讲座等)	综合利用多种学习方式获取知识，培养能力
思维方法		模仿、记忆多，一般性理解多	深层次理解多、创造性学习多	要求具有创新意识，创新能力强

7.2.2　现代学习观

"一旦观念出了问题，不管你多么有知识、多么有能力都失去了意义。""改变世界之前，需要改变的是你自己、是观念，而不是环境在决定你的命运。"《观念决定命运》一书的作者张守富在书中如是说。作为以发展和改造自己为根本任务的学习活动，一个人的学习观念对其学习活动有着重要的影响。旧的学习观念必然会对我们的学习活动产生消极的、不利于自身发展的影响。

今天，我们正处于一个知识经济时代。在这样一个飞速发展的社会中，学习贯穿人的一生(既指它的时间长度，也指它的各个方面)。新的社会形势，要求我们树立新的学习观念。作为新时代大学生，我们应该顺应时代要求，树立现代学习观念，用新的学习观指导大学学习和未来的学习活动。

1. 自主学习观

受传统计划经济的影响，高等教育的计划性给中国大学生的学习自主性造成了很大的影响。在传统的高等教育模式中，大多数学生学什么专业、学什么课程、使用什么教材以及谁是任课教师，都由学校安排。这样的安排在大学校园里，问题似乎不大。但是，就业以后，我们面对的是逐步完善的市场经济，为了适应市场经济对人力资源的配置要求，就应该充分培养学生学习的自主性和自觉性，使学生形成自主学习观。

我们走上工作岗位后，自动、自发地学习非常重要。因为，一个人在大学里所学到的知识只有极小一部分能够应用到工作实践当中，更多的知识需要我们结合工作实际进一步学习。特别是在当今这样一个知识经济时代，科技已经成为第一生产力，谁拥有知识并通过应用于实践将知识转化为能力，谁就能够在这个竞争日益激烈的社会中，取得持续的竞争优势。而知识的获得，要靠后天的学习，特别是要靠自主学习。缺乏动力，没有学习自主性，即便头脑再聪明、基础再好，在学习上也不可能有很大的收获。"要我学→我要学→我会学→我学会→我学好→我成才"，这条路径从学习的角度诠释了一个人的成才过程。

2. 创新学习观

大学的一个职能是向受教育者传播知识。然而，作为一个处在知识经济时代的大学生，仅仅作为知识的接收器已经不能适应社会发展的需要。社会要求我们不仅能够主动地去学习已有的知识，而且要求我们能成为知识的创造者，在学习和工作中做一个具有创新精神、创新能力的人。

培养创新能力，首先要有创新意识。因此，在学习知识或解决问题时，不要总是死守一种思维模式，不要让自己成为课本或经验的"奴隶"。只有在学习中敢于创新，善于从全新的角度思考问题，我们潜在的思考能力、创造能力和学习能力才能被真正激发出来。

3. 终身学习观

在现实生活中，人们常常认为，一个人读完了小学、中学、大学、研究生，从就业那一天起，他的学习历程便结束了。这是一种传统的、狭隘的学习观。这种学习观在知识和经济发展相对缓慢的社会中，消极影响并不突出。然而，在现在这样一个知识大爆炸、社会发展日新月异的时代，其消极作用日益明显，必然要被终身学习观所取代。表7-2是传统学习观与终身学习观的对比。

表7-2　传统学习观与终身学习观的对比

比较项目	传统学习观	终身学习观
学习时间	幼儿期、少年期、青年期	人生的各个阶段
学习目的	学习基础知识	培养生活和工作的能力
学习作用	文凭作为挑选人才的凭证	发现和强化潜能，注重提高实际工作能力
学习领域	限定的、隔离的	沟通的、融合的
学习机会	分数、年龄、区域、专业、性别都会影响选择	学自己想学的，不受限制
向谁学习	学校里的老师	能者为师，先者为师，快者为师
学习方式	你教我学，你考我答	提供方法，事实检验
考试场所	教室	处处可能是考场
考试内容	考卷上的题目	事事可能是考题
成绩标准	分数	事情结果
学习工具	主要用书本学习	各种学习工具、媒体
成人与儿童的学习关系	儿童向成人学习	相互学习
学习观点	活到老、学到老是一种好品德	学到老才能活到老，学习是一种生存本领
学习内容	根据学校、老师的安排，侧重于自然科学、抽象知识	根据生活、工作需要，侧重于文化修养、实用知识

21世纪是学习的世纪。就个人职业生涯而言，其实，大学里传授的知识对一个人一生的职业生涯发展所起的作用是非常有限的。相对于那些无法接受高等教育的人而言，大学里传授的知识只是为我们初次进入职场提供了一个较高的起点。新的时代，要求我们将终身学习的观念贯穿于整个职业生涯。我们只有在整个职业生涯中不断地学习，不断地补充新的知识，才能适应不断变化的世界，才不至于被快速发展的时代抛弃。以前我们常说"活到老，学到老"，而现在我们只有学到老，才能活到老。

4. 全方位学习观

从时间上来说，我们要建立终身学习观；从空间上来说，我们还要建立全方位学习观。全方位学习观的本质是人生中处处皆学习。全方位学习观包括在学校中学习、在工作中学习和在生活中学习。

1) 在学校中学习

从孔子开设学堂招收学生开始，经过多年的发展，学校最终成为人们开展学习活动、获取知识的重要场所。学校之所以成为人们开展学习活动的重要场所，是由学校的根本任务决定的。学校的根本任务是传播知识，并为受教育者开展学习活动提供一切便利条件，其中包括师资、教学管理、课程安排、后勤服务等方面。

大学更是人类开展高层次学习活动非常重要的地方。因为这里有学识渊博的教授，也有思想活跃的同学，更有我们开展高层次学习活动需要的各类资源。幸运的我们，要懂得珍惜这个来之不易的学习机会，抓住一切有利的条件和机会，主动地获取知识，培养职业能力。

2) 在工作中学习

在现实生活中，人们往往简单地将"学习"与学校联系起来，似乎只有学校才有学习活动。有这种偏见的人认为，离开了学校，便没有学习的场所和机会。其实，工作场所也是一个充满学习机会的地方。在这里，可能很少有学识渊博的教授，但是这里有非常多的掌握一技之长的上司或同事，甚至是下属。这些人都是我们学习的对象，从他们身上我们能够学到在大学里学不到的知识。

在工作中学习也是一种实践学习方式。在大学阶段，主要学习书本知识。但如果知识只停留在理论层面，不用于实践，我们就不能真正掌握知识的实质，也不可能将所学到的知识转变为解决实际问题的能力。在工作中学习、在学习中工作，工作与学习相互促进，就能使学习更上一层楼，工作也会干得越来越好。

3) 在生活中学习

生活蕴藏着无穷无尽的知识，就看我们有没有发现它们的眼睛。很多人可能仅仅将看电影、聊天、旅游等当作放松身心的休闲娱乐活动。其实，每次休闲娱乐的时候，我们都会面临许多学习、成长的机会。做个懂得学习的有心人，就能够从生活中学习到许许多多的实用知识。比如，周围的人是怎样处理事情的、什么场合应该说什么话、别人身上有什么长处可以为我所用……生活中，我们要善于观察身边的小事，读生活之书，从生活中寻找和发现真理。生活中时时、处处、事事都有学习的机会，我们应把握这些学习机会，不断提升自己。

7.3　大学阶段的主要任务与学习方式

在大学阶段，我们要通过英语四、六级考试，要获得几门职业技能证书，要培养自己的表达能力、沟通能力，要为考研做准备……总之，大学阶段是我们人生的重要时期，有做不完的事情。但是，在许多需要完成的任务当中，哪些是大学生在大学阶段必须要完成的呢？本节立足于工作世界的现实要求，详细地介绍大学生在大学阶段的主要任务以及学习方式。

7.3.1　大学阶段的主要任务

为方便大家记忆，我们将大学阶段的主要任务归纳为大学学习"一、二、三"，即培养一种精神，树立两种意识，学会三种能力。这里讲的大学学习"一、二、三"，就是我们在大学阶段必须要完成的任务，它将会影响我们一辈子，使我们终身受益。

1. 培养一种精神

职业精神是人们在从事工作时所表现出来的一种态度或精神风貌。美国研究人员比奇通过调查发现，在失业者或无法获得晋升者之中，共有87%的人并非因为缺乏职业知识或技能，而是因为不恰当的工作习惯和态度导致了失业或无法晋升。可以说，职业精神对一个人的职业生涯发展的确是非常重要的。

1) 主动精神

我们先来看一个案例，了解一下什么是主动精神及其对一个人的职业生涯发展的影响。

张三和李四同时受雇于一家店铺，他们拿同样的薪水。一段时间后，张三青云直上，又是升职又是加薪，而李四仍在原地踏步。李四不满意老板的"不公正待遇"，有一天，他忍不住向老板发牢骚，老板便派他出去办事。

"李四，你到集市上去看看今天有什么卖的？"老板问。

一会儿工夫，李四回来向老板汇报："今早集市上只有一个农民推着一车土豆在卖。"

"有多少？"老板又问。

李四又跑到集市上，回来告诉老板："一共40袋土豆。"

"价格呢？"老板继续问他。

"您没有叫我打听价格呀。"李四委屈地辩解。

于是老板把张三叫来，吩咐他说："张三，你现在到集市上去看看今天有什么卖的。"

张三也很快就从集市上回来，向老板汇报说："今天集市上只有一个农民在卖土豆，一共40袋，价格是两毛五分钱一斤。我看了一下，这些土豆的质量不错，价格也便宜，于是顺便带回来一个让您看看。"

张三边说边从提包里拿出一个土豆。"我想这么便宜的土豆一定可以赚钱，根据我们以往的销量，40袋土豆在一个星期左右就可以全部卖掉，所以我把那个农民也带来了，他现在正在外面等您回话呢。"

这时老板转向李四，说："现在你知道为什么张三的薪水比你高了吧？"[①]

从我们一出生直至上大学，在生活和学习中，总是有人不断地告诉我们应该做什么、不应该做什么，造成了我们的被动思维。当需要我们主动为同学或老师排忧解难的时候，

---

① http://wenku.baidu.com/link?url=4OAMuQ6CYG6IjdyYH6y5zo9kX222dhotZo6sAmhVH7I-6inE8tZVWfs9US4njk27ukfeOxaZommwF_4rUidY4oUlXM7_HLAQz_1OtebKGly.

我们没有办法；当需要我们自己做决定的时候，我们总是寄希望于父母或老师告诉我们应该怎样做。这种人的做事风格就像挤牙膏一样，挤一点才会出一点。

2) 责任心

一位大公司的老板讲了这样一个故事。

有个人来他公司应聘，经过交谈，他觉得那个人并不适合他们公司。因此，他很客气地和那个人告别。那个人从椅子上站起来的时候，手指不小心被椅子上凸出来的钉子划了一下。那人顺手拿起老板桌子上的镇纸，把凸出来的钉子砸了进去，然后和老板道别。就在这一刻，老板突然改变了主意，他留下了这个人。"我知道在业务能力上他也许未必适合我们公司，但他的责任心令我非常欣赏，把事情交给这样的人我会很放心。"[①]

责任心是一种习惯性行为，也是衡量一个人成熟与否的重要标准。梁启超说过："凡属我受过他好处的人，我对于他便有了责任。凡属我应该做的事，而且力所能及的，我对于这件事便有了责任。凡属于我自己打主意要做的一件事，便是现在的自己与将来的自己立了一种契约，便是自己对于自己加一层责任。"责任心对于一个人来说是极其重要的，是一个优秀的人才所必需的，敬业精神就源于当事人的强烈责任心。

一个缺乏责任心的人，在学习、工作、生活中会寻找各种各样的借口，作为自己做不了某事或做不好某事的理由。比如，迟到了，就以"路上塞车""时间搞错了"等为借口。如果我们有心去找，所有的错误都可以找到无数个"合情合理"的借口。但是，一个人借口找得越多，离成功也就越远。正如我国著名的职业生涯规划师程社明所说："人生成功从职业生涯发展开始，职业生涯发展从做好本职工作开始，做好本职工作从对结果负责开始，对事情结果负责从找自己的错开始。一件事情没有干成时，总是能为推卸责任找到理由，理由找得越多，就离发现客观规律越远，谁将责任推得干干净净，谁就与成功绝缘了。"责任心是一个人对待生活和工作的态度，这就需要我们从身边小事做起，养成对自己的行为结果负责的态度。

3) 诚实

诚实不同于诚信。诚信是指在人际交往中要真诚、讲信用、守承诺，更多时候指的是做人的问题。而此处所讲的诚实是指对待工作不弄虚作假、实事求是，主要包括两个方面的内容。

(1) 对待工作的过程要诚实。在工作过程中，不要走过场，不要搞形式主义，要做到实事求是。

(2) 对待工作的结果要诚实。干成什么，就说成什么，不要夸大也不要贬低，更不能弄虚作假。错误的决策，往往来自错误的信息。决策者一旦基于失真的信息而做出错误的

---

① http://wenku.baidu.com/link? url=zOu_sf5lvwkKxRGFE_Zmz0H_Ma-HeIpzdYKOMVDh9FX-bsj1DaO8Y1WeO52ss i5NJMFtYNT1KiJx2JgDwpiRP76FzXab-BEum15_rEPX-3a.

决策，将会给整个组织造成非常大的损失。

在我们的现实生活中，大多数人说谎往往是因为他们认为这样做能逃避惩罚或者将利益最大化(当然，也有一些人是病态的说谎者)。说谎在短期内可能有助于实现自己利益的最大化，但是如果长此以往，在工作中说谎，将演变成说谎者，导致人品出现问题。如果一个人在他人眼里人品不佳，其职业生涯的尽头也就不远了。

对大学生来说，培养诚实的职业精神，需要从自己身边的小事做起，在学习、生活中抵制说谎的诱惑，努力做到求真、务实。

2. 树立两种意识

1) 自立意识

《中国青年报》曾经报道过这样一个案例：有一个高中生学习成绩十分优异，但从小生活在父母的溺爱之下。高考时，他考上了名牌大学。然而，多年衣来伸手、饭来张口的生活，让他失去了独立生活的能力。在学校里，他几乎不能自理，不会到食堂打饭，不会洗衣服，只能不停地向家里诉苦。结果，到校不到半个月，他就偷偷地跑回家，再也不肯回学校。他的父母也没有办法，只好自食苦果，让他退学。

像上述主人公一样缺乏生活自理能力的大学生可能并不是少数。这样的大学生即便读完大学，也根本不可能在社会上立足，更别提为社会做贡献。不能自立的人，不仅会成为家庭的负担，而且会成为社会的累赘。大学生要自立必须先学会自理，自理是自立的前提，自理能力也是一种基本的能力。

自立是指个体从自己过去依赖的事物中独立出来，自己行动、自己做主、自己判断，对自己的承诺和行为负起责任的过程。自立贯穿于我们的整个人生，可以分为身体自立、行动自立、心理自立、经济自立和社会自立。

身体自立是指个体无须扶助而能直立行走；行动自立是指个体具备生活自理能力，如会自己洗脸、刷牙、洗衣服等；心理自立是指个体能独立思考、独立判断，自己做决定；经济自立是指个体不依赖父母或他人的经济援助而能独立生存；社会自立是指个体能够按照社会所规定的行为规范、责任和义务而行动。

学会自立是个人实现人格独立、开创事业的前提条件。因此，在大学阶段，我们应该树立自立意识，培养自立能力。我国香港富豪李嘉诚的儿子李泽楷，在美国留学期间，不仅不带保姆，还自己打工挣零花钱。他没有钱吗？不是，他主要是想培养自己的自立能力。因为只有具备这种自立精神，才有可能在将来开创自己的事业。因此，不管家庭经济情况如何，我们作为一个成年人，从入校开始就要树立自立意识。一个人只有学会了自立，才可能赢得职业生涯的发展与成功。

2) 规划意识

马鹤凌在教导子女时的一句经典名言诠释了规划意识的重要性，"有原则不乱，有计划不忙，有预算不穷"。这句话的意思是，一个人如果有了明确的信念与原则，便可以始终如一，立场就会坚定；一个人如果有了明确的计划，在面对多变的外在环境时，就不会手忙脚乱；一个人如果事先做好预算，生活就不会落魄。

如今，我们生活在一个瞬息万变的世界中，生活充满了不确定性。在我们的一生中，有许许多多的事情需要我们去完成，但我们的时间是有限的。面对多变的外在环境、有限的时间、无限多的事情，为了充分发挥人的潜力，实现人生价值，就必须未雨绸缪，事先做好规划。机会往往给予有准备的人。有了规划就有了行动的方向，我们做事也就不至于脚踩西瓜皮，滑到哪里是哪里；有了规划，就能做到忙而不乱。对事物的规划是多方面的，既包括对职业生涯的规划，也包括对时间、对学习、对工作任务、对日常花销的规划。

3. 学会三种本领

1) 学会做人

做人是指人们在人际交往中，所表现出来的对人、对事的原则和态度。著名教育专家孙云晓在《教育的秘诀是真爱》一书中指出：“教育的核心是学会做人。”作为受教育者，当代大学生在大学学习的过程中首先应该学会做人。

“学会做人”是一个既现实又深奥的话题，学校里没有教人“如何做人”的教材，也没有开设“如何做人”的课程。如何“学会做人”，是我们应该用心思考的问题。在日常的学习和生活中，我们应该做一个有心人，从老师、同学、朋友的言行中去分析、去体会，在面对同一件事情时，应自问“别人为什么处理得比我好，从中我能学到些什么”。“学会做人”是逐渐积累的过程，它不仅是大学阶段的主要任务，也是整个职业生涯发展过程中的重要方面。

“学会做人”涉及面极广，但主要属于情商的范畴，如何修炼情商在本书第8章会有详细的阐述。

2) 学会学习

李开复先生在哥伦比亚大学任助教时，曾有位中国留学生的家长向他抱怨说：“你们大学到底在教些什么？我的孩子在计算机专业读完了大二，居然连VisiCalc都不会用！”李开复当时回答道：“电脑的发展日新月异，我们不能保证大学里所教的任何一项技术在5年以后仍然管用，我们也不能保证学生可以学会每一种技术和工具。我们能保证的是，你的孩子将学会思考，并掌握学习方法。这样，无论5年以后出现什么样的新技术或新工具，你的孩子都能游刃有余。”

大学不是“职业培训场”，而是一个让学生学会适应社会、适应不同工作岗位的平台。在大学期间，学习专业知识固然重要，但更重要的是学习独立解决问题的方法，掌握自修之道。只有这样，大学毕业生才能跟上瞬息万变的未来世界。有些同学总是抱怨老师教得不好、懂得不多，学校的课程安排也不合理。“与其诅咒黑暗，不如燃起蜡烛。”大学生不应该只会跟在老师的身后亦步亦趋，而应主动走在老师的前面，培养自己的自学能力。

大学生与中学生在掌握知识方面是有区别的。中学生在学习知识时更多地追求“记住”知识，而大学生应当要求自己“理解”知识并能提出问题。对每一个知识点，我们都应当多问几个“为什么”，真正理解理论或方法的来龙去脉，并能举一反三地学习其他知识，解决其他问题，甚至达到无师自通的境界。

3) 学会做事

在大学阶段，还有一个非常重要的任务就是充分利用大学里的优质资源，培养自己的职业能力。在大学阶段，完成以下几件事情，将有助于培养我们做事的本领。

(1) 培养专业能力。专业能力是指从事专门工作应具备的能力。专业能力的获得主要靠专业学习，专业教育也是我国高等院校人才培养的主要方式。在培养专业能力的问题上，我们应该注意以下几个问题。

● "学什么"与"学成什么"

"学什么"指的是专业名称的问题，而"学成什么"指的是专业能力的问题。有的同学可能会错误地认为在一个就业前景好的专业里学习，将来肯定就能找到一份出色的工作。心存这种想法的同学简单地将专业名称与专业能力等同起来，在一个专业里学习不会让我们自动拥有从事与该专业相关的工作的能力。在现实社会中，我们也常常听到非专业毕业生"抢"走了专业毕业生的工作岗位，原因就在于用人单位更注重专业名称背后的专业能力。

● 培养专业能力途径的多样性

有的同学可能因为没有机会进入自己感兴趣的专业里学习而怨天尤人、自怨自艾，甚至自暴自弃。这样的人视野太狭窄，没有看到培养专业能力的途径的多样性。除了进入自己感兴趣的专业里进行系统学习，其实我们还有其他选择，比如，辅修、有目的地选修感兴趣的专业课程、向相关专业人士请教等。

● 专业基础知识的学习

能力是以知识为基础的，专业能力是以专业基础知识为基础的。在大学期间，我们一定要学好本专业要求的基础课程。因为，在科技发展日新月异的今天，应用领域里很多看似高深的技术在几年后就会被新的技术或工具所取代，只有专业基础知识牢固，才能灵活应对变化，跟上时代节奏，避免被淘汰。而且，如果没有打下好的基础，我们也很难真正理解高深的应用技术。

(2) 学会使用办公软件。走进一家企业，我们常会看到在工作人员的桌上摆放着一台计算机。工作人员在计算机前处理各种工作，这就是现在的办公情形。如今，随着计算机的普及，以计算机为核心的自动化办公被广泛应用，大大提高了我们的工作效率。因此，无论是计算机专业的学生还是非计算机专业的学生，学会使用办公软件都是必要的。

Microsoft Office是人们广泛使用的办公软件。其中的Word、Excel和Power Point是人们使用较多的文字处理、电子表格制作和电子文稿演示工具。学会使用Word可以提高我们的写作速度，使我们的写作过程清晰明了，并可以帮助我们对文章进行编辑、校对和修改。通过使用Excel，我们可以制作出各种各样的图(比如柱状图、饼状图)和表格来显示数字之间的相互关系。Excel还有一个非常重要的功能，它可以对数据进行简单的统计分析(虽然简单，但是非常实用)，进而形成图表。通过使用Power Point来进行演说，不仅可以让听众产生听觉刺激，而且还会产生视觉刺激，从而使我们的演说更加出色。

(3) 学会收集信息。现代社会是一个信息社会，没有必要的信息，我们就无法顺利地开展学习和工作。因此，懂得如何收集自己需要的信息对于学习和工作而言都是至关重要的。一位企业家认为，信息是谋求发展的关键。他这样写道："要么去狩猎，要么被猎取。我大部分的成就源自我拥有被人需要的信息。第一步，要了解别人需要什么；第二步，要拥有足够的资源，以便知道去哪里迅速地获取这些信息。速度是我着重强调的一点，企业需要速度，而当你收集信息时，你必须做到有条不紊。"

作为一个处于信息社会的大学生，应该懂得到正确的地方去获取正确的信息。在大学阶段，学会收集信息对于我们做出合理的学习或职业生涯决策、自主地开展学习活动也是非常有帮助的。学会利用图书馆、电子数据库、互联网搜索、问卷调查以及信息采访等途径都有助于提高我们收集信息的能力。

(4) 培养写作能力。随着科技的进步和工作节奏的加快，书面沟通在当今社会中的作用已经越来越明显，任何行业都需要运用书面沟通来进行公务往来。对个人而言，随着职务级别的上升，书面沟通也变得越来越重要。因为，当你有一个想法时，如果你只能口头说明，那么你的影响范围仅限于说话对象。但是，一页内容清晰明了的备忘录会在整个公司内被传阅，甚至会一代传一代。要形成良好的书面沟通，沟通者必须具备良好的写作能力。为了培养和提高我们的写作能力，在大学期间，应该尽可能地选修一些要求学生写日志、计划书和评估报告等以论文形式结课的课程。认认真真地完成这些课程，有助于提高自己的写作能力。另外，有些大学可能还会专门开设旨在帮助大学生为工作中可能遇到的对象写作的课程，这样的课程有助于培养我们的专门写作技能。总之，无论学习什么专业，都需要我们具备良好的写作能力，大学也为我们提供了练习与培养写作能力的机会。

(5) 提高英语会话水平。中国正在走向世界，在英语已经成为国际通用语言的情况下，能够用英语进行沟通就成为高素质国际化人才必须具备的一个本领。由于受到应试教育的影响，长久以来我们学习英语只是为了应对考试(即将英语当成知识来学习)，由此造成我们懂得的英语知识可能比外国人还多，却难以清楚地表达。提高英语会话水平的根本是要学以致用，不能只"学"不"用"，大学为我们将英语学以致用提供了许多便利条件。

现在有很多在中国大学学习的外国人，他们中的不少人为了学习中文，很愿意与中国学生对话、交流，这是很好的学习机会。此外，大家不要把学英语当作一件苦差事，完全可以用有趣的方法进行学习。例如，可以多听一些名人的对话或演讲，多看一些小说、戏剧甚至漫画。看英文电影也是一种很好的英语学习方式，看英文电影时，最好先带字幕看一遍，同时查生词、熟悉句式，然后在不带字幕的情况下再看一遍，仅靠耳朵去听。听英文广播是很好的练习英文听力的方法，大家每天最好能抽出半小时到一小时的时间收听英文广播并尽量理解其中的内容。在互联网上也有许多互动式的英语学习网站，大家可以在网站上通过做游戏、自我测试、双语阅读等方式提升英语会话水平。总之，勇于实践、持之以恒是提高英语会话水平的必由之路。

7.3.2　大学阶段的学习方式

学习方式与学习方法是不一样的。学习方式较之于学习方法更为高级。学习方式相对稳定，学习方法相对灵活。学习方式不仅包括学习方法，而且涉及学习习惯、学习意识、学习态度、学习品质等心理因素。从过去单一的学习方式转变为多样的学习方式，对于促进大学学习具有重大的战略意义。

1. 听课

由于有的老师讲课水平不高或者节奏与学生的学习进度不一致，导致有的学生常常会错误地认为上课简直就是在浪费自己的时间，还不如自学。事实上，听课仍然是大学学习的主要方式，无论是经验丰富的老师还是新手，在讲课时都会根据授课内容，尽量做到深入浅出。通过听老师的讲解，我们可以比较快地掌握知识以及加深对知识的理解。听课也为我们提供了与老师、同学之间交流和互动的机会。如果足够积极主动的话，在课堂上还能获得老师面对面指导的机会，这样的机会在课后是不容易得到的。

听课的效果取决于以下两点。

(1) 上课的态度。有的学生可能去上课了，但常常是"身在曹营心在汉"。上课并没有听课，学习效果自然不好。

(2) 听课的技巧。针对重要的课程，课前一定要预习。通过预习可以对知识的重点、难点有个大致的了解，听课时才会加倍注意这些地方，听完后如果还是不能彻悟，也好在课间请教老师。听课的时候一定要集中注意力，跟着老师走，认真做好笔记，努力做到眼到、手到、耳到和心到。课后一定要及时复习，做练习或总结，针对不懂的知识点，一定要查阅相关文献直至弄懂为止。

2. 读书

读书是人类获取知识、增长智能和培养个性品质的主要途径。学习不限于读书，但读书是学习的基础。要获取知识，就离不开读书，学习必须先从踏踏实实地读书开始。余世维博士曾经说过："成功的人一个月读一本书，非常成功的人一个月读两本书。"所以大学生要多读书，不断提高读书的兴趣和自觉性，养成读书的好习惯。在读书的时候，不要只限于阅读与自己专业相关的书籍，而是要广泛涉猎，特别是应该多读一些文、史、哲、艺术等学科的书籍，加强自己在人文和艺术方面的修养。当然，读书也不只是阅读图书，还包括报刊等。

读书应有轻重主次之分，针对不同的书籍或内容，采取不同的策略，切忌无区别地通读，各类书籍可采用"五层塔形读书法"，该方法遵循分类读书的原则，主张每个人应该根据自己的主攻方向、理想志趣进行纵向分层次式阅读。

(1) 泛读。泛读是指博览群书，广泛涉猎，快速阅读，只要理解和掌握书中的主要内容就可以了。泛读是在知识海洋中一次走马观花式的巡礼，是博观约取的第一步。

(2) 通读。对于在泛读中确定的与自己专业或具体目标直接相关的那些书，要一本一本地逐页读完，通晓大意，以获得大体而完整的印象。

(3) 精读。对于在通读中遴选的重点部分，再反复精细地阅读，不仅要字斟句酌，而且要对全篇的基本内容或中心论点有准确的把握。

(4) 熟读。把精读的部分加以筛选，将其中某些篇章或段落进一步反复诵读，达到烂熟于心的程度。熟读不但能温故而知新，不断加深理解，而且还有利于提高写作能力。

(5) 背诵。读书虽不必死记硬背，但在融会贯通的基础上，努力背诵一些基本的、经典的、常用的、精彩的词句，却是十分必要的。

3. 实践学习

培根曾经说过："知识就是力量。"其实，这句话只讲对了一半，如果知识不用于实践，在实践中将知识转变为能力，知识就不会成为改造世界的力量。可见，读书是学习，实践也是学习，而且是更加重要的学习。无论学习什么专业、学习哪些课程，如果能在学习中努力实践，就可以更加深入地理解知识，做到融会贯通。

在大学里，我们应该多选修一些与实践相关的课程。在实践时，最好与其他同学合作，这样，既可通过实践理解知识，也可学会如何与人合作，培养团队精神。如果有机会在老师手下做一些实际的项目，或走出校门兼职，只要不影响学业，这些做法都是值得鼓励的。外出兼职或做项目时，不要只看重金钱(除非生活上确实有困难)。有时候，即便对待遇不满意，只要有锻炼的机会，也值得试一试。参加一些义务活动比如义务咨询、暑期义务支教等，都有助于我们从实践中获取知识，培养解决问题的能力。

4. 在交往中学习

《礼记·学记》中讲道："独学而无友，则孤陋而寡闻。"大教育家孔子说道："三人行，必有我师焉。"韩愈说道："闻道有先后，术业有专攻。"生活在我们周围的每个人，事实上都可以成为我们学习的对象(他们身上或多或少会有值得我们学习的地方)，关键在于你有没有一颗学习的心。比如，与学识渊博的人交往，可以学到更多的知识；与积极乐观的人交往，可以培养自己积极向上的人生观；与脚踏实地的人交往，可以培养自己踏实稳健的工作作风；与诚实守信的人交往，可以培养自己抵御说谎诱惑的能力。人际交往更是人与人之间传递信息的快速通道，也是人们处理信息的有效途径。处于对外开放环境中的我们，一定要注意在人际交往中学习。

5. 网络学习

随着互联网技术的发展，网络已经逐渐成为人们获取信息、学习知识的重要途径。网络就像一座大型图书馆，蕴藏着非常多的学习资源和学习机会。毫不夸张地说，如今，学任何专业的人都能在网络上找到与本专业相关的网站。这种网站的专业性非常强，是我们进行专业学习的重要资源。比如，与人力资源管理专业相关的网站有中国人力资源管理在线、人力资源管理与开发、人力资源在线。在线学习也叫网络化学习，它是在网上建立教育平台，学员通过网络进行学习的一种全新学习方式。在线学习突破了时空限制，让学习可随时随地进行。目前，在线课程、互动视频、在线协作学习和虚拟考查是几种比较典型的在线学习形式。

当然，可以利用的网络学习资源不只有上述几种。比如，QQ和微信也是可以利用的平台，关键在于我们如何利用。

6. 听讲座、听报告

在大学里，讲座和报告非常常见，对于促进我们的学习是非常有帮助的，特别是一些学术讲座和报告，其原因是：①讲座或报告的内容往往涉及本领域内最新、最前沿的知识，而这些知识在一段时间内是不可能被纳入教材的；②很多讲座或报告都有助于我们加深对知识的理解，能帮助我们解决心中的困惑；③在讲座或报告中，能学习到演讲人思考问题、分析问题以及解决问题的方法，这在书本上是没有的，而这些知识往往比理论知识更加重要。

课后作业

请你结合自身情况和所学专业，针对自己的大学生活和所学专业编制一份大学生活与学习规划。

第8章　情商、人际关系与职场发展

章节描述

　　本章内容旨在引领读者了解情商的概念、作用和运用；通过学习情商的概念、修炼情商的方法、人际交往的方法、在职场安身立命的成功做法，学会处理职场人际关系的方法；掌握处理人际问题和积累人脉的基本要领。

学习目标

知识目标
1. 了解情商的概念和内容；
2. 了解情商修炼的基本方法；
3. 了解促使职场成功的基本要素。

能力目标
1. 能够正确运用处理人际关系的方法；
2. 能够通过成功的案例识别处理人际问题方法的优劣。

素养目标
1. 通过思考提高情商的策略培养团队合作意识；
2. 通过探讨成功案例，促使他人对自己人格魅力的认同。

8.1　情商与职业发展

8.1.1　情商的概念及主要内容

　　20世纪90年代初期，美国耶鲁大学心理学家彼得·萨洛维和新罕布什尔大学的约翰·梅耶提出了与智力和智商相对应的概念——情感智力，并将其定义为"监察自身和他人的感情和情绪的能力，区分情绪之间差别的能力，以及运用这种信息以指导个人思维和行动的能力"，主要是指人在情绪、情感、意志、耐受挫折等方面的品质。

1995年，美国哈佛大学心理学教授丹尼尔·戈尔曼出版了《情感智商》一书，明确提出了"情商"的概念。他认为，情商是一个人重要的生存能力，是一种发掘情感潜能、运用情感能力影响生活各个层面和人生未来的品质要素，是指人对自己的情绪的控制管理能力和在社会上的人际交往能力，且更能决定一个人的成功和命运。戈尔曼在他的书中指出，情商不同于智商，不是天生的，主要包括自我情绪认识能力、自我情绪管理能力、自我激励能力、了解他人情绪的能力以及人际关系管理能力5个方面。

综合国内外的专业研究，本书认为，情商主要包括以下6个方面。

1. 自我情绪认识能力

自我情绪认识能力是指对自己的悲、喜、忧、乐等积极和消极情绪的觉察能力，也就是对自己的情感、情绪的自我反省、自我认识的能力。

2. 自我情绪控制能力

自我情绪控制能力是指根据自身情况、环境状况、人际交往状况，把握、控制、适当表现、发泄自己情绪的能力。自我情绪控制不等于压抑正常的情绪表现和发泄，而是要求实现外部环境尺度与自身内部尺度的统一，适当控制或合理发泄情绪。

3. 了解他人情绪的能力

了解他人情绪的能力是指通过别人的姿态、语气、表情、动作等，了解、体察其情绪的能力。了解他人情绪要求有"同情心""同理心"。这是了解他人情绪、控制自我情绪、改善人际关系的一个重要条件。

4. 预见未来的能力

预见未来的能力是指对各种事情的发展动态、趋势的把握及认识的能力。能否预见未来，根据具体情况及时采取行动或耐心等待，是衡量一个人自信心、持久力的重要参数。

5. 人际关系协调能力

人际关系协调能力是指与同事、同学、上级、下级、友人等和谐相处的能力，是一个人的社会适应能力的表现，是一个人成功的重要条件。

6. 自我激励能力

自我激励能力是指充分利用各种手段激发自己的能动性、创造性的能力。充分认识自我、激发自我潜力是成功的内在动力。自我激励能力强的人能够顺利摆脱困境，也能在顺境中把握自己。

8.1.2　情商对职业发展的影响

《红楼梦》里，论亲疏、才情，林黛玉和薛宝钗两人算得上势均力敌，可是，只有薛宝钗赢得了上至贾母下到婢佣的普遍好感，用现代的眼光看，薛宝钗成功的关键就是情商高。

职场也是一样的，当一个学生进入特定的职业生涯领域，他的社会生活、经济生活等都会发生很多变化。进入企业后，要适应新环境；要努力工作，树立良好形象，建立自己的职业地位；除了成家立业，还要不断学习、提高自己，以避免知识和技能落伍。面对这些变化和未知的压力，我们不能原地踏步，只能调整自己的状态，使自己和社会的发展变化相适应。因此，在个体智力因素差距不大的情况下，情商越来越重要。

"一个人取得事业成功的根本原因归结于对情绪智商的培养。心态积极了，就容易激发创造力和潜力。"以往人们认为，一个人能否在职场中取得成就，智力水平是第一重要的，即智商越高，取得成就的可能性就越大。殊不知，除了具备必要的智商和工作技能外，还要具备一定的职场情商。现代社会"非我莫属"的工作职位毕竟太少了，绝大多数职位、岗位是用人单位的市场，而用人单位往往以综合素质的高低为标准决定留用员工与否，"能工作"和"能有效工作"是截然不同的概念和标准。有效工作涉及人的良好习惯、沟通能力、适度的自我表现等，而这些就是一个人在职场中情商的外在表现。掌握科学理论和专业技术是重要的，但是，要将科学理论和专业技术有效地应用和发挥出来，就必须要有良好的情商，即良好的习惯和心态等。

在中国当前大学生人才就业市场中，招聘单位常常在招聘广告中明确地写着"应聘者需具备良好的组织、协调能力及团队协作精神"。对此，一些单位负责人解释，企业的发展不是一两个人成就的，而是靠全体员工的共同努力，这就需要员工不仅业务熟练，富有亲和力，还需具有善沟通的"高情商"。不论是理论研究者，还是企业实干家，都普遍肯定了良好的情商对个人职业发展所产生的正面影响。

8.1.3　大学生应如何培养情商

智商是先天赋予的，而情商是可以培养的。情商如同人的影子，表现在学习、生活的各个方面。作为当代大学生，我们应当有意识地在学习、生活的细节中培养良好的情商。同时，我们应该认识到，每个人都有自己的性格和特点，培养情商是为了帮助我们成为更好的自己，而不是刻意地将自己改变成另外一个人。

在大学的学习、生活中，大学生可以从以下几个方面加强情商培养。

1. 吃亏是福

"吃亏是福"，单从字面上理解，会让人觉得这是不合理的。吃了亏不发怒、不伺机报复已是不错了，还要认定吃亏是一种福气，乍一听，说不过去。强调吃亏是福，其实是要锻造和打磨个体的承受能力，使其学会甚至习惯承受，这样做起事来就能百折不挠，在哪儿摔倒，在哪儿爬起来，成为一颗蒸不烂、煮不熟、捶不扁、炒不爆、响当当的铜豌豆。再者，吃亏可以强化记忆，促使吃亏者进行自我反思并了解人情世故，可以从中总结经验，得出教训。经验教训会提醒我们哪些事可以参与，哪些事不能涉足，现在吃亏就是为了以后少吃亏，或者不吃亏。

在学习以及生活中，我们有些同学总是感觉自己做得多、获得少，吃了大亏。殊不知"做得多"已经为自己积攒了很多实践经验，并在无形中提升了处理和解决问题的能力，而这些能力也自然成为我们初入职场的竞争优势之一。大多数在校期间就从事学校各部门学生助管工作的同学，在求职过程中会比其他没有同样经历的同学在为人处世方面表现得更得体和出色，也理所当然会受到用人单位的青睐。要知道，这些学生助管在其他同学休闲娱乐时，可能还在忙于辅助老师处理各种事务工作，这曾被很多同学认为是在吃亏做傻事。然而，最后受益的还是这些当初被认为做傻事、吃大亏的同学。

2. 注重细节

情商是个人管理情绪的能力，是个人综合素质的体现。行为可以反映一个人的情商，人的一言一行、一颦一笑，都是整个人内心的真实写照。有些同学平时很注意自己的语言表达习惯，经常使用"您""请""谢谢"等礼貌用语。虽然这些都是语言表达的细节，但是就靠这一个个细节的不断积累，使得这些同学深受他人的尊重与喜爱。情商的修炼不是读几本书、听几场讲座、做几次活动、记下几条行为准则就可以完成的，而是要将那些有益的心得和体会融入自己的行为中。

3. 驾驭情绪

驾驭自己的负面情绪，努力发掘、利用每一种情绪的积极因素，是一个高情商者所应具备的基本素质，也是一个人成功的基本条件。

生活中大量的不良情绪都与性格有关，因此，要保持健康的情绪状态，就要对自己的性格特征有所了解，以趋利避害。一般来说，性格特征趋于外向的人，比较开朗、乐观，遇到不顺心的事情时，大多易于在情绪上自我解脱，因而适应环境变化和经受生活挫折的能力较强，但他们的情绪波动较大，常常出现情绪紊乱的情况。有时我们会看到在食堂排队买饭的同学为一点小摩擦就控制不住自己的情绪，从而发生口角，甚至大打出手。等到两败俱伤且情绪稍微平稳时，双方又开始后悔自己当初冲动的行为。而性格趋于内向的人，遇到不顺心的事情很容易陷于忧虑状态不能自拔。因此，外向性格的人应该随时注意自我情绪的变化，多动脑筋来保持平静和沉稳，克制冲动，防止情绪的剧烈波动影响自我宁静的心态；而内向的人就需要学会排遣不良情绪，遇到不顺心的事情要向亲朋好友倾诉，以获得他人的劝慰和帮助，从而使不良情绪得到排解。

驾驭情绪有如下几个方法。

1) 解除不良刺激源

如果一个人因对周围环境感到不适而感到焦虑，短期内可以通过忍耐、适度宣泄得以平衡；而从长期来看，就要找到使自己情绪不好的刺激源，从根源上解决问题，可以尝试通过以下三种方法来解除不良情绪。

第一，改变自己去适应环境。主动改变自己的观念和态度以接受并适应环境。

第二，改造环境使之适应自己。当环境可改变时就主动改造环境，从而消除环境带来的不良情绪。

第三，离开环境。当自己不能适应环境，又无法改变环境时，可以选择离开这个给自己带来不良情绪的环境，去寻找新的环境。

2) 与快乐的人为伍

情绪是可以感染的，与快乐的人相处，可通过他们积极乐观的情绪来影响自己，以消除或减少消极悲观的情绪。

3) 转移自己的注意力

受不良情绪困扰时，你可以转移自己的注意力，把精力放在学习、工作或者其他事情上。这并不意味着逃避不良情绪，而是要使自己先走出不好的情绪状态，待心态平和后再来分析不良情绪产生的原因并寻求适当的方法和途径来解决。

4) 适度地宣泄

在实际生活中，始终以积极乐观的心态面对不顺心的事情是非常难的。人们在控制情绪时用得最多的方法往往是忍耐和调整，但人的忍耐力是有一定极限的，当情绪的烦躁、内心的痛苦累积到一定程度时，最终是要爆发出来的，且大多是非理性的。因此，在实际生活中，也要懂得适度地宣泄，将内心的痛苦有意识地释放出来。这里要注意的是，宣泄情绪必须要在法律和道德允许的范围内进行，违反法律和道德的宣泄(如辱骂、诽谤等)都是错的。

4. 管理时间

"一寸光阴一寸金，寸金难买寸光阴。"时间是最稀有的资源，具有不可替代性、不可逆转性，它对每个人都是公平的，每个人一天都只有24小时。在同一所大学里，每个同学拥有的时间也是相等的，但几年后每个同学的表现和成绩却有所不同。为什么会出现这种情况？一个重要的原因就在于每个同学管理时间的方法有所差异。有些同学能科学、合理地管理自己的时间，能把学习、实践、休闲安排得井然有序；而有些同学疏于时间管理，在无形中浪费了宝贵的时间。所以，我们必须学会管理时间，在大学期间养成良好的时间管理习惯，并争取在有限的时间里学习更多的知识、掌握更多的技能。

管理时间的方法因人而异，主要应遵循下面几项原则。

1) 建立时间观念

在当今瞬息万变的社会，时间变得更为重要，高效、守信成为评价一个人甚至一个企业的重要标准。我们必须在心中建立时间观念，合理运用时间，不断学习，不断提高，不被时间抛弃。

2) 凡事要有计划

建立了时间观念，不等于就可以管理好时间，还应该学会给自己制订合理的计划，然后按照计划有步骤地实施。而这一点，对于时间观念不强的人来说尤为重要。制订计划既可以给自己指明下一阶段的努力方向，又为事后检查执行情况提供了依据。

制订计划时应注意如下事项。

(1) 计划要有时效性，有短期、中期和长期之分，这样才能更及时、更难确地反馈计划的执行情况。

(2) 计划要有可实现性，不能好高骛远地设置自己无法达到的目标，这样的目标不仅不能给自己带来动力，有时反而促成了自己的惰性。因此，要正确地评价自己的能力，将目标设置得略高于自己所能达到的程度，以鞭策自己不断努力。

(3) 计划最好具有可测量性。制订计划时，避免使用诸如"良好""不错""不差"等模棱两可的词语，应将计划达成的目标量化，使得在自检时能更好地找到目标与努力程度的差距。

制订计划是为了更好地指导自己和检查自己，但计划并非行动的唯一准则，在实际操作中，也许会遇到很多事先没有考虑周全的问题，那么这个时候就需要我们相应调整计划，或者灵活地处理计划与现实之间的矛盾。

3) 善于"创造"时间

前文提过，时间是最稀缺的资源，是不可再生、不可逆转的，这里却要"创造"时间，两者是否矛盾呢？我们要学会"创造"时间，就是要我们学会在有限的时间里，寻找更多经常被我们忽略或浪费的时间。我们常常在排队、等车的时候花费很多时间，想想我们是否可以利用这些时间做一些别的事情呢？其实时间就是这样一点一点挤出来的，积少成多，在时间公平分配的情况下，你就可以拥有比别人更多的时间。

4) 提高做事效率

提到时间，我们就会讲到效率。的确，要管理好自己的时间，就要有高效率的执行力。当你确认了方向，要去做一件事时，就应该雷厉风行地去做，并且要努力做好，不能三天打鱼、两天晒网。等待和拖拉只会使自己越来越没有行动的热情和力量，久而久之就会养成拖拉的习惯，一件一件的小事就会像滚雪球一样越滚越大，当你发现时已经无法解决了。

因此，我们在做每一件事情时，要先想好采取怎样的方法和途径才能达到最好的效果，然后一心一意地去执行。对每件事情，我们也要分清主次，主要问题先解决，然后解决次要问题，一个一个处理。这样既有条理，又能在无形中提高做事的效率。

5. 学会沟通

沟通也需要学习吗？回想我们的日常生活，室友之间经常为一些小事闹得不愉快。比如，李同学在家养成了经常晒鞋子的习惯，一天艳阳高照，他想把大家的鞋子都放到室外晒晒，但是窗台太小放不下所有的鞋子。李同学心想自己的鞋子经常晒，这次就先晒其他室友的，于是他就把其他三个不在寝室的室友的鞋子放到窗外去晒。没想到，等他出去上课后，突然下起了暴雨。当大家下课赶回寝室时，窗外的鞋子也全"泡汤"了。李同学觉得虽然结果不好，但自己是在做好事，应该不会被室友误会，所以只是诚心地说了一句"对不起"，就没再做其他解释。而其他三个室友虽然嘴上没说什么，但是心里都觉得李同学是在故意捉弄他们。从此，他们就开始疏远李同学。

这个案例说明，沟通并不简单，沟通需要学习。一方面，沟通不仅仅是简单的对话，而是知己知彼的心灵交流。良好的沟通建立在高情商之上，高情商的人自省能力强，是善于聆听自己内心的人，他们能很好地将自己的情绪调整到一个最佳状态，并用流畅的语言和得体的动作表达感情，在与人交往时，他们很容易实现有效沟通。因此，我们应从了解自我开始，了解自己的情绪变化，摆正自己的位置，在沟通中才可能扬长避短，达到沟通的目的。另一方面，只有了解自己的情绪才能更好地了解他人的情绪，也就是我们常说的"换位思考"。沟通时，多设想如果自己在对方的处境下，会有怎样的感受。先了解自己的感受，这样才能更真实地了解对方的感受。

沟通时还必须尊重对方的感情，只有尊重对方的感情才能赢得对方的信任。在信任的基础上，沟通的双方才会有心与心的交流。此外，在沟通时还要学会控制和调整自己的情绪。由于每个人的立场、获得的信息、价值观等不同，每个人对待问题的态度也会有所不同。因此，在沟通中难免会出现观念上的差异甚至抵触的情况。这时候，就需要我们控制和调整自己的情绪，不能大动干戈、恼羞成怒。待双方都调整好各自的情绪，恢复平静、理智的心态时，再沟通也不晚。

6. 培养团队精神

团队精神就是团队成员为了共同的目标和利益而相互协作、尽心尽力的意愿和作风，是将个体利益和整体利益相统一，从而实现团队高效率运作的动力，其核心就是团队成员具有共同的理念、信念和目标。

杨福家院士认为，21世纪的高等教育，第一个要强调的就是教会学生怎样做人，如何在团队中与人相处。他说："今天的科学试验已经不像20世纪初那样，仅靠一两个人就可以获得科研成果了，就拿发现第6个夸克(顶夸克)存在的证据来说吧，发现者是两个实验组，每个实验组都超过300个工作人员，加起来将近800人。身为其中之一，要与其他人很好相处，讲起来容易，做起来并不容易。很多人从小就是尖子，尖子与尖子碰到一起，肯定有人不再成为尖子，有些人这时便承受不了。我感到这个课题值得我们每个教师深入思考，如何教育学生与人相处。"

在经济全球化的今天，企业在招聘过程中越来越强调团队精神，企业内部也越来越注重团队建设。与人协作不仅使自己受益也会让别人受益，只有懂得协作的人，才能明白协作对自己、对别人乃至整个团队的意义。

培养团队精神，对团队的发展有好处，对团队中的每一个成员的发展也有好处。在这个基础上，我们在培养团队精神时还应注意以下几点。

1) 热爱组织

热爱组织是培养团队精神的基础和前提。只有热爱组织的人，才能产生与组织休戚相关、荣辱与共的真实感情，始终站在组织的立场克服个人的利己思想，以组织利益为重；也只有热爱组织的人，才能主动维护团队的名誉，自觉维护团队形象。

2) 形成一致的价值观

一个团队中，如果每个人的价值观相差甚远，就不利于沟通和协作。因此，在一个团队中，应先形成基本一致的价值观，在相同的价值观的引导下，团队成员会更容易地团结在一起。

3) 小我服从大我

在团队中学习或者工作，就要将团队的利益放在第一位，要纵观全局，不可拘泥于眼前和局部。所以，当小我利益与团队利益发生冲突时，应该努力使小我服从大我、个人服从团队。

8.2 人际关系与职业发展

在现代社会中，人际关系是一种不可或缺的资源。这个世界上具有某种专业能力的人很多，然而并不是每一个人都能获得成功，很多人抱怨自己怀才不遇，为什么？其中一个重要原因就是这些人在情商方面，尤其在人际关系处理方面有所欠缺。

因此，了解人际关系对职业发展的影响，掌握人际交往的技巧，就成为现代大学生的"必修课"。

8.2.1 人际关系的重要性

美国著名企业家、职业生涯指导专家卡耐基说过这样一句话："一个人事业上的成功，只有15%是由于他的专业技术，另外的85%是靠人际关系、处世技巧。"也许这句话有失偏颇，但是在相同的智商、同等的学历和工作技能条件下，谁的人际关系好，谁的人脉资源丰富，谁的事业就能得到更好的发展，这一点是不可否认的。

"据《华尔街日报》针对人力资源主管与求职者所进行的一项调查结果显示，有95%的人力资源主管是通过人脉关系找到适合的人才，而且有61%的人力资源主管认为，这是最有效的方式。"这一数据至少说明，人际关系在企业招聘过程中发挥了作用。对于企业来说，与传统的履历表相比，人际关系是一种更为可靠和准确的求才途径。这是因为，推荐人了解被推荐人的情况，且不会拿自己的信誉开玩笑。对于求职者来说，人脉资源越丰富，他在职场上获得的信息就越多，相对来说，机会也就越多。因此，人际关系是我们职业发展的重要资源，即人际资源。

这里所讲的"人际关系"并非"拉关系""走后门"。在市场经济背景下，应聘者的综合实力更为重要。当多个应聘者的各项条件没有较大差异时，那么，良好的人际关系就能成为求职路上的有力武器。

　　良好的人际关系可以成为我们有效的人脉资源，并能拓宽我们的工作及职业生涯发展空间。人在一生中会结识很多人，如同学、校友、师兄弟等。从中学到大学，再到进入社会，经过多年的历练，许多同学在社会上取得了一定的社会地位，有了一定的经济基础。能够和曾经的同窗好友携手共进，无疑是很多人的美好愿望。同学资源是人际资源中的重要一项，因此，我们应珍惜同学资源，在平时的学习、生活中与同学建立良好的友谊，构建和谐的人际关系。

8.2.2　人际交往的原则与技巧

　　作为个人可迁移能力的一个方面，良好的人际交往能力可以为我们带来良好的人脉资源。良好的人际交往能力并非通过理论知识的学习就可以获得，它需要我们在遵循以下5项人际交往原则的前提下，在日常学习生活中不断地实践和培养。

1. 交互原则

　　社会心理学家强调，我们在人际交往、人际关系的确立与维持中，必须首先遵循交互原则。大量研究发现，建立人际关系的基础是人与人之间相互尊重、相互支持。任何人都不会无缘无故地接纳我们、喜欢我们。别人喜欢我们是有前提的，那就是我们也要喜欢他们，承认他们的价值，支持他们。

　　在人际交往中，喜欢与厌恶、接近与疏远是相互的。在一般情况下，喜欢我们的人，我们才去喜欢他们；愿意接近我们的人，我们才愿意接近他们。而对于疏远我们、厌恶我们的人，我们的反应也是相应的，对他们也会疏远、厌恶。古人云："爱人者，人恒爱之；敬人者，人恒敬之。"为什么会有这种现象呢？心理学家福阿夫妇发现，任何人都有保护自己的心理平衡的倾向，都要求自身同他人的关系保持某种适当性、合理性，并根据这种适当性、合理性使自己的行为与他人的关系得到解释。这样，当别人对我们表示接纳和支持时，我们也会感到"应该"做出回应。这种"应该"的意识会使我们产生一种心理压力，迫使我们对别人也表现出相应的接纳。否则，我们的行为就是不合理、不适当的，就会妨碍自己以某种观念为基础的心理平衡。

　　落实交互原则可以从以下两方面着手。

1) 平等互敬

　　人际交往首先要坚持平等的原则，无论是因公还是因私交往，人与人都没有高低贵贱之分，要以朋友的身份进行交往，才能深交。切忌因工作时间短、经验不足、经济条件差而自卑，也不要因为自己学历高、年轻、貌美而趾高气扬。这些心态都会影响人际关系的顺利发展。

　　交往小技巧：记住对方的姓或名，主动与人打招呼，称呼要得当，让对方觉得有礼貌、备受重视，给人以平易近人的印象。

2) 相互包容

相互包容主要是指心理相容，即与人相处时的包涵、宽容、忍让。我们应主动与人交往，广交朋友，交好朋友，不但交与自己性格相似的朋友，还要交与自己性格相异的朋友，求同存异、互学互补，处理好竞争与相容的关系，更好地完善自己。

交往小技巧：学会面带微笑，学会经常说"没关系"。

2. 互惠原则

人际关系的交互原则强调了人际交往行为的相互对应。在日常生活中，我们还需要保持人际交往的对等性。换句话说，人际交往存在功利性。当然，这里的功利不仅包括金钱、财物、服务，更多地包含情感、尊重等。也就是说，人们都希望人际交往是值得的。例如，在人际交往中获得知识，得到关心、支持、帮助，或是使感情有所依托等。不值得的交往是没有理由去实施的，不值得的交互关系也没有理由去维持，否则我们无法保持心理平衡。所以，人们的一切交往行动及一切人际关系的建立与维持都是人们根据一定的价值观进行选择的结果。对于那些对自己来说是值得的，或是得大于失的人际关系，人们就倾向于建立和维持；而对于那些对自己来说不值得，或是失大于得的人际关系，人们就倾向于逃避、疏远或终止。

互帮互助是互惠原则的重要表现形式。人际交往是一种双向行为，故有"来而不往非礼也"之说。只有单方获得好处的人际交往是不能长久的，所以要双方都受益，这包括物质和精神两个方面。

交往小技巧：常常说"我们……"。

3. 诚实守信

交往离不开诚信。诚信的基本含义是守诺、践约、无欺，通俗地表述就是说老实话、办老实事、做老实人。古有"一言既出，驷马难追"的格言，今有"诚信为本"的原则，这都是要我们做有诚信的人。诚信不仅是一种品行，更是一种责任。就个人而言，诚信是高尚的人格力量；就企业而言，诚信是宝贵的无形资产；就社会而言，诚信是正常的生产生活秩序；就国家而言，诚信是良好的国际形象。在交往过程中，我们不应该信口开河、轻易许诺，一旦许诺就要全力以赴地去实现，以免失信于人。

交往小技巧：做出承诺之前一定再多问自己一遍"真的可以做到吗"。

4. 守法有德

人际交往的复杂性，使交往者在交往中有可能出现不正常的需要和越轨行为。因此，人际关系的发展需要有一个社会准则，这就是法律法规和道德伦理。人际交往中，双方的一切交往活动必须是遵守法律法规、符合道德规范的，是对他人和社会无害、无损的。只有把法律和道德作为界定线，我们的人际关系才能健康发展。

在工作领域中，有利于工作和事业发展的人际关系，就应该尽可能地建立和发展；在生活领域中，有助于培养、提高生活情趣，有助于提高生活质量，有助于家庭和睦、邻里团结、社会稳定的人际关系也应积极地建立和发展；在学习过程中，有益于交流思想、探讨问题、相互启发、获得知识的人际关系就要努力地建立和发展。

交往小技巧：牢记"己所不欲，勿施于人"。

5. 其他原则

1) 自我价值保护

大量社会心理学研究证明，个体心理活动的各个方面都存在一种防止自我价值遭到否定的自我支持倾向。我们在人际交往中应该充分注意这一点。

2) 人际吸引水平增减原则

通俗地讲，人际吸引水平增减原则是指在人际交往中，我们对别人的喜欢不仅取决于别人喜欢我们的量，还取决于别人喜欢我们的水平的变化与性质。我们最喜欢的是喜欢我们的水平不断提高的人，而最厌烦的是喜欢我们的水平不断降低的人。

8.3 职场成功的基本要素

个人在职场上取得成功，是多方面因素相互促进、共同作用的结果。在人才辈出、竞争激烈的现代社会中，构建多维的智能结构，满足动态的社会需求，选择合适的职业发展路径，找准职业发展的起点，具备良好的职业化素质，是职场成功的基本要素。

8.3.1 构建多维的智能结构

随着经济的发展，社会需要更多的高素质、复合型人才。因此，想要在未来的职场中备受青睐，大学生在校学习期间就应该构建多维的智能结构，成为社会所需的复合型人才。

何谓复合型人才？专家指出，不仅在专业技能方面有丰富的经验，还具备较高的相关技能。复合型人才也可以说是多功能人才，体现在知识复合、能力复合、思维复合等方面，其特点是多才多艺，能在多个领域中大显身手。

构建多维的智能结构要求学生在踏实构建和掌握本专业知识体系的同时，根据自己的兴趣爱好以及对社会需求的判断来学习和构建其他相关知识或能力体系。不能片面地理解为各种专业知识和技能都要学一点、懂一点、会一点，成为职场"万金油"。相对于"专业型"或"复合型"人才来说，"万金油"在初入职场时能从事的基础性事务工作较多，但是这类人在职场中的最大特点就是"多一个不显眼，少一个无伤大局，可有可无"。因此，当企业需要优化组织结构时，"万金油"最容易被忽视和被淘汰。

为了帮助学生更好地构建多维的智能结构，学校出台了辅修/双学位、第二学士学位等培养办法，为学生提供了能够系统学习跨专业知识、构建复合知识体系的机会和条件。除了有效利用学校提供的机会，我们还可通过自学和实践来学习非本专业知识与锻炼相关技能，把自己打造成一个多功能的复合型人才。

8.3.2 满足动态的社会需求

在这个瞬息万变的时代，社会需求在不断地变化。马克思主义认为，社会存在决定社会意识。那么，社会需求是客观存在的，它不以人的意志为转移。我们在职场上也应遵循这个规律，即任何职业的成功都必须以满足国家、社会和他人的需求为前提。个人只有密切关注并及时满足职业活动所服务的对象的需求，才可能在职场中获得成功。

职业源于社会分工与社会需求，而社会需求不是一成不变的，它随着时代的变迁和社会经济的发展而变化。怎样判断动态的社会需求？我们可以从以下3个方面来分析。

1. 分析国家宏观经济发展及社会发展趋势

社会需求的变化，取决于经济和社会发展的变化。21世纪的中国，将大力发展电子信息、生物工程等高科技产业。随着国家全面建成小康社会步伐的加快，能源、交通、环保、建筑等行业也将得到进一步发展，相关行业的人才将受到用人单位的欢迎。

2. 分析国家微观层面经济发展形势

我们应了解到，各地的经济发展重点不同，对不同行业的人才需求也不同。我国经济发展的不平衡，也导致了不同经济发展水平的地区对不同行业人才的需求的差别很大。

3. 分析国家政治、经济体制改革发展趋势

在WTO的规则体系下，我国将进一步推进党政机关的机构改革，加强国有企业的现代企业制度建设，完善金融体制，发展多种所有制经济。随着相关政策的调整，汽车业、信息工业、农业、纺织业、媒体业、教育业、文化产业等，都将面临新的发展，也孕育着新的就业机会。

需注意，满足社会需求并不是一味否认个人的专业和兴趣，而是要我们在激烈的职场竞争中，学会发现社会需求，并将自己的专业和兴趣与之有机结合起来，从而抓住机遇，发挥特长与优势。

8.3.3 选择合适的职业发展路径

世界上没有两个完全相同的人，每个人的兴趣爱好、优势特长、价值观等个体特征都是不同的。有的人喜欢与抽象的概念打交道，而有的人则喜欢与具体事物打交道；有的人期望工作能提供给自己足以自由支配的金钱而不惧怕冒风险，而有的人则期望在一定时间内，不会被轻易解雇，收入稳定；等等。不仅个体特征是有差异的，不同的工作对人的要

求也是不一样的。在职场竞争中，为什么有的人能够成功，而有的人却屡战屡败呢？可能就是因为成功者选择了一条适合自己的职业发展道路。因此，在职业发展过程中，除了要满足社会需求，我们还必须选择适合自己的职业发展路径。

"职业辅导之父"帕森斯于1909年提出了人职匹配理论，为我们选择合适的职业发展路径提供了有效的理论工具。帕森斯认为，在职业选择的过程中，最重要的是要做到人职匹配，并强调以下三大要素或条件：①清楚了解自己的能力、能力倾向、兴趣、资源、局限以及其他特质；②清楚了解职业成功必备的条件，以及在不同职业工作岗位上占有的优势、劣势，拥有的机会和发展前途；③合理推论上述两类资料的关系，做到两者之间的协调和匹配。

人职匹配是个人进行职业选择、职业指导人员实施职业指导所依据的经典理论原则之一。在现实生活中，有些人之所以能在平凡的岗位上干出不平凡的事情，为社会创造巨大的物质财富或精神财富，其中一个重要原因在于他们与所从事的工作匹配度很高，从而使他们爱业、敬业、乐业。人职匹配有助于个人适应工作，从而使个人和社会同时受益。

就业不仅仅是找一份工作，而是应该将我们的性格、兴趣、能力与素质以及价值观等特征与职位相匹配。人职匹配程度越高，说明我们与职位的适应性越强，也就越容易找到适合自己发展的职业路径。只有选择适合自己的职业发展路径，我们才有可能将个人的能力优势充分发挥出来，将来成才的概率更大，成才的速度更快，从而为社会做出更大的贡献。

8.3.4 找准职业发展的起点

孟子曰："故天将降大任于斯人也，必先苦其心志，劳其筋骨，饿其体肤，空乏其身，行拂乱其所为，所以动心忍性，曾益其所不能。"一代名将曾国藩曾说："天下大事当于大处著眼，小处下手。"

想必每位同学都能明白这样的道理，但是当自己身处职场时，想的却是"大丈夫志在千里，何以扫一屋"。很多大学毕业生眼高手低，一心想着做企业管理者，而不愿意从事基层和基础的事务性工作，认为那是在埋没人才。要知道基层是积累经验和锻炼能力最好的地方，大多成功者都是从基层、从小事做起，在细节中不断实践，总结成功和失败的经验，提升自身的能力，从而一步一步走向成功。

我们应该积极调整自己的心态，认清职场成功的起点就是从小事做起、从基层做起，创业则应从小规模做起。企业需要员工在基层了解和熟悉各项业务和技能，国家更需要我们在基层锻炼各种能力。目前，国家为大学毕业生提供了到基层锻炼的广阔空间和施展才华的舞台。作为当代大学生，我们是新世纪的人才，是未来建设祖国的中坚力量，是祖国的希望，我们更应该响应祖国的号召，满足社会需求，完成祖国所赋予的历史任务，到祖国最需要的地方去建功立业。

8.3.5　具备良好的职业化素质

职业化素质是职场成功的基础。很多人都在谈论"职业化"，那么，究竟什么是"职业化"呢？职业化包含哪些内容呢？"职业化"的定义众说纷纭、莫衷一是，归纳起来，大致有如下几种比较有见地的说法。

"职业化"就是职场行为与操守规范，是职业人训练有素的体现，在职业资质、职业态度、职业意识、职业道德、职业行为、职业技能等方面充分符合企业与职场的需要。

"职业化"是国际化的职场准则，是职业人必须遵循的第一游戏规则，是职场人士应具备的基本素质，是国家与国家之间、企业与企业之间、企业与员工之间、员工与员工之间必须遵守的道德与行为准则。想参与职场竞争，想成为职场中的成功者，想要取得职业生涯的辉煌，就必须懂得和坚守这些职场规则。

"职业化"是一种潜在的文化氛围，是一种在职场中专用的"语言"和行事规则。在职场中的人都用这种"语言"说话，都遵循这种行为和道德准则来办事；而一个非职业人往往不能运用和遵循这种"语言"和行事规则，因此总是和职业人士不合拍，从而给人以"非职业"人士的印象。

"职业化"是一种精神、一种力量、一套规则，是对事业的尊重与热爱，是孜孜不倦的精神，是追求价值体现的动力，是实现事业成功的一套规则。简单地说，就是职业的价值观、态度和行为规范的总和。

"职业化"就是为了达到职业要求所应具备的素质和追求成为优秀职业人的历程。职业化有很多外在的素质表现，比如着装、形象、礼仪、礼节等；也有很多内在的意识要求，诸如思考问题的模式、心智模式、内在的道德标准等。

"职业化"是指按职业的标准化、规范化、制度化的要求塑造自己，即在合适的时间、合适的地点，用合适的方式，说合适的话，做合适的事。

"职业化"就是以最小的成本，追求最大的效益；就是以此为生，精于此道；就是细微之处做得专业；就是用理性的态度对待客户、企业、同事、老板和自身；就是专业和优秀，别人不能够轻易取代；就是不断地进行富有成效的学习；就是责任心、敬业精神和团结协作……

综上所述，"职业化"的基本特征主要有以下几点：①"职业化"就是训练有素、行为规范；②"职业化"就是尽量用理性的态度对待工作；③"职业化"就是细微之处能体现专业；④"职业化"就是思想要奔放、行为要约束、意识要超前；⑤"职业化"就是个性的发展要适应共性的条件；⑥"职业化"就是在合适的时间、合适的地点，做合适的事情；⑦"职业化"就是职业技能的标准化、规范化、制度化。

大学生如何逐步成长为一个职业化人士呢？总体来说，应着重培养以下几个方面。

1. 职业资质

职业资质就是从事本职业的基本素质和能力要求，是胜任本职业的基本标准，是对从业人员在必备知识和专业经验方面的基本要求。资质是能力被社会认同的证明，如MBA、注册会计师、注册医师、注册律师等就是一种资质。获得一定的资质是具有一定职业标准能力的外在证明。

每一种职业都有相应的职业资质模型，都有一个相对公平、公正的准入标准，从而形成对从事该职业的独特要求，因此，拥有职业资质是职业化的基本要求。作为一个职业人，必须具有良好的职业资质，这是进入某一职业领域的通行证。例如，会计人员必须获得会计从业证书，律师从业人员必须获得律师资格证书，职业经理人最好能够获得MBA证书，等等。

2. 职业意识

"意识"意味着清醒、警觉、注意力集中等，"意识"意味着受意愿支配的动作或活动。通过意识，我们分析因果关系，想象现时不存在的情景和发生的可能性，计划未来的行动，用我们预期的目标来指引行为。职业意识表现为职业敏感、职业直觉，甚至是职业本能的思维过程。

要成为职业人，你需要具备的职业意识主要有：角色意识、目的意识、问题意识、行动意识、变革意识、计划意识、老板意识、客户意识、成本意识、利润意识、市场意识、营销意识、经营意识、战略意识、效率意识、质量意识、责任意识、团队意识、创新意识、服务意识、完美意识、细节意识、舍弃意识、系统意识、健康意识、危机意识、人才意识……

3. 职业心态

多数普通人之间只有很小的差异，这种差异就是对事对物的态度，然而这种差异往往会造成人生发展的巨大差异，导致人生成功或者失败。个人事业能否成功，不仅仅取决于才华，更重要的是态度。态度决定行为，行为决定习惯，习惯决定性格，性格决定命运。想改变自己的命运，就要从改变自己的态度开始。

心态将决定我们的生活方式。唯有心态良好，你才会感觉到生活与工作的快乐。

成为职业人，需要具备的职业心态主要有：积极的心态、主动的心态、双赢的心态、包容的心态、自信的心态、给予的心态、行动的心态、学习的心态、老板的心态、羞耻的心态、奉献的心态、服从的心态、竞争的心态、专注的心态、感恩的心态……

4. 职业道德

人类在进化过程中产生了道德观，在早期的原始社会产生了道德萌芽。道德是随着社会经济的不断发展而不断发展的，没有永恒不变的抽象道德。

人生在世，有两件事很重要：一是学做人，二是学做事。做人和做事，都必须受到道德的监督和约束。所谓道德，就是依靠社会舆论、传统习惯、教育和人的信念的力量去调整个人与个人、个人与社会之间关系的一种特殊的行为规则。简单地说，道德关注的是人的行为"应该"怎样和"不应该"怎样的问题。

职业道德是指从事一定职业劳动的人们，在特定的工作和劳动中，以其内心信念和特殊社会手段来维系的，以善恶进行评价的心理意识、行为原则和行为规范的总和，它是人们在从事职业的过程中形成的一种内在的、非强制性的约束机制。

职业道德是事业成功的保证，职业人必须具有一定的职业道德。职业道德的主要内容有：爱岗敬业、诚实守信、办事公道、服务群众、奉献社会……

5. 职业行为

行为是指机体种种外显动作和活动的总和，具体来说是指一个人说了什么、做了什么和想了什么。根据社会伦理和组织所要求的行为规范，每个人的行为都可以分为正确的行为和错误的行为。职业行为是职业人要坚守的正确行事规范。

职业行为包含职业人对工作、对企业、对老板、对同事、对客户、对自己等方面的行为规范。坚守这些职业行为，是职业化素质的成熟表现。

6. 职业技能

职业技能是工作岗位对工作者的专业技能的要求，职业化必备的职业技能主要有：角色认知、正确的工作观与企业观、科学的工作方法、职业生涯规划与管理、专业形象与商务礼仪、高效的沟通技巧、高效的时间管理、商务写作技巧、团队建设与团队精神、人际关系处理技巧、商务谈判技巧、演讲技巧、会议管理技巧、客户服务技巧、情绪控制技巧、压力管理技巧、高效学习技巧、能力提升技巧……

课后作业

请你谈谈情商修炼对职场发展的重要性。

第9章 自信、潜能与素质拓展训练

章节描述

本章内容旨在引领读者了解自信、潜能在职业生涯过程中的作用，以及如何提高和塑造自身的素质；学习如何建立自信，如何开发潜能；了解全面增强自身素质的方法，激励自我提高的意识，达到适应职业发展的需求。

学习目标

知识目标

1. 了解自信的养成方法；
2. 了解开发潜能的具体做法。

能力目标

1. 能够通过游戏分析体悟自信的养成过程；
2. 能够通过活动的分享掌握潜能开发的要领。

素养目标

1. 通过游戏增强提出问题、分析问题的自信心；
2. 通过拓展训练建立思考、行动的自我意识。

9.1 提升自信心

9.1.1 自信与职业成功

在日常生活中，人们常常忽略了自信对于职业成功的重要性，认为一个人要获得职业成功，要拥有聪明的头脑、杰出的才能、出色的口才、良好的家庭背景……那么，一个人的职业成败真的完全取决于上述几个因素吗？

有一个人，他倾其所有投资于一个小型制造领域。由于世界大战的爆发，他无法取得生产所需的原料，因此只好宣布破产。这使他无比沮丧。于是，他离开了妻子儿女，成为一名流浪汉。他对这些损失无法释怀，而且越来越难过，后来甚至想跳湖自杀。一个偶然的机会，他看到一本名叫《自信心》的书。这本书给他带来了勇气和希望，他决定找到这本书的作者，请作者帮助他站起来。

当他找到作者，说完他的故事后，那位作者却对他说："我已经以极大的兴趣听完了你的故事，我希望我能对你有所帮助，但事实上我没有能力帮助你。"他的脸色变得苍白，低下头，喃喃地说道："我真的完了。"作者停顿几秒，然后说道："虽然我没有办法帮助你，但我可以介绍你去见一个人，他可以协助你东山再起。"流浪汉闻言立刻跳了起来，抓住作者的手，说道："看在老天爷的份上，请带我去见这个人。"于是作者把他带到一面高大的镜子面前，用手指着镜子说："我介绍的就是这个人，在这个世界上，只有这个人能够帮你东山再起。除非你坐下来，彻底认识这个人，否则，你只能跳进密歇根湖。因为在你充分认识这个人之前，对于你自己或这个世界来说，你都将是个没有任何价值的废物。"他朝着镜子走了几步，用手摸摸他那长满胡须的脸，对照镜子里的人从头到脚打量了片刻，然后退后几步，低下头哭了起来。

几天后，作者在街上碰见了这个人，几乎认不出他。他的步伐轻快有力，头抬得高高的。他从头到脚打扮一新，看起来很成功。"那一天，我离开你的办公室时，还只是一个流浪汉。我对着镜子找到了自信。现在我找到了一份年薪3万美元的工作。老板预支了一部分钱给我的家人，生活正在慢慢变好。"他还风趣地对作者说："我正要去告诉你，将来有一天，我还要再拜访你一次。我将带上一张支票，签好字，收款人是你，金额是空的，由你填上数字。因为你介绍我认识自己，幸好你让我站在那面大镜子前，把真正的我指给我看。"那人说完后，转身走入芝加哥拥挤的街道……

在个体追求职业成功的路上，自信具有很大的作用。关于自信与职业成功，有两个非常著名的故事。

故事一：1972年，尼克松竞选连任。由于他在第一任期内政绩斐然，大多数政治评论家都预测尼克松将以绝对优势获得胜利。然而，尼克松本人却很不自信，他走不出过去几次失败的心理阴影，极度担心再次遭遇失败。在这种潜意识的驱使下，他鬼使神差地干出了令他后悔终生的错事。他指派手下的人潜入竞选对手总部的水门饭店，在对手的办公室里安装了窃听器。事发之后，他又连连阻止调查、推卸责任，结果在选举胜利后不久便被迫辞职。[1]

故事二：小泽征尔是世界著名的交响乐指挥家。在一次世界优秀指挥家大赛的决赛

[1] http://diary.51.com/item/lizhaohappy/diary/10041197.html.

中，他按照评委会给的乐谱指挥演奏，然而，他敏锐地发现了不和谐的声音。起初，他以为是乐队演奏出了错误，就停下来重新演奏，但还是不对。他提出乐谱有问题，但在场的作曲家和评委会的权威人士坚持说乐谱绝对没有问题。面对在场的所有音乐大师和权威人士，他思考再三，最后斩钉截铁地说："不！一定是乐谱错了！"话音刚落，评委席上的评委们立即站起来，报以热烈的掌声。原来，这是评委们精心设计的"圈套"，以此来检验指挥家在发现乐谱错误并遭到权威人士"否定"的情况下，能否坚持自己的正确主张。前两位参加决赛的指挥家虽然也发现了错误，但终因随声附和权威们的意见而被淘汰。小泽征尔最终摘取了世界指挥家大赛的桂冠。

自信对一个人的职业成败有重要影响，那么，到底什么是自信呢？自信，就是受挫不气馁、失败不灰心、顺利不自负，无论在什么样的情况下都坚定不移地相信自己能够获得成功，坚信"我行，我可以"。一个自信的人，能对自身能力进行科学的评估，有主见，能做出他人未做之事；而缺乏自信的人，则很容易产生心理上的自我鄙视、自我否定，从而导致挫败。

一个自信的人，首先是一个敢想的人。

敢想就是确立自己的目标，并有所追求。不自信者不敢想，连想都不敢想当然谈不上成功。著名数学家陈景润，由于语言表达能力差，教书吃力，考评总是不合格。但他发现自己长于科研，于是增添了自信心，致力于数学研究，后来终于成为著名的数学家。

一个自信的人，其次是一个敢干的人。

只是敢想还不够，目标只停留在口头上，无法取得成功。一个自信心很强的人，必定是一个敢于行动的人。他绝不会对生活持等待、观望的消极态度，他会在行动中、实践中展示自己的才华。当然，这里说的敢想、敢干，都不是盲目的，更不是主观主义的空想、蛮干，而应建立在充足的准备、科学的规划基础之上。

一个自信的人，还是一个敢于面对现实、不怕挫折的人。

其实，人在一生之中难免会遭遇挫折，要想事业有成，就要敢于面对现实、不怕挫折。面对困难，面对逆境，不屈不挠、百折不回。只有敢想、敢干，敢于面对现实且不怕挫折的人，才能事业有成，成为真正的强者。

9.1.2 提升自信心的方法

关于自信，有这样一个非常有趣的哲理小故事。

期末考试时，生物学教授在发试卷前对他的20位高年级学生说："我很高兴这学期教你们，我知道你们学习都很努力，而且你们之中有很多人暑假后将进入医学院。我提议，任何一位愿意退出今天考试的同学都将会得到一个'B'！"学生们欣喜万分，很多学生站起来，走到教授面前，感谢他，并签上了自己的名字。教授看着剩余的少数学生问："还有谁？这是最后的机会了。"又有一位学生站起来，签上名字走了。教授关上教室的门，对着剩余的几位学生说："我对你们拥有的自信感到非常高兴，你们都将得到'A'！"

在日常生活中，人们常常会像那些没有自信的学生一样，因为缺乏自信而失去更好的机会。因此，对于想要获得职业成功的你来说，学会提升自信心是非常有必要的。那么，怎样才能提升自信心呢？

首先，要认识到世界上没有任何一个人是和自己一样的，自己是独一无二的，你的优点和缺点构成了"独特的自我"。你不必和别人比高低，也不要拿别人的标准来衡量自己，因为你不是别人，也永远不可能用别人的标准来要求自己。

其次，要树立独立的自信心，要学会从自己的角度而不是从社会的角度来评价自己。自信心不是通过和别人的比较建立起来的，真正的自信心应当是当自己身处逆境或事情未做好时，仍然相信自己能克服困难、能把事情做好。因此，你应学会根据自己的实际情况，树立独立的自信心。

最后，还要善待自己的缺点。一般来说缺点有两种：一种是可以改进的，如不良的学习习惯、恶习等；另一种则是难以改进的，如身材矮小、相貌不佳以及其他不能矫治的缺陷等。对于那些可以改进的缺点，应学会勇敢地承认它并积极地改正它；对于那些难以改进的缺点，则要坦然地承认它、接受它，并尝试着通过发挥其他优势来加以补偿。

你只有相信自己是独一无二的，树立独立的自信心，并学会善待自己的缺点，才能真正地接纳自己，才能找到自信，从而实现自己的价值。

1. 自我肯定练习

缺乏自信心的人经常采取一种自我否定的思维方式，总是认为"我不行""我的能力很差""我什么也做不了"等，从而阻碍了生活和事业的成功。要改变这种自我否定的思维方式，应不断地进行自我肯定练习，从而改变自己对生活的态度和期望。

一般来说，自我肯定可以默不作声地进行，也可以大声地说出来，还可以在纸上写下来，甚至可以歌唱或吟诵。每天坚持自我肯定练习，能够逐步改掉自我否定的思维习惯。你可以这样说，"在我所从事的领域，我是出类拔萃的""我有足够的时间、能力、智慧来实现自己的美好愿望""谁说我比别人差，既然我们考入同一个学校，就证明我不比别人差""每天我都激励自己去实现人生目标""我树立了积极、健康的自我形象""我找到了自信、热情的自我"等。

总体说来，在进行自我肯定练习时应遵循以下原则：第一，始终要以现在时态而不是将来时态进行肯定。例如，应该说"我现在很幸福"，而不能说"我将来会很幸福"。第二，始终要以积极的方式进行肯定。肯定所需要的，而不是不需要的，不能说"我再也不偷懒了"，而要说"我越来越勤奋、越来越能干了"。这样做可以促使我们产生积极的心理暗示。第三，肯定词越简短，也就越有效。自我肯定应该是能够传达强烈情感的清晰陈述，情感传达得越多，给人的印象越深，如"我真棒"。第四，在进行自我肯定时，尽可能努力创造一种相信的感觉，一种它们已经真实存在的感觉。

2. 制作优点小卡片

找些小卡片，把它们涂成两种颜色：一种代表优点，另一种代表缺点。首先，在每张卡片上写一个优点或缺点，可以通过自我反省、询问亲朋好友等形式尽可能多地把自己的优点或缺点记下来。其次，确认哪个优点还没发挥，怎么去发挥这个优点；哪个缺点是你不必在乎且可以忽略的，把这些不必在乎且可以忽略的缺点去掉。这样做你就会发现自己的优点比缺点多，使你能够集中精力发挥自己的优点，克服自己的缺点。当你心情不好的时候，你随时把优点小卡片拿出来阅读，进行积极的自我暗示，久而久之，自己对事物的看法也会逐渐变得积极起来。

3. 捕捉成功的心理体验

一个人之所以会缺乏自信心，可能是因为他体验到了失败的感觉并夸大了这种感觉。因此要增强自信心，就要多创造机会让自己体验到成功的喜悦。

首先，要学会正确看待成功和失败，不要轻言放弃，不要怕失败，要勇于尝试。如果因为害怕失败而不敢去尝试做某件事，从表面上看确实没有失败，但实际上不敢去尝试也就意味着失去了一次成功的机会。

其次，要有意识地去创造成功的体验。其实，评判自己有没有价值，根本不必进行深奥的思考，也不必问别人。有人需要你，你就有价值；你能做事，你就有价值；你能做成多大的事，你就有多大的价值。因此，你可先选择一件自己较有把握也较有意义的事情去做，做成之后，再去找下一个目标。这样，你可以不断收获成功的喜悦，又能在成功的喜悦中不断树立更高的目标。每一次成功都将强化你的自信心，弱化你的自卑感。一连串的成功则会使你的自信心趋于稳固，当你切切实实地感觉到自己能干成一些事情时，你还有什么理由怀疑自己的价值呢？可见，自信是一点一点积累起来的。

4. 不要一味地与别人攀比

俗话说："人比人，气死人。"如果你总是希望自己处处高人一等，难免会变得心胸狭窄，被嫉妒心搅得心神不定。我们不必为自己某些地方比别人强而沾沾自喜，也不必为自己某些方面不如别人而灰心丧气。其实人与人之间是缺乏可比性的，例如，要比较驴与青蛙谁更优秀，如果比跑步，驴要比青蛙优秀；如果比游泳，青蛙则要比驴优秀。因此，你应学会暗示自己："我和别人是不一样的，我不和别人比，我只比较自己的现在和自己的过去，并努力发挥自己的潜力。"

9.2 开发潜能

9.2.1 认识潜能

下面,我们先来看这样一则报道。

有一个年轻的母亲,在她两岁多的孩子睡着后,她就把孩子独自留在家里,到附近的菜市场去买菜。买完菜她匆匆往回赶,走到居住的楼下时,由于心里惦记着孩子,她朝自家的窗户方向看了一眼。这一看吓了一跳,她看到窗台上有个黑点在挪动。"糟了!"她大叫一声,疯狂地往前跑,边跑边喊:"孩子,不要往外爬!"但是孩子根本听不见,他看到妈妈朝他挥手,兴奋得手舞足蹈,拼命地往外爬。这时要跑到楼上去阻止孩子已经来不及了,这位母亲想无论如何都要在孩子掉下来以前接住他,于是她就拼命地往前跑。结果在孩子掉下来的一刹那,这位母亲刚好跑过去,她伸出双臂把孩子稳稳地接住了。这件事在当地引起了轰动,电视台记者也来了,他们要重现这一人间奇迹。于是,他们找到这位母亲,用一个布娃娃做实验,让她把布娃娃接住。可是,试验了一次、两次、三次,都失败了,这位母亲根本接不住这个布娃娃。

为什么会这样呢?心理学家认为,这是因为在孩子掉下来的一刹那,这位母亲自身的潜能被激发出来了,而事后却再也没有办法把潜能调动起来。这里的潜能,是指人类原本具备却从未使用的能力,也就是存在却未被开发与利用的能力。

有的心理学家认为,潜能藏在人类的深层意识当中,也就是潜意识当中。潜意识是由精神分析学派创始人弗洛伊德提出来的。弗洛伊德认为,所谓的潜意识是相对于意识而言的,是你意识不到却又实实在在影响你的行为和心理活动的心理结构,它不能被你直接观察到,无论你如何向内或向外搜索,都是徒劳的。弗洛伊德还认为,意识犹如冰山浮出水平面的一角,而潜意识就是埋藏在水平面下方那不知多厚、多大的部分。也就是说,人类没有开发出来的潜能,就犹如埋藏在水平面下那不知有多厚、多大的冰山一样,是巨大的,而人类所显现的能力只是冰山浮在海面上的一角而已。

现代科学也证实,人类的大脑确实有着巨大的潜能。据科学研究发现,大脑约有140亿个可划分为5000万种不同类型的神经细胞,神经纤维总长为地球至月球之间距离的4倍。这些神经细胞可以储存的信息量为1015比特,是美国国会图书馆(藏书1000万册)藏书所含信息量的50倍,而其传递信息的速度为100米/秒。如果一个人能够发挥自己一半的大脑功能,那么可以轻易学会40种语言、背诵整本百科全书、获得12个博士学位……

但遗憾的是,人类在日常生活中只发挥了自身能力的极少一部分,世界上最聪明的人也没有使用其储存量的1%。也就是说,人类的聪明才智远远未被充分发挥出来,它们仍处于沉睡之中。美国学者詹姆斯研究发现,普通人只开发了他所蕴藏的能力的10%,与应当取得的成就相比较，人类不过是半醒着的，只利用了身心资源的很小一部分。著名心理学家奥托则认为，一个人所发挥出来的能力，只占他全部能力的4%，也就是说，人类还有96%的能力未发挥出来。

如果这些说法正确，导致潜能未被完全开发的原因又是什么呢？随着脑生理科学的发展，人类对脑组织及脑功能有了更多的了解。早在1983年，心理学家将人类的才能划分为独立的7个类型，它们分别是语言才能、音乐才能、数学才能、空间认识才能、肌肉运动才能、自我认识才能和外界认知才能。当然，仅就这种区分而言，还可以认为这是一种人为的抽象行为。但令人感兴趣的是，最新的脑生理科学的发展也证实了在人类的大脑中存在与这7种才能相对应甚至种类更多的神经传导系统。它们相互独立，功能各异，且每一个传导系统还存在更为细小的独立传导系统。而所有的独立传导系统最终都汇集到大脑的联合区，由联合区综合协调各个神经传导系统，亦即人们的各种才能。由此似乎可以说，就一位杰出的数学家而言，他之所以杰出，仅是因为他的数学才能被充分发挥出来，但他的其他才能可能仍然处于休眠状态，如果他对自己的其他才能加以发掘，他完全可能同时成为数学家、外科专家甚至运动健将，因为人类的大脑组织已为人类创造了一种可以获得任何才能的先天条件。据此，也就不难理解为什么有的人甚至连加减法都难以学会，却具有出色的绘画或音乐才能；有的人虽然因病失语，但他的计算能力依然不变；有的人虽然语言能力健全，但是一出门就找不到回家的路……原因就在于大脑的不同功能系统都是相对独立的，局部的功能障碍不一定会引起其他功能的衰退，有时反而会促进其他功能的发展。

9.2.2 潜能开发的方法

科学研究证明，每一个平凡的人都蕴藏着巨大的潜能，都有发挥潜能、走向成功的可能。因此，当代大学生在进行职业生涯规划时，必须要重视自身潜能的开发和利用。那么，怎样才能更好地对自身的潜能进行开发和利用呢？

1. 明确你的目标

下面，我们先来看这样一则寓言故事。

过去，在同一座山上，有两块相同的石头。三年后，两块石头发生了截然不同的变化，一块石头被雕刻成了神像，每天都受到很多人的敬仰和膜拜，而另一块石头却被雕刻成了木鱼，每天都要让和尚在自己身上敲出"哆哆"的声音。"木鱼"石头极不平衡地说道："老兄呀，在三年前，我们曾经同为一座山上的石头，今天产生这么大的差距，我的心里特别痛苦。""神像"石头答道："老兄，你还记得吗？在三年前，曾经来了一位雕刻家，你害怕刀割在身上的痛，你告诉他只要把你简单雕刻一下就可以了，而我那时对未来充满向往，不在乎一刀一刀割在身上的痛，所以产生了今天的差距。"

为什么相同的两块石头却得到了如此不同的待遇呢？它们的差别在于："神像"石

头非常明确自己的目标，所以能够忍受刀割在身上的痛，努力塑造自己，最终成为人人敬仰的神像；而"木鱼"石头并不明确自己的目标，不愿意付出，最终只能成为无人关注的木鱼。其实，人的际遇又何尝不是如此呢？也许同是儿时的伙伴、同在一所学校念书、同在一家单位工作，经过若干年后，你会发现儿时的伙伴、同学、同事都变了，有的人变成了"神像"石头，而有的人则变成了"木鱼"石头。能够变成"神像"、实现自己的理想和目标的人，他们非常明确自己将要怎样生活在这个世界上，未来将要成为一个什么样的人，自己最想得到的是什么。如果一个人不明确自己最想要的是什么，就会像一辆没有方向盘的超级跑车一样，即使有最强劲的发动机，也不知道该跑到哪里去。

卡耐基说："我们不要看远方模糊的事情，要着手身边清晰的事物。"不管你是希望拥有财富、事业、快乐，还是期望得到其他东西，都要明确它的方向在哪里、我为什么要得到它、我将采取哪些行动去得到它。

因此，大学生在进行职业生涯规划时，不妨考虑以下几个问题。

假如给你一次机会，让你选择5个你想要的事物，而且都能让你梦想成真，你最想要的是什么？如果只能选择1个，你又会做何选择呢？

假如生命危在旦夕，你一生中最大的遗憾是什么？

假如给你一次重生的机会，你最想做的事情是什么？

一旦发现了你最想要的，就把它明确下来，明确目标就能获得力量。目标会根植在你的思想意识里，深深烙印在你的脑海中，让潜意识帮助你达成想要的一切。

2. 培养积极的心态

心态是指一个人对自己、对他人以及对生活所持有的态度、评价和看法。积极的心态是指一个人无论面对怎样的处境或困难，都始终能够保持积极、乐观、向上的态度；在看到事物不利的方面的同时，更能看到有利的方面以及希望，从而增强信心，始终保持积极的情绪多于消极的情绪，而消极的心态刚好相反。

关于心态与个体的潜能开发和利用，有两则流传很广的故事。

故事一：两个推销员到非洲推销皮鞋，第一个推销员看到非洲人都赤着脚，感到非常沮丧："这些人都没有穿鞋子的习惯，怎么会买我的鞋呢？"于是他失望地打道回府。另一个推销员看到非洲人都赤着脚，感到惊喜万分："这些人都没有鞋子穿，看来这里的皮鞋市场潜力大得很呀！"于是他想方设法向非洲人推销皮鞋，最终获得了成功。

故事二：一个妇女陪丈夫驻扎在一个沙漠中的陆军基地，丈夫经常外出演习，她一个人留在陆军的小铁皮房子里，奇热无比，又无人和她聊天，周围都是不懂英语的墨西哥人和印第安人。她很难过，写信对父母说她想回家去。她的父亲给她回了一封信，信中只有两行字，但这两行字却永远留在她心中，并改变了她的生活。这两行字是："两个人从牢中的铁窗往外望，一个看到的是泥土，另一个却看到了星星。"从此，她决定在沙漠中找到星星。她观看沙漠的日落，寻找几万年前留下来的海螺壳；她和当地人交朋友，互送礼物；她研究沙漠中的植物……她把原先认为最恶劣的生活遭遇变成了自己一生中最有意义的冒险，并为此出版了一本书——《快乐的城堡》①。

其实，对那两个推销员来说，他们面对的是同样的处境，为什么一个获得了成功、另一个却失败了呢？那位妇女，她的生活环境并没有改变，为什么她能从原来的沮丧中摆脱出来并获得成功呢？这是因为心态不同，结果也就截然不同。当人面临困境时，消极的心态会让人退缩，很容易坠入失败的深渊；积极的心态会让人积极、乐观，很容易得到意想不到的收获。积极的心态有利于潜能的开发和利用，而消极的心态则会抑制潜能的开发和利用。

那么，怎样才能拥有积极的心态呢？

1) 要避免用"绝对化的要求"来要求自己

所谓绝对化的要求，是指一个人总是以自己的意愿为出发点，对事物怀有必定发生或不会发生的信念，这类信念常与"必须""应该"等词语联系在一起。例如，有的人认为"我只要付出了努力，就必须获得成功"，但事实上一个人的成功除了和个人的努力程度有关之外，还受到许多因素的制约。如果一个人不考虑实际情况，认为自己只要付出努力就必须获得成功，一旦失败，就很容易产生消极的想法。

2) 要避免"过分概括化"地评价自己

过分概括化是一种以偏概全的不合理的思维模式，其特征是以一件事或几件事来评价自身的整体价值。例如，当你在求职时接二连三地遭到了拒绝，你就对自己产生了怀疑，认为求职失败是因为自己没有能力、自己不行造成的，这就是一种过分概括化的想法。事实上，你在求职时接二连三地遭到了拒绝，有可能是因为你没有根据自己的优势和特点来寻找用人单位，或者是你应聘的单位并不适合你，而不是因为你没有能力。如果你总是"过分概括化"地评价自己，就可能会抑制潜能的开发和利用。

3) 还要避免"糟糕至极"的想法

所谓糟糕至极，就是认为一件不好的事情发生后会带来非常糟糕的后果。例如，当你某次求职失败后，你就认为再也没有单位会录用你，不管自己再怎么努力也都不可能找到工作，结果越想越没有信心，再也提不起求职的劲头来。这就是一种糟糕至极的想法，它会使你对自己丧失信心，从而抑制你去开发和利用自己的潜能。

3. 运用积极的自我暗示

心理暗示在我们的日常生活中可以说是无所不在。例如，你在购买商品时常常会不自觉地购买电视广告介绍的商品，这是因为你每天被迫重复观看那些广告，广告不断地暗示你，影响你的判断力，你就在不知不觉中相信它了。

心理暗示，是指通过语言、动作等途径，以一种含蓄的方式，对自己或他人的认知、

---

① http://www.docin.com/p-386639978.html.

情感、意志以及行为产生影响的心理活动过程。自我暗示是心理暗示的方法之一，是指自己利用心理语言来影响自己的情感、意志以及行为的心理活动过程。

不同的心理暗示，往往会对人的行为产生不同的影响。例如，你本来约好星期天和朋友出去玩，可是早上起来往窗外一看，下雨了。这时候，你如果想"真糟糕！下雨了，哪儿也不能去，闷在家里真没劲"，你就会感到非常沮丧，再也提不起做事的兴趣；但你如果能换个角度想"下雨了，也好，可以在家里读读书、听听音乐"，你就能兴致勃勃地去做你想做的事情。可见，心理暗示对人的影响有两种：一种是消极的，另一种是积极的。消极的心理暗示会让你心情沮丧，行动消极；积极的心理暗示会让你情绪振作，行动积极。

你如果想要更好地开发和利用自己的潜能，就应学会合理地利用心理暗示。你要有意识地经常进行积极的自我暗示，并长期坚持下来，才能够使积极的自我暗示自动进入潜意识，左右你的思维，改变你的潜意识，形成良好的习惯。潜意识就像一片肥沃的土地，如果不播下成功意识的良种，就会野草丛生、一片荒芜。自我暗示就是播撒种子的控制器，你要经常进行积极的自我暗示，利用潜意识，从而达到用积极的想法渐渐取代消极的想法的目的，自动把成功的种子和创造性思维植入潜意识的沃土之中，为潜能的开发和利用打下坚实的基础。

4. 听音乐开发大脑潜能

近些年来，随着科学的进步和社会的发展，人们对大脑潜能的开发越来越重视。经常听一些婉转悠扬、旋律优美的音乐，能够开发大脑、健脑益智，历代学者、医学家多推崇此法。

近年来，国内外许多专家认为，音乐具有开发右脑潜能、调整大脑两个半球功能的奇特功效。例如，美国加利福尼亚大学戈登·肖教授将78名3～4岁且智力水平相当的幼儿分成3组：一组学习莫扎特和贝多芬的音乐曲，一组学习计算机，一组不接受训练。结果，9个月后，他通过拼图游戏对这3组孩子进行智力测试时发现，学习音乐的孩子智力得分平均提高35%，而另两组孩子的智力得分则几乎没有提高。现代科学还发现，音乐对神经系统的影响可直接从脑电图中得到验证。音乐对大脑电波活动的影响十分明显，优美的音乐能对脑电波活动产生有益的作用，特别是舒缓安静的乐曲，常使脑细胞的电波活动与乐曲的频率趋于同步化，而当乐曲频率加快时，大脑的兴奋程度也相对增加，使大脑更能集中注意力，思维功能得以加强。

科学研究证明，音乐对智力确实有启迪作用，而且长期听音乐，还可以明显改善记忆力。其中的道理何在呢？这是因为，人的大脑分左、右两个半球，大脑左半球负责完成语言、阅读、书写、计算等工作，被称为"语言脑"；大脑右半球负责完成音乐、情感等工作，被称为"音乐脑"。一般情况下，只有一个半球起主导作用，比较发达的这个半球叫"优势半球"。"优势半球"在左侧的人，即左脑发达的人喜欢抽象思维；而右脑发达的人喜欢形象思维。一般情况下，右脑不如左脑工作量大，尤其是在紧张的学习和工作中，左、右脑的活动程度差异更加悬殊。负责逻辑思维的左脑往往忙得不可开交、疲惫不堪，而右脑却有较多的空闲，从而造成左、右脑的功能失调。由于"音乐脑"能使人产生创造力、想象力及灵感，如能设法开发利用"音乐脑"，将会提高人类的智能。曾有心理学家指出："只有当大脑右半球即'音乐脑'也得到充分利用时，这个人才最有创造力。"

因此，人类可以尝试通过听音乐等手段来开发右脑的功能。不过需要注意的是，节奏异常强烈的音乐听多了反而对大脑有害处。

9.3 素质拓展训练

拓展训练，又称"外展训练"，英文为outward bound，意思是一艘小船离开安全的港湾，勇敢地开始探险历程，去接受一个个挑战，战胜一个个困难。这种训练起源于第二次世界大战。当时，许多英国军舰在遭到德国潜艇袭击后沉没了，只有少数人在灾难中幸存，但幸存者并不是体能最好的人，而是求生意志最强和经验丰富的老兵。他们顽强抗争，坚持到最后。针对这种情况，汉思等人创办了"阿伯德威海上学校"，训练年轻海员在海上的生存能力和船触礁后的生存技巧，使他们的身体和意志都得到锻炼。战争结束后，许多人认为这种训练仍然可以保留。于是拓展训练的独特创意和训练方式逐渐被推广开来，训练对象由最初的海员扩大到军人、学生、工商业人员等各类群体，训练目标也由单纯的体能、生存训练扩展到心理训练、人格训练、管理训练等。

9.3.1 素质拓展的基本方法

1. 社会实践与志愿服务

社会实践与志愿服务能够培养学生的奉献意识、社会责任感，使学生接触社会、了解国情，并在实践中提高解决实际问题的能力，从而全面提升素质。广大学生应重视社会实践活动，积极参与寒假和暑期的社会实践活动。

2. 学术科技与创新创业

学校应努力营造校园内的科技氛围，培养学生的创新意识；开展科普宣传活动，举办科技宣传周活动、社区科普宣传活动，使学生了解科学知识，培养学生科学精神；开展课外学术科技活动，组织电脑科技竞赛、网页设计竞赛、Flash设计竞赛等活动。

3. 文化艺术与身心发展

开拓创新，提升层次，建设先进的校园文化；挖掘学生潜能，拓展学生素质。在开学初列出详细的学生活动清单，供学生选择，保证活动的内容丰富多样，满足学生对各种活动的要求。如英语演讲比赛、主持人大赛、联欢晚会、各类体育比赛等。

4. 社团活动与社会工作

充分发挥学生社团组织的积极性和创造性，鼓励学生社团开展具有社团特色的校园文化活动，并加强对社团干部的培养。

5. 开展专业的体质拓展训练

高空项目：攀岩、巨人梯、求生墙、小泰山、绳网、空中飞人、空中抓杠等。

平地项目：信任背摔、蜘蛛网、电网、核弹头、创新呼啦圈、盲人摸号、团队舞等。

水上项目：游泳、跳水、扎筏、划艇、漂流等。

野外项目：天然攀岩、速降、拉练、野外生存、露营、汽车越野等。

9.3.2 户内游戏

1. 生涯拍卖

1) 活动目的：职业价值的选择

(1) 认识价值观。

(2) 了解自己的价值观。

本主题活动主要应用角色扮演和价值辨析两种心理辅导方法，通过价值澄清，让学生自我反省，对自己的行为负责任，从而澄清自己的价值观。

2) 活动规则和程序

(1) 给每人发一张纸，纸上打印：①豪宅；②巨富；③一张不限额度的信用卡；④美貌贤惠的妻子或英俊博学的丈夫；⑤一门精湛的技艺；⑥一座小岛；⑦一所规模宏大的图书馆；⑧长命百岁；⑨一个勤劳的仆人；⑩三五个知心朋友；⑪一份价值50万美元并每年可获得25%纯收入的股票；⑫名垂青史；⑬免费周游世界的机票；⑭和家人共度周末；⑮直言不讳的性格和百折不挠的勇敢。

(2) 每人象征性发给1000元，代表一生的时间和精力。

(3) 将纸上打印的15个项目作为"商品"逐一进行拍卖，参与游戏的人员可以用自己手中的积蓄购买这些"商品"。100元起拍，欢迎竞价。

(4) 当主持人连喊3遍，无人再出高价的时候，锤子就会落下，这个"商品"就属于你了。

3) 组织学生讨论

(1) 你为什么要用全场最高价去买某个"商品"？

(2) 有的同学什么都没有买，为什么？

(3) 在拍卖过程中，你有什么感受？

(4) 假如现在已经到了生命的终点，你是否会对自己的选择感到后悔？这个东西是否是你最想要的？

(5) 金钱是否能带来幸福和欢乐？有没有一些东西比金钱更重要？

2. 沟通训练

1) 活动目的

沟通能力在个人的成长和发展过程中非常重要。通过语言、非语言沟通训练，把握交往中的用语、语气、语调及行为表现，可使对方理解你的心情和用意，达到互相沟通的目的，同时也要学会观察别人的语言表达和行为表现。通过训练活动，可使同学们进一步认识和了解人际沟通的特点。

2) 活动程序

(1) 将全体成员分组，每组8～l0人。

(2) 宣布确定的4组对话。

甲：你好。

乙：你好。

甲：今天天气真好啊！

乙：是的，很不错。

甲：你今天有空吗？

乙：有什么事？

甲：我想……

乙……(可自由发挥)

(3) 宣布要求：①各小组经过讨论后，选出一位男生、一位女生作为代表参加表演。②参加者通过必要的语气和体态重复表达这4组对话。③每一组对话要变换4种身份来表演，即正常的普通朋友、想确定恋爱关系的朋友、有成见且见面就互相讨厌的人、警察与小偷。

表演特殊要求：充分表达4种不同身份的人物的心态和行为，表演要到位，不同身份要对应不同的表情、动作、姿态。

(4) 在全体成员中选出3～5人组成裁判小组。

3) 具体操作

(1) 各小组任意组合展开练习，其他人可以提改进意见。

(2) 各小组选出一位男生、一位女生作为代表参加表演。

(3) 准备好的小组可以先上场表演，其余人观看。

(4) 表演者应变换4种不同的身份来表演。

(5) 裁判宣布评分结果，选出最佳表演者。

(6) 大家畅谈表演的感受和体会。

3. 思维训练

1) 活动目的：创新能力的培养

(1) 让学生明确创新思维不是一件难事。

(2) 了解创新思维的方法。

创新思维是一种智力活动，是一种发现问题、积极探求的心理取向，是一种善于把握机会的敏锐性，是一种积极改变自己、改变环境、创设条件以解决问题的应变能力，它是人类思维活动的高级过程，是一种复杂的心理活动。创新意识，就是求佳求异意识。这种意识表现为好奇性、想象性、敢于冒险、敢于向困难和权威挑战等心理倾向。创新思维不是与生俱来的，教育在创新思维的培养和发展中起着无法替代的作用，关注学生创新思维的培养是素质教育的灵魂。

2) 活动过程

游戏准备：准备如图9-1所示的影印件。

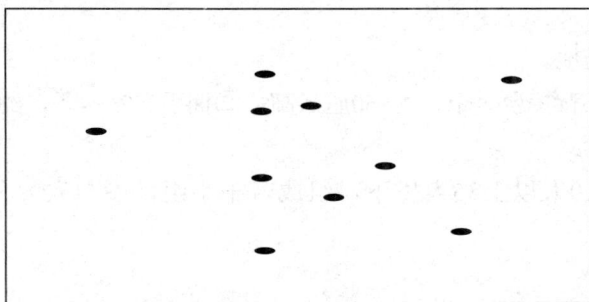

图9-1 创意训练

游戏程序：请用笔连接图上所有的点，看谁连接出来的图案最富有意义。

提示：如可以画出一个五角星等。但是富有创意的结果，远远超出我们的想象。

3) 组织学生讨论

(1) 你觉得创新难吗？

(2) 如何进行创新？

教师小结：创新思维包含发散思维(从不同的角度思考问题)、横向思维(从问题的外部思考)、逆向思维(反向思考)、联想(运用模仿、对比、类比等手段)。创新思维具有开放性、自主性、独创性以及连续性。创新思维不是与生俱来的，所以应积极培养自己的创新意识和创新能力。

9.3.3 户外素质拓展

户外素质拓展运动课程是集体育、教育、心理、植物、动物、地质、地理、旅游、探险、法律等众多学科于一体的新型户外运动项目，是以学生为主体，以"先行后知""边行边知""愈怕愈行"等为目的的体验式学习，打破了传统的以"教"为主的教育模式，让学生愉快、积极地参与其中，在大自然中学到知识、掌握技能、领悟道理。

户外素质拓展课程通过"信任背摔""连环手""我说你做"等一系列游戏，运用体验式教学，使学生在不知不觉中提升自己。这样的拓展训练，能让学生体会到团队协作的意义和与人合作的方法，可使学生认识自身潜能，增强自信心，以开放的心态应对变化，积极进取，磨炼战胜困难的意志。同时，能让学生认识到群体的作用，增进集体参与意识与责任心，改善人际关系，学会关心人，更为融洽地与群体合作。

1. 信任背摔

1) 活动目的

(1) 克服心理恐惧。

(2) 活跃集体气氛，增强团队凝聚力。

(3) 促进相互信任和理解。

2) 活动准备

(1) 一块平整的场地。

(2) 所需器材：①背摔台一个，约150厘米高；②捆手布2～4条，约60厘米长；③体操垫一块。

(3) 人员要求：10人以上35人以下，组成若干小组，参与人为15人以上时，约需70分钟。

3) 活动布置

(1) 集合学生，介绍项目名称和活动要求。

(2) 活动要求学生轮流站在高台上，双手握于胸前，直立向台下倒下，台下有全体学生保护其安全。

(3) 挑选10～20名下方保护人员，摆成保护伞姿势。要求一对一地面对面排队，双臂向前平举，伸到对面学生胸前，与对面学生双手相握，形成"手臂垫"。

双腿呈弓箭步，台上学生倒下后，台下学生要注意手臂用力，抬头看着倒下的学生。将倒下的学生接住后，用"双腿抬肩法"将学生平稳放下。在开始之前，教师应先用身体下压学生手臂，让学生感受到重量并提供足够的托力。

(4) 教师站在台上，用捆手布将学生的手捆住。从捆上布条到喊完口号前，教师必须用手握住布条以防学生突然倒下。教师站在学生旁边，提醒台下学生注意后，可以开始让所有学生按顺序完成该项目。

(5) 上下口令要统一。

台上学生大声问台下学生："准备好了没有？"

台下学生齐声回答；"准备好了！"

台上学生听到回声后，大声喊："一，二，三！"

口令呼应完后，台上学生直接挺身向后倒下。

4) 注意事项

(1) 要求全体学生摘去手表、胸针、发卡、眼镜等可能造成伤害的物品。

(2) 第一位背摔者可以由学生自愿报名，但要将体重比较轻的学生排在第一位，将体重较重的学生排在中间，并可以适当地增加保护人员。

(3) 有心脏病、脑血管病、高血压及严重腰伤者不能参加。

(4) 背摔台的四脚应稳固结实。

(5) 检查台面木板是否结实。

(6) 防止学生倒下时将教师同时拉下。

(7) 教师在台上后移时应注意，防止摔下。

(8) 教师要检查背摔者身上是否有硬物等危险物品。

(9) 未经上下口令呼应不得操作。

(10) 台下学生接住台上学生后不得将其抛起。

(11) 禁止将接住的学生顺势平放在地面上。

5) 讨论

(1) 谈谈突破心理障碍和挑战自我的意义。

(2) 通过对比看和做之间的心理差别，体会换位思考和相互理解的重要意义。

(3) 体会相互信任的重要性。

(4) 理解按要求进行挑战是最安全的。

(5) 有些事情未能做或未能做好，并不是能力不行而是无法突破心理障碍，而心理素质是可以通过锻炼加强的。

(6) 不是不能做而是不敢做，这不是能力问题而是心理问题。

(7) 无法突破心理保护层的人，现有的能力也很难发挥。

(8) 不断冲破心理保护层是取得成功的关键。

(9) 面对挑战，我们应不断地突破自己，走出第一步。

2. 连环手

1) 活动目的

通过参与团队项目，让学生体会解决团队问题的步骤，了解聆听在沟通中的重要性，以及感受团队合作、永不放弃的精神。

2) 活动准备

(1) 一块平整的场地。

(2) 约15人为一组。

(3) 大约需10分钟。

3) 活动程序

(1) 教师让每组队员站成一个面向圆心的圆圈。

(2) 教师发布指令："先举起你的右手，握住对面那个人的手；再举起你的左手，握住另外一个人的手。现在你们面对一个错综复杂的问题，即在不松开手的情况下，想办法把这张乱网解开，最后形成一个大家手拉手围成的大圆圈。"

(3) 乱网一定可以解开，但可能会出现两种情况：一种是形成一个大圆圈，另一种是形成两个套在一起的环。

(4) 如果实在解不开，教师允许学生选择相邻的两只手断开一次，但必须迅速封闭。

4) 注意事项

不能抓住自己身边队员的手，自己的两只手不能同时抓住另外一个人的两只手。没有教师的批准，在任何情况下，队员的手都不能松开。教师应该多鼓励学生坚持到底，尽量不松手。

5) 引导讨论

(1) 开始时的感觉是怎样的？思路是否混乱？

(2) 当解开一点以后，你的想法是否发生了变化？

(3) 在这个过程中，你是否体会到"胜利往往就是再坚持一下"？

3. 我说你做

1) 活动目的

锻炼学生的沟通配合能力，活跃气氛。

2) 活动准备

(1) 选择一个路段，在路中间设置一些障碍。

(2) 准备眼罩若干。

(3) 两个人一组，选三组进行比赛。

3) 活动规则

选择6名学生，3男3女，组成3个小组。男生背女生，男生用眼罩蒙住眼睛，女生负责引路，使其绕过路障，达到终点，最早到达者为胜。应注意，设置路障时可摆放椅子，需绕行；气球，需踩破；鲜花，需拾起，递给女生。

4) 讨论

(1) 在比赛过程中，男生和女生在沟通的过程中有什么感受？

(2) 比赛过程中，你有哪些地方表现得比较好？哪些地方还需要改进？

(3) 你认为在人际沟通过程中最重要的是什么？

课后作业

请你谈谈树立自信心、挖掘潜能、开展素质拓展训练对职业发展的意义。

参考文献

[1] 刘雪梅. 大学生职业能力开发与训练[M]. 大连：大连理工大学出版社，2008.

[2] 田超颖. 情商决定人生[M]. 北京：朝华出版社，2009.

[3] 高桥，王辉. 大学生职业发展与就业指导教学指南[M]. 北京：中国出版集团现代教育出版社，2008.

[4] 姚格群. 职业生涯规划与发展[M]. 北京：首都经贸大学出版社，2003.

[5] 施恩. 职业锚：发现你真正的价值[M]. 北京：中国财政经济出版社，2004.

[6] 罗双平. 职业生涯规划[M]. 北京：中国人事出版社，1999.

[7] 洪凤仪. 生涯规划自己来[M]. 台北：台湾扬智文化事业股份有限公司，2000.

[8] 李进宏，陈琳. 大学生职业生涯规划[M]. 武汉：武汉理工大学出版社，2005.

[9] 黄俊毅，沈华玉，胡潇文. 大学生职业生涯规划[M]. 北京：清华大学出版社，2010.

[10] 文青，艾加. 大学生职业发展与就业指导[M]. 北京：研究出版社，2010.

[11] 顾雪英. 大学生职业指导[M]. 北京：人民教育出版社，2005.

[12] 彭澎，等. 生涯规划实务[M]. 北京：清华大学出版社，2008.

[13] 沈之菲. 生涯心理辅导[M]. 上海：上海教育出版社，2000.

[14] 理查德•尼尔森•鲍利斯. 你的降落伞是什么颜色[M]. 北京：中信出版社，2002.

[15] 赵北平，雷五明. 大学生涯规划与职业发展[M]. 武汉：武汉大学出版社，2006.

[16] 郭志文，李斌成. 大学生职业生涯规划[M]. 武汉：华中科技大学出版社，2008.

[17] 杨秀英，刘雪梅，胡建宏. 大学生职业生涯规划与成功训练[M]. 北京：北京交通大学出版社，2010.

[18] 王丽娟，李亚军，许辰. 大学生职业生涯规划与发展[M]. 南京：南京大学出版社，2011.

[19] 杜映梅，贝西. 职业生涯规划[M]. 北京：对外经济贸易大学出版社，2005.

[20] 鄂烈洲. 大学生学习与职业生涯规划[M]. 武汉：武汉理工大学出版社，2008.

[21] 李晓波，李洪波. 大学生职业生涯规划与发展[M]. 北京：化学工业出版社，2010.

[22] 陈黎东. 高职学生职业生涯规划理论与实践[M]. 开封：河南大学出版社，2008.

[23] 卜欣欣，陆爱平. 个人职业生涯规划[M]. 北京：中国时代经济出版社，2004.

[24] 葛玉辉，宋志强. 职业生涯规划管理实务[M]. 北京：清华大学出版社，2011.

[25] 张文著. 职业生涯规划论稿[M]. 南昌：江西教育出版社，2008.

[26] 王云霞，戚朝霞. 职业生涯规划与实务指导[M]. 西安：西北大学出版社，2007.

[27] 邱建卫. 做自己人生的CEO[M]. 广州：广东经济出版社，2005.

[28] 钟谷兰，杨开. 大学生职业生涯发展与规划[M]. 上海：华东师范大学出版社，2005.